新世紀的教育挑戰與各國因應策略

中華民國比較教育學會◇主編

序

　　我們現正處在一個世代更替的時刻，迎接二十一世紀的到來。鑑於新世紀對教育的可能挑戰，且我國教育制度近年來面臨不斷的衝擊，有必要對教育問題重新審慎思考，並從比較教育研究角度切入教育問題的探究，透過各國個案分析與國際比較研究，以掌握世界主要國家教育發展的趨勢，瞭解各國如何迎接新時代的挑戰及其因應策略，汲取各國教育改革的經驗，以作為他山攻錯之借鏡，導引我國策定適切的實施方針。

　　過去我國進行教育改革時，常引進國外的模式及研究成果，但國外模式難符合本土的需要，缺乏進入我國教育情境脈絡中來規劃教育制度。當代的比較教育學者Edmund King特別注意各國文化的特殊性，認為需要以特定文化環境去檢視教育與學校，將文化的要素涵括在教育的研究中。從社會的歷史發展而言，時間與空間所形成的情境皆是獨一無二。因此，不能直接移植他國的教育措施，而需從事本土化的研究工作。

　　當然，每一社會皆建構自身的獨特文化，此種文化內涵更藉由教育機構來傳遞，使得各國面對之教育問題和挑戰均有其獨特性。但是，進行本土化的研究，並不代表不能參考各國的經驗。其他國家在面對教育挑戰時所提出的各種因應策略均是寶貴的經驗。尤其是先進國家已建立的良好制度或

規劃，其遭遇的教育問題與解決之道，都是需要深入瞭解及分析之處。當代另一位比較教育學者Brian Holmes即主張教育研究應揚棄偏狹地域取向。他國的教育措施與作法存有相當的價值，因為可免除嘗試錯誤的過程與負面影響性。藉由比較研究之跨文化分析，將有益於研究者明瞭各國之不同社會情境、文化與教育問題，深刻理解教育與文化間的互動關係，確實掌握影響教育發展與成效的根本因素，並重新釐清本國教育之獨特性，而更有助於建構因應新世紀教育挑戰的策略。

中華民國比較教育學會有鑑於此，以「新世紀的教育挑戰與各國因應策略」為本年度年刊主題，廣向專家學者徵稿。深信讜論宏言有助於教育學界深入瞭解各國教育問題和因應策略，更可以作為政府迎接新世紀教育挑戰之決策上的參考。本會僅向惠賜宏文的學者敬致謝忱。本書之編輯由本會副秘書長國立暨南國際大學比較教育研究所鍾宜興教授一力承擔，備極辛勞，謹致謝意。揚智文化事業股份有限公司葉忠賢先生慨允本書之出版，併此致謝。

中華民國比較教育學會理事長

李奉儒 謹識

目錄

大陸師範校院教育實習之問題與改革構想

··

◇葉連祺◇

國立政治大學教育學系博士

Abstract

Teacher internship is an important work in teacher preparation. The possible idea of reformation about the policy of teacher internship, reduces the time of teacher internship and combines teacher internship with teacher education programs, will influence the teacher preparation and teacher certification and may face the difficulties about teacher internship in Mainland China in future. So the study analyses some academic papers of reformation about internship in Mainland China. Firstly, the system of teacher preparation and teacher internship have discussed. And then eleven faults by now, five categories ideas of reformation and two categories projects of reformation have proposed. Finally, the study proposed some conclusions and suggestions to administrative agency.

Key word: teacher preparation, teacher internship

摘要

　　教育實習爲師資培育的重要工作。我國教育實習政策的可能改革構想——縮短實習時間和實習併入修業課程，將對師資培育和檢定造成衝擊，且未來將可能面臨現今大陸教育實習的困境。因此，本文分析大陸學者有關教育實習改革的論文，首先探討大陸的師資培育和教育實習制度，接著歸納出現況的十一項缺失，並整理出五大類的改革構想和兩大類的改革方案，最後提出若干結論與建議供參考。

關鍵詞：師資培育、教育實習

前言

　　教育實習是師資教育的重要環節，師範校院（含教育院系，簡稱師校）學生可藉此印證所習的教學理論，瞭解教學實務，熟悉教學現場，充實教學經驗和驗證理念。面對師資培育多元化後的專業化課題，師資培育機構均努力建立合乎教育專業理念的實習輔導機制，由淡江大學（藍美玉，民86）、國立臺北師範學院（郭明郎，民86）等校規劃的教育實習輔導體制，即可察知辦理教育實習並非易事。

　　據報載教育部有意縮短教育實習年限，由一年變爲半年，且併入師資培育修業年限（陳曼玲，民87，8月14日），此項改革似有違教育專業培育的理念，也將破壞現行兩階段師資檢定制度，實有深思的必要。

　　觀察大陸師校的教育實習係於修業年限內，實習時間頗短，一般只有6至8週（曹世明、王有亮，1998），再加諸多項不利因素的影響，已衍生甚多弊病，近來不少學者就直陳應進行改革，部分論者更提出多項改革構想和具體方案，並付諸實行和驗證。

　　依據報載教育部改革教育實習輔導的構想，如付諸實施，將難免遭遇大陸師校現今面臨的困境。職是之故，本文以大陸師校改革教育實習輔導爲題，綜合若干大陸師校學報（1993年～1998年）內的論述，歸納分析其實施現況、難題、改革構想和方案，並酌加評論和嘗試尋繹可供我國興革參考的啓示。

大陸師校教育實習之現況和問題

師資培育制度之簡介

　　大陸高中師資由四年制師範（大學）學院（稱爲本科）
負責培養，初中師資由二年或三年制師範專科學校（稱爲專
科）負責，小學師資由中等師範學校培育，修業三至四年。
培育師資的類科和人數由國家教委統一規劃。學生修畢職前
教育課程，通過教師資格考核，統一分發至中小學服務，非
師範類大學和專科的畢業生可以擔任中小學教職，無須通過
教師資格考核（嚴欣澄，1995）。依據高師教學計畫的規定，
中學（高中和初中）師資培育課程可分成公共必修課、專業
基礎課、教育理論課和教育實習四類（何鳳翥，1993；關
偉，1993）。

教育實習制度之分析

　　師校辦理教育實習主要依據國家教委頒佈的中師、高師
本、專科教育大綱和教學計畫，其中有大略的規定（袁謹
洋，1998），但對於實習內容、方式、評量等，尚無較明確規
定（姜智，1994）。各師校多半視需要自訂實習施行辦法，做
爲辦理依據（陳銘書、石金鐘、黃品如，1993），例如，華中
師範大學訂有「高等師範院校教育實習的方案」（吳雲娣，
1993），貴州教育學院制訂「貴州教育學院教育實習暫行辦法」
（何鳳翥，1993）。簡言之，一般師校教育實習的特徵是短

期、集中實習、統一指導、統一安排和統一管理（高和風，
1996；陳毛美，1996）。以下，分項述明辦理的梗要：

辦理教育實習之職責與組織

　　通常辦理教育實習被視爲師範校院應負起主導的職責，
中小學和地方教育行政機關扮演協助的角色，論者（陳銘
書、石金鐘、黃品如，1993）就有實習時師範校院向中學求
援和攤派實習生的說法，可見一斑。而師校辦理實習時，原
則上由教務處統籌，系科組織以教材教法教師爲主、其他專
業課教師和實習學校教師爲輔的實習指導小組，負責實習事
務（袁謹洋，1998）。

教育實習之時數與時段

　　依據國家教委的規定，本科實習8週，專科4-6週（李一
川、項仁壽、錢國旗，1995b），另有論者指出教育實習爲時
4-6週，專科4週，本科6週，其中含見習1週（朱洪發，
1996）。而安排時段方面，本科多安排在大四上學期，進行8
週實習，三年制專科在第五學期，二年制專科在第四學期，
爲4-6週（李一川、項仁壽、錢國旗，1995b；吳雲娣，
1993）。

教育實習之階段和內容

　　教育實習的實施階段可略分爲：校內準備（確定教學地
點、熟悉教案、寫教案、試講等）、校外教育實習（聽課、授
課、作業批改、參與班主任工作等）和驗收總結（撰寫實習
報告、實習鑑定、成績評估等）三個階段（劉新義、張京

生、楊柳，1994）。

實習內容大致包括：課堂教學實習、班主任（即級任導師）實習和課外活動等部分。詳細而言，有研究教學大綱、分析教材、觀摩教學、編寫教案、課堂教學（含批改作業）、組織班級活動、指導課外活動、輔導等事務（閻嚴，1998）。

教育實習之指導方式

一般多採集中實習方式（或稱定點實習、集中型定向實習），學生組成實習小組，由師校帶隊教師（或另增指導教師）和實習中學的指導教師共同指導實習事宜（周東明、李一川、項仁壽，1998）。

教育實習之經費運用

師校每年需編列實習經費，並按規定付給中小學教育實習經費（楊木蘭，1997）。

師校教育實習問題之分析

由於觀念、制度、環境、實施等層面的不足和偏差，造成教育實習成效不理想，也對師校和中小學產生困擾。以下綜結論敘，分述現制存在的缺失：

對教育實習理念的分歧和不當

楊木蘭（1997）指出關於教育實習的必要性，存在三種分歧的看法：教育實習很必要，能促進理論和實踐的結合；

教育實習可有可無；教育實習無存在必要，其費力、花錢且
實效不大。這些觀點與對師校「師範性」和「學術性」定位
的不同主張有關（朱洪發，1996）。

　　就實務做法觀之，部分師校教師、中學教師、學生和地
方主管教育機關人員對教育實習的意義、內涵等，欠缺深入
瞭解（楊木蘭，1997），有些中學視實習為短期行為，應付了
事（李東斌，1995），一些師校主管人員不聞不問，影響實習
指導教師的熱忱（姚立新、王迎春，1996），非教材教法課的
授課教師不重視教育實習，認為自己無責任義務，學生也不
重視教材教法（袁瑾洋，1998），影響所及，使得教育實習空
洞化，流於形式（李一川、項仁壽、錢國旗，1995a）。

接洽實習學校不易

　　高和風（1996）指出傳統上高師培養師資，中學接受實
習生的觀念已動搖，實習已由賣方市場轉為買方市場。歐全
樞（1995）、李子維（1996）和袁瑾洋（1998）等人認為多數
中學不願意接受實習，原因是不信賴實習生的能力、怕行政
管理麻煩、怕影響學校秩序和教學品質，希望能壓縮實習時
間，減少實習生授課時數。此外，有些學校將班級管理和教
學的績效，訂為教師獎金和晉級的評定項目，使得教師對接
受實習生有所顧慮（張水川，1994）。

優良教育實習學校不足

　　可供教育實習的理想學校需要教師素質、環境、設備
等，均達一定水準，就現況而言，符合條件的學校並不充足

（楊木蘭，1997），部分重點中學師資佳，但為了高考競爭，多半拒絕協助，普通中學、職業中學、農村中學雖然有意願，但師資素質較不理想，對實習品質有不良影響，因而造成師校安排實習學校的兩難困境。

安排實習時段不當

通常實習安排於最後一學期，時近畢業，實習生需同時準備畢業論文、畢業考試和聯繫畢業分發等事項，常無法兼顧（李東斌，1995），對實習成效影響頗大。

實習時間過於短暫

由於實習大多只有6-8週，扣除準備、熟悉環境和實習總結等時間，只剩4-6週，可進行教學和級務實習的時間不算充裕（李東斌，1995）。尤其採集中實習方式，眾多學生分配在同一班級實習，每人實際實習授課約只有二、三節課（曹世明、王有亮，1998），缺乏實際鍛鍊的機會。

實習內容貧乏和範圍狹窄

現行教育實習內容多半只重視教學和班主任工作，缺乏培養全面專業發展的整體觀念（姚志強、王彤，1994）。受制實習時間有限，實習生常只反覆研究要實習教學的內容，未重視對教材在課程中聯繫關係的瞭解（袁瑾洋，1998），使實習成效打折。

學生實習前應備教學基本知能不足

一般師校開設與教育實習所需教學基本知能的課程不

足，多只有心理學、教育學和學科教學法等三門，影響教學基本知能的培養（李東斌，1995），而課程內容的安排偏重談理論，與中學教育實務有脫節（李一川、項仁壽、錢國旗，1995a）。此外，見習少、觀摩機會少和基本訓練少，常形成實習時臨陣磨鎗的局面（孫廣凱，1993）。若干實習生對基本技能、現代科技知識和教學方法的掌握不足（楊在盛，1997），對教與學關係的瞭解不深，因而不敢或不能進行教研創新（袁瑾洋，1998），均為論者所詬病。

實習經費不足

　　學生實習所需經費係由師校自行編列籌措，受到高教經費不充裕和學生實習人數日增的影響，造成多數師校辦理實習，倍感困難（王水秀，1996）。

師校指導教師選派不易

　　因為集中實習的指導與管理頗為繁瑣，有些師校教師不願意承接，造成實習指導教師缺乏（王水秀，1996；關永紅，1992）。

實習指導工作未落實或指導內容脫節

　　在實習指導上，顧永飛和王學軍（1997）指出有些實習指導教師只作宏觀調控，未做具體指導，使學生實習成效有限。袁瑾洋（1998）則指出若干師校指導教師並不熟悉中學的教學和教材，指導內容和實務脫節，教育實習指導小組也多未發揮預期功能，僅為陪襯裝飾。

實習成績評鑑體制不完善

由於現制對於評鑑實習成績，並無一致的方法、項目和標準。多數師校乃根據經驗法則，採取師校教師和實習學校教師評分，或再併計實習生同儕互評的成績，來核算實習成績。因此，造成評分多依主觀印象，無法確實反映實習成效；各校評分標準差異大，同科系學生無法評比等弊端（江家發，1993）。

大陸師校教育實習改革之構想和方案

改革構想之分析

針對前述實習的困境，論者提出不少的改革想法，有些並已付諸施行，形成制度或措施，整理簡述如下：

調整對實習理念的認知

1.釐清教育實習的定位和任務

袁瑾洋（1998）認為需要更易見習型和適應型的實習觀念，成為發展型和研究型的觀念，強調培養實習生研究和創新的能力。姚志強和王彤（1994）主張教育實習的任務要包含教學工作實習、班主任工作實習、課外活動實習、教育調查與研究四類，教育調查與研究活動的目的在於增進發現、分析和解決問題的能力，培養創造性的才能。

2.建立有關人員對教育實習的正確認知和作為

許多論者指出若干人士存有改進教育實習是師校教法課教師和指導教師責任的錯誤觀念（閻嚴，1998）。因此，需要促使師校主管重視教育實習，消卻辦理人員交差了事的心態（姚立新、王迎春，1996），推動師校輔導教師和中學指導教師共同合作，在理論與實務兩方面協助實習生（張原平，1996），也應增進實習帶隊教師的素質和責任感（楊勤，1996），增強地方教育行政部門和實習中學對教育實習的重視和支持（王曉瓊，1995；李一川、項仁壽、錢國旗1995b）。

改善師資培育的理念、課程與教學

1.增進師資培育課程和中小學實務的緊密聯結

為突出師校的「師範性」，應重視理論與實踐的結合（朱洪發，1996），使教育理論、教材教法課、教育見習和實習等環節有效結合，避免與現況脫節（閻嚴，1998），故應改進各有關學科的教學內容、方式和活動。

2.改革師資培育課程的結構、內容和時數

增加師資培育課程中有關教育理論的課程與時數（閻嚴，1998），為應思考的方向。其可行的策略如李玉娟（1998）提出師資培育課程應包括：教育基礎（例如，教育原理等）、學科教育（多門教材教法課）、教育工藝（例如，電化教育技術等）、教育工程（例如，教育社會學等）、教育實踐（教育見習和實習）、教育論文（撰寫教學研究論文）等六類，佔修業總時數的25%～30%。邵英起和姜仁濤（1998）則建議將高師課程修訂為公共基礎課和專業課兩領域，在專業課部分開設技能課（教授學科研究和學科教學技能）和實踐課（包

括：實驗或社會調查、專業見習與實習、教育見習與實習等），以強化學生教學專業知能。

3.採行教學新方法

馬健生（1996）認為微型教學可促進教學知能的提昇，說課則可加強對教學理論的自覺，增進教育實習成效。說課是指以口述方式，向同儕或科研人員說明有關某教學主題的構想及理論依據，並由聽者評論，促成雙方看法的相互交流和共同提昇，內容包括：教材處理、教法選擇、學習法選用、教學程序安排四方面。

4.加強實習生自學和創研的能力

面對教學品質和革新的需求，張承明（1997）認為應增進實習生對教材內容的瞭解，培養獨立分析、取捨和創研教材的能力，且建立對終身教育理念的正確認知和意願。而具體措施則有：學生可每週0.5天，至中學與固定班級進行活動（關永紅，1992）；安排學生每週參觀1次中小學各科教研組的教研活動（彭運石、劉學蘭、葉茂林，1994）；或結合教育理論課和教材教法課，安排固定時間（例如，一學期中每週一次、每次半天）到中學見習（李一川、項仁壽、錢國旗，1995b）。

建立實習制度、組織和規準

1.建立教育實習的政策或法規規範

李子維（1996）認為宜有明確的政策宣示，或明訂法規，以規範中學在教育實習中的責任，消除某些中學主管人員對教育實習採行的自由主義作風，解決實習聯繫學生的困擾。

2.建立師資培育課程中完整連續的教育實習制度

張晶（1993）建議形成參觀性實習、參與性實習和主導性實習三位一體的制度。孫廣凱（1993）針對體育師資，提出階段漸進的教學實習流程，分成觀摩、參與、實習三個階段，觀摩期參觀和見習，時間每月1次，參與期在中學教師指導下擔任教學助手，每週1次，實習期獨立教學，時間8-10週。歐全樞（1994）指出可以內容和目標、組織和管理、檢測和評價三個系統，構成中師教育實習的新模式，將教育實踐分成：教育調查、教育見實習、教學見實習、課外活動見實習、學校管理見實習等五大系列，師校建立三級六層的組織管理網路，並和小學的三實施層次組織相互結合，形成決策、指導、管理和實施的動態協調結構。李東斌（1995）認為可在培育課程中安排三階段的教育實習，第一階段開設心理學等課程，且至附中見習，第二階段（即本科第五學期，專科第三學期）進行2週教學見習，第三階段為最後一學年的上學期，進行頂崗置換實習，專科為期10週，本科為12週。陳毛美（1996）另提出語文科教育實習的五項施行程序，包括：專業思想教育實習、基本功達標實習、校內外見習及模擬實習、分散實習和綜合實習。

另有論者由科技整合方面構思，如孫衛國（1994）認為師校現行實習模式，可歸納成動員準備、教學實習（包括：備課、課堂教學和小組評議三部分）和評議總結三個階段，其成效不盡理想。為求有效結合教育理論與實踐，可採行目標分析、微型教學訓練和電教手段運用（即運用視聽媒體）的優化設計模式，來施行實習。

3.建立完善的教育實習領導體系和組織

完整的實習指導體系有助於提昇實習的成效，就鉅觀層面可整合師校、中學和地方教育行政部門合力辦好教育實習，建立教育實習的三級領導體制，包括：由三方組成的指導委員會、師校內部成立工作領導小組、師校教師和中學教師等組成指導小組（李東斌，1995）。而微觀方面，可設立專責單位，結合教育學、教學法和教學經驗豐富的教師共同協助指導（關永紅，1992）；亦可由師校的教學副校長、教務主任、實習帶隊教師、各處室主管、指導教師等，組成長期固定性質的實習領導小組，負責實習計畫、檢查、總結、領導等事務（歐全樞，1995）。

4.建立穩定和質優的教育實習基地

形成穩定的實習場所，以提昇實習的質與量為多數論者所贊同。具體做法為依據互利互惠原則，選擇和建立長期、穩定和多功能的實習場所，經由和中學（閻嚴，1998）、縣教育行政部門的合作（袁隆楷，1997），建立校縣共育的觀念，達成認識、組織、措施和建設等四項到位（施國清，1997），維繫長期合作關係。此外，亦可設立和積極建設附中學（張水川，1994），或由高師和地方教育行政部門籌資，設立實習中學（陳銘書、石金鐘、黃品如，1993），或者選擇幾所重點中學和普通中學成為固定教育實習場所（楊木蘭，1997），並應重視和實習學校的聯繫（王曉瓊，1995）。

5.增進師校和中小學校在教育知能與學習經驗的交流

孫廣凱（1993）提出可定期邀請實習中學指導教師至師校參加研習或學術研討活動，或召開教育實習學術討論會，交流實習指導經驗。張原平（1996）建議應多舉辦模擬教

學、見習和觀摩教學等活動，或讓實習生至某些學校擔任輔導員，學習處理各類學生問題。

6.研立教育實習成績的量化評估系統

教育實習成效評量的不客觀和準確，是另項可資改進的思考方向。江家發（1993）提出建立教學和班主任兩類實習的成績評量指標體系，教學方面分成教學內容、教學方法、教學態度和教學效果四層面，共14項指標，班主任方面分成班主任工作計畫、班級日常工作、思想教育、班級管理和家庭訪問五層面共15項指標，使用模糊綜合評判法來評算成績。姜智（1994）則提出「高師教育實習成績量化考核表」的構想，根據教學、班主任工作、實習生師德表現、教育教學科研四層面，建立三級48個評估指標。李華（1995）也建議採行分析層級法（AHP）建立教育實習的評量指標體系，其準則包括：課堂教學（8項）、教師意識和教德教化（7類）、班主任工作技能（7項）和指導課外活動技能（2項）。

更變實習施行的有關措施

1.延長教育實習的時間

增加教育實習的時數，普遍受到論者的重視。有提議由4-6週增至一學期（曾春艷、劉誠，1993）；或增為10週或一學期，利用師校和中學假期時間差，讓學生到中學或實習基地觀摩見習（邵英起、姜仁濤，1998）；或增為10至12週（袁瑾洋，1998）；將教育見習在本科增為2週，專科改成1週，並延長教育實習的時間（李樹魁，1994）。而李一川、項仁壽、錢國旗（1995b）也提出類似建議，認為宜將本科實習時間延長至一學期。

2.提前辦理教育實習的時段

為增進教育實習的成效，論者認為可提早辦理實習的時間（張承明，1997），例如，二年制師專由最後一學期提前至二年級上學期（曾春艷、劉誠，1993）。

3.採行多樣化的實習模式

為因地制宜，增進實習成效，論者提出模擬實習、分散實習、頂崗實習等多項方案（各方案詳見後敘）。

4.落實教育實習的指導和管理

歐全樞（1995）認為指導教師要把好精心備課、審閱教案、認真施教、及時評課、成績評定等五個關口，確保教育實習的品質。顧永飛和王學軍（1997）也主張應努力做到實習指導教師和師校教師溝通、實習生和學習班級學生溝通、指導教師認真審查教案、聽課和評議等層面。

聯結教育實習與其他制度

1.聯結教育實習與現職教師在職訓練

為一併解決「實習難」和「進修難」的兩難問題，有論者提出實施頂崗實習的制度，讓部分中學教師到師校進修，實習生則至中學代理其職務，使師校和中學同時獲益（陳銘書、石金鐘、黃品如，1993）。

2.聯結教育實習與未來教職分發

如預分配實習係將實習生安排到有缺額的機關實習，而畢業後，可至該機關任職（內容詳見後述）。

改革方案之分析

前述係就單獨的構想而言，有些論者則研議出較完整的改革方案，以更修現行修業年限與否為區隔，可分成二類，現整理如下：

不改變現行修業年限之方案

為改革集中實習的缺失，論者提出甚多的實施方案，由加強指導組織管理和協調、實習時間延長或提前、實習人數分散、實習方式彈性多元、實習內容系統化和豐富化、實習與教師進修和任職分發制度結合等方向著手，整理其實施要點如表1所示：（王水秀，1996；王俊山，1996；王曉瓊，1995；李一川、項仁壽、錢國旗，1995b；李東斌，1995；周東明、李一川、項仁壽，1998；高和風，1996；袁瑾洋，1998；張水川，1994；陳銘書、石金鐘、黃品如，1993；楊木蘭，1997；楊在盛，1997；課題組，1997）。

變更現行修業年限之方案

相較於前述幾項方案，有些論者從調整修業年限的角度，提出若干方案，整理其實施要點於表2：（李玉娟，1998；姚志強、王彤，1994；楊在盛，1997；楊德廣，1997）。

表1 大陸師校教育實習改革之方案

方案名稱	實施要點
長穿實習	1.教學法授課和教育實習交叉進行 2.第一階段教授教學理論並分階段研習中學教材、編教案、參觀、見習觀摩、專家示範 3.分組編教案、討論教材教法、互教互評
回母校（原單位）分散實習（或稱分散型定向實習）	1.回母校（原單位）按規定時數，進行教學實習 2.師校指導教師到校巡查 3.依教案、實習評語（校長、教務主任、教研組長、指導教師等簽字）評分
集中和分散實習結合	1.認真的實習生選縣級中學分散實習，未找到或不認真者參加集中實習 2.分散實習者要完成規定教學時數、教案、寫教育環境調查報告、寫實習日記、專題總結（教學或輔導） 3.分散實習生到校回報實習情況，師校派教師巡視檢查 4.分散實習者交教學實習和班主任實習成績、經匯報、總結驗收等活動，評定實習總成績
相對集中實習	1.分組到各中學進行實習
頂崗置換實習或稱雙向培訓	1.延長實習時間（專科2.5月，本科1學期） 2.現職教師至師校付費參加進修，實習生到中學代理其職務 3.教材教法課結合理論講授、示範教學、見習和試講，評量分理論筆試和試講當場評分，通過始能參加實習 4.實習前進行參觀考察、專題講座和座談，辦理試講比賽 5.高師和地方教育行政機關成立三級管理體制，訂定實習有關規章 6.師校承認實習生實習期間所受獎懲，現職教師進修納入師校學籍管理

續表1

雙向培訓、頂崗實習	1.延長本科實習時間為1學期2個月,大三上學期在小學實習2個月,大四上學期在中師實習1學期 2.現職教師至師校進修,實習生到中學代理其職務 3.師校承認實習生實習期間所受獎懲,現職教師進修納入師校學籍管理
預分配實習 (預分配崗位實習)	1.實習生修畢規定課程,經師校、教育行政部門和用人單位協調,預分發到用人單位進行一學期的實習和試用 2.實習生經用人單位考核和師校綜合評測,合格者發畢業證書,至預分發單位工作,不合格再實習半年,仍不合格以結業計 3.正式分發單位時,仍可適度調整 4.預分配時間在三年制專科為第六學期,四年制本科和二年制專科生則安排在學制外,其畢業分發工作後,可減少見習試用期時間
頂編實習	1.提早一學期修畢課程,最後一學期為實習期 2.必修課(尤其是中教法)及格和經考試及格,始可參加實習 3.實習生依地方主管教育行政部門需要,分發到用人單位頂編實習 4.用人單位安排工作和指導,依師校標準進行考核。師校依其考核,核發畢業證書,實習成績不合格者延緩半年或一年核發
定向選點、建立固定 基地、文理分批	1.選擇符合規模、師資、設備、交通等條件的實習學校 2.分批集中於某校進行實習和指導 3.實習學校和師校建立聯繫和交流管道,師校協助實習學校教學改革
分散實習、 加強量化管理	1.實習目標採工作分析方法,訂出五大項指標,做為評定實習成績的依據 2.每校接受1-2位實習生,實習生依據實習計畫,選擇和聯繫學校 3.回家鄉實習者差旅費自理

三結合	1.與區縣中學簽訂協約，建立長期穩定實習基地 2.加強教學理論、知能和實務的結合 3.採平時試教、暑假返鄉實習和集中實習方式。平時試教採模擬試教；暑假返鄉實習為暑假回母校實習至少2週，返校交實習鑑定和教案；集中實習採雙重指導和全方位實習精神，時間6週，交教學鑑定表和教育實習鑑定表 4.師校內外教師協助指導實習
三位一體	1.採系統管理思想，協調市教委、師校和中學共同安排和輔導實習 2.市教委訂立實習有關規定，列入年度工作計畫，召開教育實習座談會和評鑑成效 3.師校訂立實習規章，建立巡視實習制度，舉辦實習前後有關活動（例如，畢業生回校經驗談、實習生講課匯報比賽等），成立中學教育教學研究室，推動教研工作 4.中學制定實施計畫，成立實習領導小組，召開有關會議和指導實習
模擬實習（校內實習）	1.師校組成校系兩級模擬實習指導委員會，設實習模擬班，內設模擬實習領導小組和模擬實習小組 2.採實習前準備（含思想準備和組織準備，計1週）、專業實習、班主任工作實習和實習總結（0.5週）等活動，共7週 3.專業實習包括：專業觀摩實習、準備實習、上講臺模擬實習、模擬實習評議 4.班主任工作實習包括：聽報告、制定、審定、交流和評議方案 5.實習總結含個人、小組、班、系、校五層次的總結活動

續表1

定向實習	1.提早一學期修畢課程，最後一學期爲實習期 2.必修課（尤其是中教法）及格和經考試及格，始可參加實習 3.地方主管教育行政部門主導協調，選擇優良實習學校，提供實習機會，撥發實習經費 4.師校負責整體規劃，進行教育研究，召開學術交流會，提供教學和教改資訊、進修服務 5.實習學校負責安排、指導和考核實習生
實習基地爲主， 個別分散爲輔	1.實習生多數在實習基地學校集中實習，少數經實習中學和師校同意，可分散實習 2.集中實習時，一系組成一實習小組（10人），每所學校至少2-3組，帶隊教師協調聯繫和指導，另設實習領導小組負責管理
半年制實習	1.採自選中學分散實習或區縣中學集中實習的方式 2.實習期爲半年，同年級實習生分成二批，分別於上下學期到中學頂崗實習，部分實習中學教師至師校進修 3.實施師校、院系、中學、自我的四級管理體制，後兩者爲主，師校訂有關規章，校院系派人員指導巡視 4.實習生寫實習日誌，爲中學教研室成員，接受指導教師指導。組織黨團支部，定期返校 5.中學和指導教師考評實習成績，實習生並寫實習小結
兩階段實習	1.時間爲12週，分兩階段進行 2.見習觀摩階段，在大二爲時4週，協助中學教師教學、改作業、輔導學生、組織班級活動、發展課外活動和見習教學，酌加若干實際教學 3.實習階段在大三爲時8週，擔任教學至少24-32課時和4-6週班主任工作，完成教育或教學問題研究 4.制定實習成績客觀評分系統，建立實習學校和師校共同研究體制

表2　大陸師校教育實習改革之方案

方案名稱	實施要點
4+1學制	1.修習4年大學專業學習，撰寫畢業論文，再加1年教師職業訓練（具實習教師身份） 2.大學修業期間無教育實習，只安排見習 3.教師職業訓練期間領見習期工資，完成規定教學工作（編教案、試教、任級務、寫教學研究論文），考核通過，頒教師資格證書，未通過則繼續試教
4+1學制	1.修習4年大學專業學習，第5年進行1年教育實習 2.大學第四年，安排4週短期見習 3.實習時領實習工資（同見習期工資）。採選擇法，中學依師資需求，向地方教委申請，或由地方教委分配，或實習生自行聯繫學校實習 4.實習成績及格，實習學校開具實習教師合格證書，師校發畢業證書，分發至實習學校工作，簽任用契約，併計一年年資。實習成績不及格再實習或降級分發，薪水降級，不併計一年年資
3.5+0.5學制	1.修習3.5年大學專業學習，加0.5年教育實習 2.採分散式實習，實習生分組（約5-10人）至中學實習 3.師校依據實習生交回的實習計畫，選派教師任督導員，進行教學指導、考查、實習評分；實習學校派優秀教師綜合指導 4.實習生實習後交教育研究論文，師校系教育實習指導小組依考察成績、工作成績和論文評定實習成績 5.實習生畢業依實習成績，擇優分派學校任教
3+1+1模式	1.修習3年課程，分發師校或其他機關工作1年（教育實習），再返校學習1年（大四課程），完成畢業論文，發畢業和學位證書，免1年見習 2.採雙導師負責制，系和實習學校安排指導教師協助
預分配模式	1.修習四年課程，不發畢業證書，分發師校教學或至各級各類教育機關擔任管理和科研 2.實習時間一年，享見習待遇，交畢業論文和科研論文，由原校和工作單位審核（包括：論文和工作績效），合格授畢業證書，未通過繼續實習，直到合格

結論與啟示

結論

　　大陸師範校院的教育實習係屬於修業範圍，實習合格始可畢業，由於政策不明確、法令規定簡略、有關人員（師校教師、中小學教師、教育行政主管部門等）理念認知歧異、社會文化壓力（例如，升學主義造成接洽實習學校不易等）、中小學教師素質不齊等因素的交互影響，造成實習安排難和實習成效不佳的困境，引起有識之士廣泛的討論。

　　總結大陸論者提出的改革構思，可歸納成澄清理念認知、重構師資培育課程架構、建立完整實習體制、落實實習指導協助工作等層面，而思考角度含及鉅觀和微觀的改革如：第一，調整現行體制內措施或大膽創構新體制；第二，強化培育課程與教學、形成三方人員（師校教師、中小學教師和教育行政主管部門）共識和落實協同作為；也擴及實習本身和相關體制關係的調整，例如，革新師資培育課程架構和內容、改進實習輔導和評量相關措施、連結在職教師進修和教職分發事務。

　　綜言之，現今大陸師校教育實習呈現多元實驗改革的局面，各種改革構思乃因地制宜而生，總結諸多論點，有效提昇教育實習成效的關鍵在於體制規範能完整、人員認知和作為達共識、課程教學和實習能有效聯繫、實習指導協助能落實等四項。

啓示

　　大陸論者提出構想雖然眾多，但均立基於一元化師資培育的框架上，此與我國現行多元化的師資培育體制不同，且國情不盡相同，故不宜全盤移植。綜結前述的探討，提出大陸論者的構想可供改革我國教育實習現制參考的啓示如下：

建立有關人員對教育實習的正確認知

　　在職前培育階段，應建立師校（含開設教育學程的大學）教師教學以聯繫理論和實務為重點的共識，並培養實習生正確觀念。在教育實習階段，應培養實習學校教師（包括：非輔導教師）和行政人員、教師進修機構、教育行政主管機關等人員正確認知：實習係協助培養優良初任教師，為國育才，切實指導、協助和評量。

建構職前長期完整的實習知能培育體制

　　在職前教育階段，應完整規劃師資培育課程和活動，建立漸進、系列的實習成長體制（包含：觀摩、見習、試教、教學實習），探行多樣化、分散式的教學見習和實習，如利用暑假開學前或週六，到簽約實習學校學習。

增進實習輔導機制的有效運作

　　提昇實習成效的關鍵之一，在於現行負實習輔導責任的四方（師校、實習學校、教師進修機構和教育行政主管機關）能確實各盡其責，分工合作，避免只由師校或實習學校獨撐大樑的情形。

研擬客觀詳實的實習成效評鑑方案

結合有關專家學者，建立客觀且詳實的實習成效評鑑指標和方案，不僅有助於落實評鑑和改進，也提供實習生明確依循的規準，對實習品質的監控和提昇，極具價值。而實習評鑑的內容應廣泛，除了教學知能和情意、教學行為表現之外，也應注重考核實習生對教學內容的創研和反省實踐。

選擇和建設優良的教育實習學校

優良的教育實習學校可提供良好的實習輔導，除了強化師校和實習學校的聯繫外，應注重研擬客觀評判優良實習學校的規準和方案，以互利原則，建立師校和實習學校長期穩定的合作關係，促進教育理論和實際的有效結合。

參考書目

郭明郎（民86），師資培育往下紮根－簡介國北師院落實教育實習的具體做法，《中華民國師範教育學會會務通訊》，18，9～17。

陳曼玲（民87，8月14日），教育實習縮為半年，併入正式修業課程，《中央日報》，十版。

藍美玉（民86），教育實習－全新的出發，《臺北教育通訊》，24，4。

王水秀（1996），試論教育模擬實習，《四川師範大學學報》（社會科學版），23(2)，84～89。

王俊山（1996），談集中實習和分散實習的利與弊，《齊齊哈

爾師範學院學報》，2，72～73。

王新鳳（1996），三結合─教育實習模式探微，《河南師範大學學報》（哲學社會科學版），23(4)，103～104。

王曉瓊（1995），共建教育實習基地的認識與實踐，《四川師範學院學報》（哲學社會科學版），2，86～85。

朱洪發（1996），高師院校的辦學方向應緊緊圍繞「師範性」，《山東師大學報》（社會科學版），3，64～66。

江家發（1993），教育實習成績評價初探，《安徽師大學報》，21(2)，221～226。

李一川、項仁壽、錢國旗（1995a），高等師範教育改革與發展的幾個問題，《青島大學師範學院學報》，12(3)，53～57、79。

李一川、項仁壽、錢國旗（1995b），高師教育實習模式改革初探，《青島大學師範學院學報》，12(2)，76～79。

李子維（1996），高師學生實習環節亟待加強，《齊齊哈爾師範學院學報》，5，90～91。

李玉娟（1998），未來教師的素質及其培養，《贛南師範學院學報》，73，11～14。

李東斌（1995），簡評「頂崗置換實習」─兼談高師院校的教育實習改革，《贛南師範學院學報》，2，78～81。

李華（1995），高師教育實習過程反饋控制初探，《華南師範大學學報》（社會科學版），2，123～125。

李樹魁（1994），地方高師學生的教師素質簡論─兼論高師改革的幾個問題，《承德民族師專學報》，3，45～49。

何鳳翥（1993），成人高師教育實習的必要性，《貴州教育學院學報》（社科版），4，54～60。

吳雲娣（1993），教育實習中的若干關係處理之我見，《寧波

師院學報》（社會科學版），15(1)，91～95、90。

邵英起、姜仁濤（1998），高師課程體系的改革設想，《煙台
　　師範學院學報》（哲學社會科學版），1，83～86。

周東明、李一川、項仁壽（1998），「三位一體」教育實習領
　　導體制的探索，《青島大學師範學院學報》，15(1)，66
　　～68。

姚立新、王迎春（1996），高等師範院校政教系教育實習與教
　　師素質的培養，《新疆師範大學》（哲學社會科學版），
　　4，76～80。

姚志強、王彤（1994），改革教育實習的新設想，《遼寧師範
　　大學學報》（社科版），1，59～60。

馬健生（1996），說課：高師教學實習改革的突破口，《遼寧
　　師範大學學報》（社科版），5，37～39。

施國清（1997），培養合格人民教師的重要一環—淺談教育實
　　習基地管理與建設，《九江師專學報》（哲學社會科學
　　版），2，31～32。

姜智（1994），教育實習成績量化考核初探，《贛南師範學院
　　學報》，4，55～59。

高和風（1996），關於分散實習的思考，《內蒙古民族師院學
　　報》（哲學社會科學版），2，81～83。

孫廣凱（1993），高師體育專業教育實習改革初探，《齊齊哈
　　爾師範學院學報》，6，106～108。

孫衛國（1994），高等師範院校教育實習的優化設計，《新疆
　　師範大學學報》（哲社版），1，93～96。

袁瑾洋（1998），高師教育實習虛實談，《江西教育學院學報》
　　（社會科學），19(1)，58～61，64。

袁隆楷（1997），談校縣共建教育實習基地，《九江師專學報》

（哲學社會科學版），2，29～30、36。

陳毛美（1996），教育實習的改革是提高未來語文教師整體素質的重要途徑，《濟寧師專學報》，17(4)，84～86。

陳銘書、石金鐘、黃品如（1993），「雙向培訓」—高師教育改革的一條新路，《信陽師範學院學報》（哲學社會科學版），1，1～11。

張水川（1994），教育實習探微，《九江師專學報》（哲學社會科學版），1，85～86。

張原平（1996），關於現代教師專業社會化問題的探討，《天津師大學報》，1，46～49。

張承明（1997），學科教育學研究範疇及教改構想，《雲南師範大學學報》，29(2)，48～53。

張晶（1993），談提高師專教育學課程的質量問題，《承德民族師專學報》，2，54～55。

曹世明、王有亮（1998），教師職業專門化與師範教育改革，《內蒙古民族師院學報》（哲學社會科學版），2，1～6。

楊木蘭（1997），論教育實習的體會和建設，《貴州教育學院學報》（社科版），4，61～64。

楊在盛（1997），高師教育專業實習問題及改革設想，《棗莊師專學報》，1，63～64。

楊勤（1996），我是這樣帶實習的，《九江師專學報》（自然科學版），15(6)，53～56。

楊德廣（1997），高等師範教育面臨的挑戰和對策之探討，《上海師範大學學報》，3，1～8。

彭運石、劉學蘭、葉茂林（1994），高師教育專業內部綜合改革設想，《湖南師大社會科學學報》，2，91～96。

曾春艷和劉誠（1993），淺議師專教育實習改革，《荊州師專

學報》（社會科學版），3，94～95。

課題組（1997），建立教育實習基地的選點考察報告，《九江師專學報》（哲學社會科學版），2，113、115。

歐全樞（1994），構建中師教育實踐新模式的研究與實驗，《四川師範學院學報》（高教研究專號），3，22～31。

歐全樞（1995），配合高師，唱好教育實習「五部曲」，《四川師範學院學報》（哲學社會科學版），2，86～88。

闆嚴（1998），高師應加強學生教育實習課訓練，《齊齊哈爾師範學院學報》，3，96，98。

嚴欣澄（1995），中美中學教師培訓的比較和研究，《溫州師範學院學報》（哲學社會科學版），2，18～24。

劉新義、張京生、楊柳（1994），學而習之發堂入室—淺議英語教育實習及指導教師的作用，《德州師專學報》（社科版），10(1)，51～55。

顧永飛、王學軍（1997），如何指導高師學生的教育實習，《棗莊師專學報》，1，65～66。

關永紅（1992），關於高師生「師範性」教育的探討，《內蒙古民族師院學報》（哲社版），3，36～39。

關偉（1993），高師教育實習的任務與實習生的素養，《遼寧師範大學學報》（社科版），5，9～11。

海峽兩岸高等教育改革之研究

◇周祝瑛◇

國立政治大學教育學系副教授

Abstract

This paper attempts to discuss the fact that the world -
wide trend of higher education reform, i.e., the marketization of
university is currently taking place in China and Taiwan.

In so doing, two reform papers from the World Bank and
UNESCO are introduced as comparison with these two Chinese
compartments.

Reform features and issues in Chinese and Taiwanese
higher education are also included in the paper. The author
argues that both China and Taiwan need to reconsider the pro-
and-cons of university's commercialization trend to avoid the
trade-off of higher education.

摘要

　　本文試圖從1994年世界銀行及1995年聯合國教科文組織所公布的兩份高等教育報告中，歸納出若干議題，以探討自1980年代以來，海峽兩岸在高等教育的改革。從兩岸高教改革的背景、策略與問題等方面，作者提出兩岸高校面臨的改革挑戰，除了相互比較對照外，並以上述兩項高教文件回應兩岸高等教育改革也正朝著世界趨勢—市場導向—的改革方向前進。

前言

　　自1949年以來，兩岸高等教育在強人政治的主導下，肩
負著為國家培育經建所需之科技人才及具備公民意識之政治
精英（Law, 1996; 王瑞琦，民86）。近五十年來，隨著政局的
起伏、經濟的發展、社會的變遷，以及人口的增加等因素，
形成高等教育的重大變化。茲以近年來海峽兩岸高等教育常
見的議題為例，說明高等教育中亟需全盤檢討的項目。

兩岸高等教育之議題

　　就高等教育的目標與功能來看中國大陸，自九○年代以
來，為適應社會主義市場經濟體制，建立有中國特色社會主
義高校體系，如何加強大學生的德育工作（指思想政治教
育），成為各高校研究的重要課題之一。在台灣地區，高等教
育究竟是專才教育、通才教育、亦或適性教育？高等教育的
學術取向與職業取向孰重問題？大學分科系是否應提早或延
後？受教權有無獲得保障等？皆是討論的重點。

　　從高等教育的法令與規範而言，自1980年中期以來，大
陸公布一連串教育法令，尤其是1995年的教育法及1999年的
高等教育法，試圖以法律規範教育改革的深化。而在台灣，
1994年新大學法自實施以來，高等學校如何在教育鬆綁與學
術自主上取得調和；大學與政府之間的關係，及高等教育相

關法令的訂定與落實等問題，都值得深入檢討。

在大學人力的培育與規劃議題上，在中國大陸，隨著高校招生與分配制度的改革，在就業市場注重雙向選擇中，基礎與應用科系的差距；沿海與內地的差別，處處挑戰高等教育中的人力規劃工作。而在台灣，由於近年來大學人數急速擴充，造成就業市場人力供需失調，大學的改革與轉型問題迫在眉睫。

就高等教育資源的調整方面，中國大陸為了解決過去高校封閉辦學與管理權過於繁複等問題，提高辦學效率，九○年代以來強調如何進行產、學、研三方面的聯合辦學形式。至於在台灣，則強調政府投資高教與民間捐資助學的趨勢；公私立學校資源如何分配，以提高績效責任；及高學費政策等問題。

在提昇高等教育素質的議題上，大陸高校課程與專業的改革，校長責任制的引進，管理體制的權力下放，都是針對提昇教育品質而來。至於在台灣評鑑工作的落實、教師職級結構的改進、大學行政效率的提高、課程與教材的改進等，都是近年來提昇高教品質之作法。

最後，就大學與社會的互動而言，為了適應改革開放以來，市場經濟體制的人才需求，大陸高等學校改變過去封閉辦學的形式，在管理體制、經費籌措與院系調整等方面，配合社會需求。至於台灣方面，則面臨大學如何與社會各界（尤其產業界）共同參與各項教育規劃工作？大學如何落實推廣服務的功能？如何加強與社區的聯繫？學術研究成果如何

對產業移轉？校募基金的籌措，以及全民終身教育體系的建立等問題。

　　綜觀上述的高等教育問題，不難發現其中錯綜複雜及牽連廣泛，並且息息相關，可說是無法獨立於其他教育問題之外；而且各個問題又必須相互整合以尋求解決之道，甚至需配合社會需求與國家發展，來進行全盤檢討（Eisner, 1992）。總之，在面對二十一世紀，世界文化無可避免地將轉移至亞太地區之際，海峽兩岸唯有積極改革現階段高等教育問題，才能提高國民素質，加強在世界發展中的競爭能力。

世界高等教育的改革趨勢

　　從1994年世界銀行及1995年聯合國教科文組織的兩份高等教育報告書中，可看出當前世界高等教育的改革潮流主要為以下幾方面：

就高等教育的目標與功能而言

　　高等教育在面對二十一世紀即將來臨的民主化、全球化、區域化、兩極化、邊緣化與零碎化的衝擊下，高等教育的目標與功能重新受到嚴厲考驗，尤其過去傳統精英為主的大學已無法符合社會多元的需求。為因應不同需求的各種公私高等教育機構應運而生，功能朝向多樣化發展。另外，終身教育觀念的確立與全人教育體系的完成，不但有助於一國

人民素質的提高，與教育機會公平性的確保，更使得高等教育在新時代中獲得更彈性、更活潑的發揮空間。

從高等教育的法令與規範上看

各國高等教育的改革已成為國家發展中長期政策的一環，不但從整體教育改革為出發，並且與社會其他部門相互協調與統整，以保持高教改革的持續、完整與落實。至於在政府監督的角色方面，朝向尊重各大學學術的自由與機構自主，儘量降低中央干涉的力量，充分授權大學，但又不忽視對於各校辦學績效與特色之評鑑工作。

由高等教育人力之培育與規劃來看

各國的改革趨勢儘量朝向高等教育與社會的聯繫，在辦學形式、科系、課程、教學等各方面進行調整，加強學校研究成果的提昇與應用，結合高等教育中教學、研究與服務三方面的優勢，注重高等教育數量與質量的發展，避免高學歷、高失業率的問題產生。

從高等教育資源調整的趨勢來看

如何加強高等教育機構的內、外部辦學效率，鼓勵機構與辦學的多樣化，重新界定政府對公立大學的角色與補助措施，提高市場調節功能，並鼓勵私人教育投資等，都是當前各國從事高教資源調整的重要方向。

就高等教育品質的提昇方面而言

在追求高教品質的同時，除了兼顧傳統上教學、研究與服務推廣的角色外，當須引進有效的行政管理系統及評鑑制度，以提昇大學生的素質及學術環境。此外，尚須顧及公平性的保障，透過各種貸款、獎學金等措施，保障弱勢團體中合格學生，完成高等教育的機會。

從高等教育與社會互動的趨勢來看

高等教育與社會之間關聯性的加強，與對社會期望回應力的提昇，可說是現今各國高教改革的重要特色之一。關聯性與回應力所包含層面甚廣，除了擴大高教的入學機會（包括：不同年齡、階層、能力等）、確保教育品質外，並須為人類當前的問題提供解決途徑。此外，為了因應社會快速的變化，必須加強人類的基本能力，如透過通識教育來培養人們批判思考及整合大量資訊的能力，以掌握語言技巧、主動參與公共事務的民主素質，以及具備清晰的價值觀及個人的道德素養等，以求適應現代社會迅速的變化，而又能不失價值原則。

兩岸高等教育之改革

海峽兩岸高等教育的改革與發展正隨著世界趨勢，朝著如何調整政府補助、增加大學社會關聯性及提高教育品質的

方向發展。以下僅就近年來海峽兩岸高等教育改革的背景、策略，及兩岸高等教育改革等方面，加以討論。

兩岸高等教育改革的背景

　　根據香港大學羅文華的研究（Law, 1996），八〇年代以來，海峽兩岸高等教育的改革背景，就大陸而言，主要來自經濟方面的挑戰，且由於市場經濟的改革，使得原有的高等教育結構無法滿足社會需求。而在台灣方面，由於八〇年代末期，在政治解嚴之後，隨著人民要求參與政治呼聲的增強，教育鬆綁的觀念逐漸普及，高教入學人數的急遽增加，造成大學結構須重新調整；另外，大學法的修正公布，更導致大學必須加速調整改革的步伐。

　　自1980年代以來，隨著大陸勞動市場的改革開放，教育體制的調整遠遠不及經濟體制改革的步伐。由於，中國大陸從控制型的計畫經濟轉向社會主義市場經濟的過程當中，涉及到整個社會型態、經濟體制、管理體制與方法，以及人民觀念、思想、生活方式的重大變革，因此對高等教育產生很大的衝擊。例如，過去的高等教育一切都納入國家計畫之內，辦學體制爲國有化、領導體制「條塊分割」[1]、管理體制高度集權、培養目標單一。而政府對高等學校更是統、包、管，高等學校對政府是等、靠、要，各個學校自成體系、各自爲政，資源無法流通，且在教學與研究方面與社會隔絕（楊廣德，1998）。到了改革開放的九〇年代，市場經濟之下政府的職能發生重大的變化，其中最重要的一個挑戰就是有關於大陸中央級的管理機構，包括：前國家教委（現改爲教

育部）、中央部門，以及省市地方管理單位之間，對於高校管理角色劃分不明確，造成學校內外辦學效能不佳、大學品質無法改善的情況；再加上隨著各地資源分配不均，區域性差異擴大，過去高校劃一的人才培育與分配方式無法配合市場需求，以致造成了一方面人才嚴重不足，另一方面又人才浪費等情形（胡瑞文，1998）。

至於台灣地區，因四十多年來，教育政策的發展一直都是以「配合經濟發展」與「維持政治上的控制」作爲最高的指導原則（羊憶蓉，1995）。在這種政治控制和規劃的束縛下，台灣的高等教育（尤其是大學的運作）長期以來可以說是自成一個封閉體系，其中的教學與研究活動，仍是依照國家所訂定的報酬體系（reward system）在運作，並不需考量或回應來自社會的需要或挑戰。如此的情況，使得國內的大專院校在教學與研究的內容上，偏重理論的傾向，與產業發展需求出現脫節現象。在此情況下，隨著近年來台灣民主化的發展以及經濟轉型的挑戰，產生了高等教育社會關聯性失調的問題，「高學歷、高失業」的現象成爲社會關注的焦點，高等教育的內容和發展方向被迫必須全面而根本的予以檢討。在一連串教育改革行動中，以1994年9月成立的「行政院教育改革審議委員會」（簡稱「教改會」）最受矚目。從1994年9月至1996年12月止，「教改會」共提出四期教改諮議報告書及一份總諮議報告書，對於台灣高等教育提出朝向「人本化、民主化、多元化、科技化與國際化」五大教育改革方向[2]。

兩岸高等教育的改革策略

有鑑於1978年鄧小平復出之後一再強調，教育是四個現代化的重點之一，尤其教育要「面向現代化、面向世界、面向未來」，透過教育來促成現代化建設，以解決中國大陸內部與國際上的問題。在此背景下，1985年大陸當局首度公布了「中共中央關於教育體制改革的決定」的文件，可以說是改革開放以來，教育改革的重要里程碑。這份文件中包含兩項重點（薛光祖，民85）：第一，改革高等教育體制，減少政府對高等教育管理過多的情形，擴大高等教育辦學的自主性，以提昇大學回應社會需求的能力。第二，改變過去由中央政府計畫招生及畢業生分配制度。到了1993年公布的「中國教育改革和發展綱要」中，更是明確指出了九〇年代教育體制改革的方向。在高等教育方面，必須隨著社會市場經濟體制和政治、科技體制改革的需要而調整（楊深坑，1998）。總之，這兩份文件的改革重點，1985年的報告，主要側重於政府辦學模式管理改革方面，希望打破高等教育管理制度多頭馬車、權責不分的情形，提昇學校在辦學方面的自主性。而1993年的改革綱要中則涉及，如何建立與社會主義市場經濟相適應的高校多元化辦學體制，以及投資體制的改革等方向（鄔大光，1998³）。

而在近年來台灣高等教育的改革當中，也可看出以下幾個重點：

1.調整大學、政府間的關係，包括：行政、資源與辦學等方面的變化。

2.朝向大學市場化的趨勢、加強大學研究的應用上轉移
　，以及對企業等在科研補助經費與人才市場方面的依
　賴。
3.加強高等教育多樣性的發展。
4.提昇大學品質與教育理念。

兩岸高等教育改革之檢討

　　儘管大陸高等教育自1985年關於教育體制改革的決定公
布以來，先後實施了管理體制改革的各項措施，然而根據研
究指出（World Bank, 1997; 鄔大光，1998），上述的改革出現
了以下問題：

政府與大學仍是上下從屬的關係

　　大學中校長與校內黨委書記之間的權責關係仍然劃分不
清；若干學校新成立的董事會之間職權仍然模糊；管理體制
的權力下放多流於主管機構的部門轉換。

辦學體制仍然單一化

　　由於民辦私立的高等教育體制，並未成為大陸高教體制
的重要部分，在辦學規模上單一的格局尚未得到根本的轉
變；在高等教育的投資、管理與辦學上，仍是以政府為主。

管理部門定位不明

　　辦學主體的各級政府間聯繫尚未通暢，例如，目前高等
學校仍由四部門來掌管：即教育部、中央各業務部門、（省）

自治區、直轄市政府與中心城市，這四個部門之間的關係迄今仍極為模糊，權力與責任之間也相當不清，影響大學內外部行政效率與結構適應。

高校尚未獨立成為辦學的法人，也未獲得真正的辦學自主權

儘管八〇年代大學的自主權備受各界的重視，但實際上政府對高校進行的行政干預與管理仍然屢見不鮮，如何平衡政府管理與高校本體之間的利益衝突，是九〇年代改革的最大挑戰之一。

高教經費投資不均，地方性差異加大

在大學教育的資源分配方面，儘管自1978到1994年每年大學的政府投資以10%成長，但目前在教育占政府投資總預算不到2.2%（以1994年為例）的情況下，高等教育的經費仍非常有限。尤其自1988年以來，許多大學從過去公費改為獎助金及貸款的方式，導致沿海與內地區域的差距加大，甚至造成了各校在師資及學生來源方面的懸殊水準。

高校教學品質與課程有待改進

在教學品質改進方面，隨著社會及個人需求的變化，中共當局解除了大學課程與教學等方面的限制，拓寬過去專業分化過細的情形，並改變大學教師升等辦法，及鼓勵研究生產。但這些改革也造成了冷熱門、基礎與應用學科之間的差距等後遺症，影響高等教育品質的均衡發展。

至於在台灣地區，在近年來高等教育的改革過程當中面臨了以下的幾個問題：（楊深坑，1998；楊瑩，1998；戴曉霞，1998；教改會，1996）

在大學的目標與功能定位上

長期以來大學的教育目標，經常隨著國家建設與經濟發展而有不同的規劃，大學教育本身的自主性目標反而受到忽略。即使在新的大學法中仍可發現大學目標缺乏全人發展的取向，亟需重新檢討。至於在大學的功能方面，多數大學仍以轉型為綜合大學為主要目標，以致造成各校功能定位的不清、資源浪費、無法發展各校特色的情況。

大學與政府的關係

在大學朝向自主化過程中，由於各校對大學自主與教授治校的概念不同，所採取的方式也各有差異，導致學校決策運作效率的低落，徒生爭議。此外，教育主管部門與大學之間的權責協調，尚未建立良好的規範模式，導致溝通管道不甚順暢。

高等教育資源如何有效利用與分配的問題

高教資源除了在人文與理工領域、公私立大學之間資源分配不均外，各大學辦學績效尚未納入政府財政補助之依據；此外，由於政府經費緊縮，公私立大學學費節節上升，影響中低收入家庭子女的受教權，教育機會不均等的問題時有爭議。

高等教育改革朝向市場化導向的問題

　　高等教育市場化的結果，固然能夠提高競爭、增加彈性、消除壟斷，並促進社會資源的有效分配，但亦難以避免以下的負面效果（黃俊傑，1997；戴曉霞，1998），例如，大學校長所扮演的學術或行銷角色之間的衝突。大學中基礎與應用學科資源分配不均的結果，形成冷、熱門之分，加上市場資源的競逐，使得學術自主受到左右。此外，對於知識、學位、研究市場化與商品化的導向，大學教育本質的獨立性受到干擾，影響深遠（黃俊傑，1997）。

大學入學制度的公平性與合理性

　　台灣地區大學制度的改革，例如，推薦入學、甄試等方案實施之後，最近也引起公平性的疑慮。如何在導引高中教育正常化、爲大學選擇合適人才，又兼顧入學管道的合理與公平性，是近年來大學招生制度備受關注的原因。

兩岸高等教育改革之比較

　　從以上的討論中可看出，兩岸高等教育在改革上有許多相似的地方，主要是兩岸高校在教育行政管理方面都屬於極權型，且長期缺乏高教本身的自主性目標，只能追隨國家建設與經濟發展，賦予不同的任務。即使在高教改革呼聲不斷擴大的今日，上述情形依然存在。另一方面，在改革趨勢上也有類似之處，例如，大陸高等教育目前朝向管理體制改革，一方面希望改革政府與高校間的關係，二來調整高等教

育內部的權力結構，使學術與行政權力分離，促成權力下放。另外，在辦學體制方面，也希望使辦學權和管理權分離，並從公有制的辦學轉為公辦民辦相結合的體制。反觀台灣，由於近來教育鬆綁的呼聲，希望改變教育主管部門過去在各方面的限制，以增加大學內部自主權的調整，並且消除公立學校的壟斷，取消公私立學校差異補貼，改變公立學校全部由政府補助的方式，引進市場機制，增加大學對外募款自籌經費的自主性，使大學在使用經費上有更大的自主權等。

至於兩岸高等教育改革也有許多相異之處，例如，在過程中，大陸上是八〇年代初隨著改革開放經濟的起飛，由中央提出重要的文件與講話，行諸於教育改革的規範，而後頒布教育法令予以確立。台灣則是在八〇年代末期，經由政治上的解嚴，形成社會民間的爆發力，透過民間教育改革的呼聲，促使政府有關部門提出教育改革的報告書和白皮書，並於行政部門列入改革議程。在高教改革的過程當中，台灣民間的參與範圍較大陸來得大；但大陸在改革過程中，地區性的差異頗大，甚至在沿海地區強調教育鬆綁的情況，並不亞於台灣地區。而由於大陸改革地區性差異加大，在教育上的公平性更值得注意（Hayhoe, 1995; Yin, 1993）。最後，大體說來，已開發國家的教育受經濟力、文化力的影響，多於受政治力的影響，而開發中國家的教育則受政治力的影響較多（李錦旭，1997）。雖然近年來大陸高教改革受市場經濟所影響，但政治上意識型態的限制，仍不可忽視。

結論

　　從世界高等教育的改革趨勢，可看出海峽兩岸高教改革的方向。兩岸的社會背景與經濟發展條件互異，改革的方向與步調各有不同，然而兩岸卻也不約而同的步向歐美等國家的潮流，循著「市場導向」邁進。換言之，就雙方的高教改革來看，台灣的教育改革不論是從教育理念的鬆綁、體系的多樣化發展、政府部門的減少干預、以競爭代替管制的概念，並要求與社會需要及市場機能相結合，這種種理念與措施可說大多朝著世界銀行報告書的方向前進，而中國大陸的高教改革，則大多充滿追求經濟效率的說法（Hayhoe, 1995; Yin, 1993），對於社會公平的討論反而不多見。對於聯合國教科文組織報告書中所提到的高等教育人文主義的目標，台灣地區的教改則提出人本化、民主化與多元化的構想，希望在追求高教市場化的同時，也能兼顧大學教育全人發展的理想。至於在大陸的高教改革趨勢中則甚少提及上述目標。因此，有學者特別指出（黃俊傑，1997；戴曉霞，1998b），兩岸高等教育改革市場化所產生的後果必須格外予以重視，以免為了追求效率而忽略高等教育原有在保存、傳遞、創新知識，與促進個人自覺和自我實踐等方面的重要功能目標。

註釋

1. 過去高等教育由國家集中計畫，中央部委（俗稱爲條）和地方政府（俗稱爲塊）分別辦學並直接管理的體制。

2. 在第一期報告書中提出，台灣當前教育改革的五大方向：人本化、民主化、多元化、科技化，以及國際化。在教育目標上則強調培養學生自律的道德情操、適應變遷的能力、民主法治的精神、終身學習的習慣、生態環境的關懷與開闊的世界觀點等。對於政府角色重新界定方面，在既要求「鬆綁」又須重建新規範的前提下，重視考量整體、幫助弱勢及追求卓越等原則。至於對高等教育的改革建議上，主要針對大學入學制度的改革、高等教育需求數量規劃，以及高等教育功能與類型的調整，提出建議。

   第二期報告書在以推動終身教育、建立學習社會及落實學校教育改革作爲全盤改革理念的前提下，在高等教育方面提出（行政院，民84）：高等學校終身化的轉型，發展回流教育、建構教育的第二進路。具體方面，強調大學運作之民主化、多元化、分流化，以及合理化，除了尊重大學機構本身的獨立自主外，對於公立大學的資源分配與運用，以及私立大學公平競爭機會的開放，都有進一步的說明。

   在第三期的報告書中則強調，如何兼顧教育的個人功能與社會功能、和如何落實教育的中立性等理念。在高等教育方面，首先提到如何在大專院校落實兩性平等教育，加強兩性教育方面的有關研究及課程規劃。其次，強化大學與社區之間的關係，提高大學的推廣服務功能，建立教育學

習體系。最後，調整大學師範院校的組織及相關課程，以因應師資多元化，提昇教師品質的理想。

至於第四期的報告書中提到，今後高等教育的數量發展與分類原則、教育資源如何有效合理的分配、大學的內外部運作及法人化問題、高等技職教育的發展、證照制度的建立及進修管道的多元化等建議。

最後，在總諮議報告書中提及，高等教育的鬆綁及品質提昇兩部分。在高教鬆綁方面，主張宜持續高等教育數量的增擴，公立學校由政府掌握與規劃，私立學校部分自由調節，以適應社會需要；設立各種不同型態與功能的高等教育機構，並讓各類高教學生有互轉的機會；成立「高等教育撥款審議委員會」與「高等教育審議委員會」，前者負責高教資源的合理分配，後者著重高教的審議功能；公立學校朝法人化方向規劃、校長權限予以重新調整；以及學校預算的合理流用等。至於在提昇高教品質方面，強調發揮各校的獨特功能；合理分配高教資源、擴大民間的參與投資；尊重大學自主，建立自律規範與責任機制；設立高等教育評鑑制度，兼顧專業化與多元化的原則；重視高等學府的國際化與競爭力；建立教師彈性薪給制度，鼓勵優良表現；以及重新調整大學之合適規模等措施。此外，對於終身學習社會理念的推動及高等技術教育多元化與精緻化的促進，也都另有篇幅予以討論。詳見行政院教改會第一、二、三、四期及總諮議報告書。

3.九〇年代中國大陸高等學校辦學體制的改革有以下幾個方面：

◇改革單一的政府辦學體制：透過學校共建共管的方式

（就是在學校投資管道不變的情況之下，實行由中央部門與省自治區、直轄市人民政府等雙重領導、共同管理）、合併（就是把一些專業相近、學校規模和校譽較低、和功能比較單一的高等學校合併為一所新的高等學校。）、合作辦學（主指距離相近的不同類型、科類層次的學校，在院所的關係與投資的管道不變的情況之下，以合作的方式實現資源共享、優劣互補的情況下合作發展），或者轉換管理部門（亦稱畫轉），（主要是根據部分院校的隸屬關係發生變化，改變投資管道），最後即是在企業和科研單位參與辦學和管理（亦稱協作辦學）（主要是指一些較有經濟實力的企業集團與科研院所先後參與一些大學辦學和管理，藉以加強高教的辦學活力）。

◇大力發展多元化的非政府教學辦學形式，以提倡和鼓勵企業和經濟實體參與及財產投資教育，並且開辦各類民辦高等學校，改變過去由政府統一辦學的方式。

◇擴大高等學校自主權方面，在接受政府的政策法令的條件之下，擁有以下六個自主權：

◆具有計畫外接受委託、培養和招收自費生的權利。
◆有權調整該校的專業方向，並訂定教學計畫、教學大綱、編寫和選擇教材的自主權。
◆有權接受委託或與外界單位合作進行科學研究和技術發展，建立教學和科研生產的聯合體。
◆有權提名任免副校長和任免其他的各級幹部。
◆有權安排國家所撥發的基本投資和經費。
◆擁有使用自籌基金的權利並開展國際教育與學術交流情形。

◇在教育立法方面，規定要根據政事分開的原則，透過立法明確規定學校的權利與義務，讓高等學校眞正成爲自主辦學的法人實體。（以上摘自鄔大光，1998，〈中國高等教育辦學體制改革思考〉一文）

參考書目

中文部分

王瑞琦（民86），台海兩岸大學學費政策之研究，《中國大陸研究》，8期。

行政院教育改革審議會（民85），《第三期諮議報告書》。台北：行政院教改會

行政院教育改革審議會（民85），《第四期諮議報告書》。台北：行政院教改會

李錦旭（民86），評論大轉換時期的教育改革，收於林本炫編，《教育改革的民間觀點》。台北：業強。

黃俊傑（1997），當前大學教育改革的困境及對應策略，黃政傑主編，《大學的自主與責任》。台北：漢文。

楊深坑（1998），兩岸大學教育發展的共同趨勢、問題與展望，發表於《兩岸青年學者論壇》。台北：師範大學。

楊瑩（民87），台灣地區大學教育改革的重要議題，收於廈門大學高等教育研究所編，《兩岸大學教育學術研討會論文集》。福建：廈門大學出版社。

鄔大光（民87），中國高等教育辦學體制改革的思考，收於

《廈門大學高等教育研究所》，20期，8-19。

戴曉霞（1998a），高等教育與市場導向：新世紀的挑戰與展望。收於廈門大學高等教育科學研究所編，《兩岸大學教育學術研討會論文集》。福建：廈門大學出版社。

戴曉霞（1998b），高等教育在新世紀的發展方向，發表於《兩岸青年學者論壇》。台北：師範大學。

薛光祖（民85），近十年來中國大陸教育改革的趨勢，《台灣教育》，541期，24-30。

英文部分

Eisner, Elliot W. (1992). Educational reform and the ecology of schooling. *Teachers College Record*, 93 (4), 610-627.

Hayhoe, Ruth (1995). Comparative reflections on the transition to mass higher education in East Asia. *Comparative Education Review*, 39(3), 299-321.

Law, Wing-Wah (1996). Fortress state, cultural continuities and economic change: Higher education in Mainland China and Taiwan. *Comparative Education*, 32(3), p.377- 393.

World Bank (1998). Executive summary of China: Higher education reform. A World Bank country study. In Agelasto, Michael & Adamson, Bob (eds.) *Higher education in post-Mao China.* Hong Kong: Hong Kong University Press.

Yin, Dalu (1993). Reforming Chinese education: Context, structure and attitudes in the 1980s. *Compare* 23(2), 115-130.

中港兩地職業教育面臨的困惑與挑戰

◇黎萬紅◇
香港中文大學香港教育研究所博士候選人

Abstract

Education performs a considerable role in facilitating national economic and social development. Its role in economic development consists of nurturing the competence of the workforce, thereby enhancing productivity, inducing technological advancement, and facilitating economic transformation. Education also serves as the social equalizer to offer opportunities for upward social mobility. Recently, Hong Kong and Chinese Mainland have been experiencing rapid social changes. Their secondary and post- secondary level formal vocational education, large and diverse system, is facing various specific problems due to its failure to accommodate these changes. Without providing opportunities for advancement to higher educational levels or career development, the schooling process creates an incongruity between students' competence and the requirement of a changing workplace. Vocational Schools in the two societies appear to be collecting post for students with lower educational background. Due to the deficiency of qualified teachers, updated facilities, and flexible program, vocational education could not meet the needs of the labor market. Most students are without desirable academic achievement, perhaps with motivation to learn but with only severely limited chances to study in a higher educational level. Meanwhile, because they lack of sufficient grasp of basic knowledge and generic skills, vocational school graduates in Hong Kong and Chinese Mainland could unable to hold any career advantages over graduates of general schools. The two societies have initiated numerous reforms, but they reiterate a conservative focus on industry and offer only a narrow interpretation of human capital development. For the two societies, vocational education should provide individual of a substantial foundation for career development and upper social mobility. Vocational education should place emphasis on developing relevant non-formal programs with flexible credit accumulating systems. In order to facilitate students' chances for upward mobility, it is necessary to create pathways that work in conjunction with the general education system.

....

Key words: education and development, vocational education, education and work, equal educational opportunities

摘要

　　教育在國家社會經濟發展過程中扮演重要的角色。經濟層面指的是能否培育適切的勞動力配合經濟發展，進一步推動科技轉變，經濟轉型。畢業生的就業機會、收入、工作發展機會、個人的質素與工作間需要的配合最能反映職業教育能否促進經濟發展。在社會發展方面，教育應負起平衡者的角色，提供社會流動的機會。提供均等的教育機會成為重要的指標，學生的入學、參與、產出及生命機會能反映職業學校能否體現其社會功能。中國及香港兩地正經歷急遽的經濟轉變，中學及中學後階段的正規職業教育發展成龐大而多元的系統，卻面對學校教育過程、升學、工作發展機會、所學與轉變中工作需要的配合等方面的挑戰。在社會發展方面，兩地職業學校成為成績稍遜者的收容所，設備跟不上科技轉變的需要，師資不足，課程難於適應市場的急速轉變，大部分學生學習情緒偏低，成績及表現欠理想，升學機會非常有限。在經濟層面而言，兩地畢業生的收入不比普通教育為高，發展機會不及普通教育的畢業生，由於他們的基礎知識及一般能力不足，影響晉升機會。基於以上的原因，重要參與者視職業教育為次等教育。兩地職業教育近年積極進行改革，然而，仍固守割裂式、行業主導、狹隘的人才培育觀的改革取向。對於兩地而言，職業教育應是能有助於年青人工

作生涯不斷發展的教育，關注個人在經濟層面的資源分配，以及向上流動機會。以非正規在職課程爲發展重心，建立彈性的學制及與普通教育系統互通的體系，都是可以考慮的發展方向。

....

關鍵詞：教育與發展、職業教育、教育與工作、教育機會均等

前言

　　教育在發展過程中扮演重要的角色，包括經濟及社會層面的發展。經濟層面指的是能否培育適切的勞動力配合經濟發展，進一步推動科技轉變，經濟轉型。畢業生的就業機會、收入、工作發展機會、個人的質素與工作間需要的配合都能反映職業教育在促進經濟發展方面的功能有否充分實現。在社會發展方面，教育負起平衡者的角色，提供社會流動的機會。提供均等的教育機會成為重要的指標，學生的入學、教育過程、產出及生命機會能反映職業學校能否體現其社會功能。中國及香港兩地正經歷急遽的經濟轉變，中學及中學後的正規職業教育發展成龐大而多元的系統，卻面對在學校教育過程、升學，以及工作發展機會等方面的挑戰。為配合經濟的轉型，兩地職業教育正積極進行改革，然而，兩地仍固守割裂式、行業主導、狹義的人才培育觀的改革取向。到底兩地職業教育應如何發展，下文將就兩地特定的社經情境，探討職業教育發展的可行方向。

教育與國家發展

　　教育在國家發展的過程中，一直擔當重要的角色。發展是具有持續性的任何轉變，在一定的階段在質的方面會有新的面貌（Lo, 1994: 206）。在經濟層面，指的是國民平均生產毛額的實質增長以及經濟轉型。除了經濟發展以外，發展亦

應包括社會的轉型，包括：提昇人民的生活水準、以公平作為分配的原則、減少絕對貧窮（Hoogvelt, 1978: 149-180; Portes, 1976: 56）。職業教育作為教育的一個重要部分，在推動社會及經濟發展方面亦應扮演重要的角色。職業教育（vocational education）是指教育的功能與過程是為了培訓個人將來的工作生活作準備（Shilbeck, et al., 1994: 3），發展個人的性格特質，目的是使一個人在行為及態度方面都有所轉變，提高人多方面的能力（Gugnani, 1994: 10）。中學及中學後階段的正規職業教育將會是本文的討論重心。

經濟層面的發展指的是社會生產系統的效率提高。經濟轉型、科技轉變及人力資源的累積都是其中值得關注的因素。人力資本論者認為教育，能加強人應付經濟不平衡的能力，預見新問題，重新分配資源作出適當行動，是對於經濟發展最大的貢獻（Schultz, 1971）。面對科技及經濟的轉變，教育一方面要培養經濟發展所需不同類型的人才；另一方面促進科技轉變，加速經濟成長。

經濟的轉型導致職業結構轉變，基於不同地方的經濟發展，出現對工人學歷及技術不同的需求。此外，科技轉變是一個複雜的過程，包括：物化與非物化兩部分，除了新工具的投資以外，還包括：生產組織、人事安排，以及意念的轉變等一系列微小的轉變（Cyert & Mowery, 1988; 鍾宇平，1991； Mansfield, 1968）。這引發工作間生產方式的轉變，對勞動力的質素提出新的需求，引發長期的爭論。一些學者認為科技轉變提高了對工人技術的要求（Blauner, 1964; Kerr et al., 1964; Standing, 1984; Attewell, 1987; Adler, 1992）。尤其

在資訊社會，具良好基礎知識的工人更易於受訓（Adler, 1992; Carnoy, 1995: 207）。另一派則提出「非技術化」（deskilling）的現象，認為科技轉變使工作進一步分割化，每個支點對工人技術要求實質上是更為簡單（Braverman, 1974; Wood, 1989; Noble, 1984）。第三派學者則持不確定而偶發的角度，認為科技轉變對勞動力的需求出現了多元而非單一的現象，強調工作間的複雜性以及須注意特定的情境因素（Spenner, 1995: 223）。進入資訊社會，近期的討論進一步關注一般能力（generic skills）的培養，這包括：小組工作的能力、溝通能力、解難能力、創造力、性情，以及習慣等（OECD, 1994; OECD, 1992a; Levin, 1997; Staze, 1998）。這一討論爭議不休，暫時未有定論。不同地區的需求實需要放在特定的情境中作分析。

職業教育能否培養適切的勞動力促進經濟發展，可以從就業機會、收入、學用配合（match employment）、工作發展機會，以及工人質素與工作間要求的配合等方面作討論。然而，學者們對於以上各方面的研究都存在著矛盾的發現，在不同地區，修畢職業教育者的就業機會、收入、學用配合、工作發展機會及工人質素與工作間要求的配合有不同的表現[1]。這相信與勞動市場的特定條件有很大的關係，故此，探討職業教育能否配合經濟發展，亦須放在特定的社經情境作討論。

社會層面的發展重視改善人的生活素質，除了滿足基本需要，應進一步改善社會的平等及公義，包括：個人間物質的平均分配，減低不同程度的社會階層化，基本需求滿足的

程度不因性別、種族、年齡、居住地點而異（Galtung, 1971:
263; Fagerlind & Saha, 1992: 118）。社會流動是舒緩社會分化
的重要手段。在一個開放的社會應具備向上或向下流動的機
會。教育作爲一種社會機制，期望學生不論其背景，在接受
教育後，能有向上流動的機會，以及在一生中有多次受教育
的可能性（OECD, 1992b）。

　　如何判斷教育能否扮演社會平衡者的角色？有否提供均
等的教育機會？學者在這方面做了不少研究，本文將引用
Levin的四個度向，分析兩地職業教育能否提供均等的教育機
會。首先是進入教育機會的均等，指的是滿足平等入學的原
則，爲所有學童提供相似的教育設施，至少直至他們到達工
作年齡。其次是教育參與的均等，指的是不同社會出身的組
別，有相同比例的人數。他們無論在數量及質量上均得到相
等的參與機會。此外，教育成效的均等指的是每個社會階層
都有符合一定比例的人，從每學年的教育成長和整體的教育
經驗，得到相似的教育成效。最後，生命機會的均等指的是
教育對於不同出身背景的人。當教育制度介入社會制度時，
令個人的社會出身和他／她最後的社會成就沒有相應的影響
關係。使家庭背景不影響成年子女在收入、工作，以及教育
等機會（萊文，1995: 278-287）。

　　能否配合經濟發展，促進科技的轉變，提高生產力？在
社會發展方面，能否達致更公平的分配？提供充足的流動機
會？都是職業教育發展的重要使命。下文將放在中國內地及
香港兩個特定的情境中探討職業教育在社會及經濟發展的角
色。

龐大而多元的職業教育體系

　　中港兩地近年經濟均出現急速的轉變。中國內地由計畫經濟轉向市場經濟，不少國有企業需進行大幅度的改革，內部出現了很大的變化。香港自中國開放政策以來，很多生產部門北移，工業出現了重新分工的現象，香港的部門主要負責管理、融資、設計等工作。兩地同時面對經濟的轉型，為提高生產效益，企業均致力於改善生產技術，作部門重組，並發展出新的產品及服務以開拓新市場（黎萬紅、盧乃桂，1998），同時期望工業朝高科技方向發展（創新科技委員會，1999；國務院，1999）種種的轉變導致兩地的市場及工作間出現變化，對員工的質素提出了新的要求，工人須不斷作技術重整以配合。

　　在經濟轉型的過程中，兩地均重視職業教育的發展，以期配合經濟發展的需要。在中國，自1985年以來大力發展職業教育，以高中階段為發展重點，期望普通教育與職業教育在校生數的比例將發展為50%，50%（國務院，1985），近年的政策更進一步期望高中階段的職業教育比例發展至60%至70%，並以高等職業教育為新的發展重心（國務院，1993）。1995年，中等職業技術學校在校生數佔高中階段的56.84%。高等職業學校86所，在校生9.83萬人（中國教育年鑑編輯部，1996）。中等職業教育的在校生數佔很大的比例，影響大量畢業生的發展。這包括：中等專業學校、技工學校、職業（農業）中學[2]。由於近年中專發展遲滯，技校日漸減少，職業（農業）高中成為發展的主要部分。

香港正規職業教育由兩部門提供，其一是由教署管轄的職業先修中學、工業中學、實用中學，以及技能訓練學校，其比例佔中等教育的不足10%。另外一部分是由職業訓練局管轄的原來的7所工業學院及2所科技學院[3]，現在稱爲香港專業教育學院，另設有殘疾人士技能訓練中心、新科技培訓計畫、管理專業發展等。1997-98年政府撥予的資助達十八億九千多萬元（職業訓練局，1998）。於1999-2000年間，職訓局計畫合共爲中三、中五，以及中七畢業生開設十二萬個全日制、夜間制，以及兼讀制課程（明報，3/6/1999）[4]。

發展的挑戰與困惑

兩地職業教育隨著經濟的增長而發展成龐大而多元的體系，然而，其學校教育過程及教育機會的均等卻備受質疑。在教育過程方面，兩地招收相對成績稍遜的學生。課程、設備跟不上市場的轉變；師資不足、士氣低落；學生學習態度欠積極，成績及行爲表現均稍遜。由於他們基礎薄弱，知識面偏狹，影響其升學及工作發展機會。普遍而言，兩地修畢職業學校教育者在就業、收入、工作發展方面都不比普通教育畢業生有優勢。更何況，兩地狹隘的人才培育觀未能眞正回應轉變工作間對工人素質要求的需要。故此，大部分教師、家長，以及學生視之爲次等教育。以下將就這些方面作較詳細的討論：

學校教育過程

在入學方面，就讀中等職業教育是中國大部分家長及學生的最後選擇。家長大都有望子成龍的心態，在沒有其他選擇的情況下，他們才會讓子女就讀職業中學。故此，一般中等職業學校，尤其是職業中學收取成績最低的初中畢業生（黎萬紅、盧乃桂，1996）。這一情況香港亦然，中等教育階後的職業教育只佔不足10%，家長及學生在無可選擇的情況下才選讀職業中學。中學後的職業教育亦面對近似的現象，招收中學會考或高級程度會考不能就讀普通教育系統的預科及大學課程的學生。尤其在大學學生名額擴張以後，香港專業教育學院的收生面對更大的競爭。兩地職業教育同樣面對收取成績相對較差學生的問題，彷彿成為了學業表現稍遜者的收容所。

在教育參與均等方面，兩地職業教育的素質備受多方質疑。由於資源不足，兩地職業學校的設備很難跟上科技的急速轉變（Lester & Berger, 1997; Lo, 1993）。在師資方面，是中國職業教育面對的最重要問題，大部分職業課程由文化科教師來任教[5]。由於任教非自己的專項，且科目年年轉變，教師普遍士氣低落。在香港職業先修中學的教師擁有學位的比例不及普通中學，就學歷水平而言，次於普通中學。香港專業教育學院對教師亦沒有教師培訓的嚴格要求。在課程方面，中國大部分職業學校開設科目依師資而定，或為了吸引學生就讀，開設家長喜好的課程，未能真正照顧市場的需要。香港職業訓練局提供的課程欠缺彈性，未能跟上時代的需要（Lester & Berger, 1997）。部分課程已經過時，例如，

機械製造、海員訓練等，缺乏市場需要。職業先修中學的課程，例如，金工、木工、棉紡織等則被批評與香港的經濟發展脫節。

在產出方面，由於中國職業中學收取成績最差的學生入學，一般而言，學生的學習興趣偏低，成績欠理想。甚至有教師用「差、鈍、懶」來形容職業中學的學生（黎萬紅、盧乃桂，1996）。然而，這些學生由於所修讀的科目與高等學校入學考試不配合，沒法考高等學校入學考試，故其最終成績難與普通學校的學生比較。然而，在僱主眼中，他們是「人尾」，能力一般比普通中學的畢業生差（黎萬紅、盧乃桂，1996）。在香港，職業先修中學畢業生的中五會考成績大多欠理想。1993-1994年，職業先修中學會考中文科合格只有16%，英文科合格只有17%，中英文科合格者只有4.1%（林日豐，1994）。香港專業教育學院的畢業生不用參加劃一的公開考試，成績難以比較。然而，教師對於學生的學習態度及行為表現普遍不滿。

升學機會

在中國，中等職業教育的學生由於修讀的科目與高等學校入學考試不同，沒有機會參加高等學校入學考試，即升讀正規大學的機會甚微。近年，國家發展高等職業教育，畢業生參加另設的考試，投考高等職業教育學院，或成人高等教育課程。然而，高等職業學院的校數有限，能考上的學生比例不高，欲繼續升學者，大多就讀成人高等教育課程。然而，他們所修的科目與成人高等學校入學考試也不相若，不

少學生需再修讀一年成人學校開設的普通高中課程，爲投考成人高等學校入學考試作準備。實質上，他們作出了雙重的投資。由於職業學校的課程大多強調專門的職業知識和技能，學生的文化基礎知識薄弱，削弱了畢業生的再進修機會（黎萬紅、盧乃桂，1996）。中等職業教育成爲了社會分化的手段，減低學生的升學願意以及對大學教育要求的壓力（Tsang, 1991）。

香港職業學校的畢業生升學率亦非常有限，職業先修中學雖設有預科課程，在1994年，能在原校升讀中六的只有9.84%（林日豐，1994），升學機會微乎其微。香港專業教育學院畢業生的升學機會視乎學科而定。由於近年香港大學學生名額膨脹，高級文憑課程的畢業生有較多機會升讀學位課程，1996年，則有約10%的科技學院畢業生在本地或海外學院繼續進修（明報，1996/11/19, 9）。一般文憑課程約有10%成績優異的學生升讀高級文憑課程，至於其他課程則主要以向勞動市場輸送勞動力爲目的。

工作發展機會

在就業機會方面，在上海，由於近年經濟環境欠理想，很多職業中學的畢業生找不到工作，不少學生就讀成人教育中心的普通中學課程，尋求再升學的機會。這一情況在深圳亦然，由於深圳對工人的學歷水平要求越來越高，職業中學的畢業生難以找到工作，高職院的畢業生則視乎所修科目而定。實質上，就讀高職院的學生必須具長期戶口，學生能否找到理想的工作，與家長的社會關係有很大的聯繫。在經濟

困難的時期，香港職業先修中學的畢業生失業及待業的情況變得嚴重。工業學院中五以上程度職業課程的畢業生，就業率由1997年的七成，下降至1998年的五成。能夠在畢業兩個月內入職的，則由六成減至不足四成（明報，17/6/1999）。其中尤以中三以上程度的技工課程畢業生的就業率最差，1997年與1998年相比，就業百分率下跌四成（星島日報，17/6/1999）。面對勞動市場的激烈競爭，職業教育的畢業生在找工作方面並未取得任何優勢。

在收入方面，中等職業教育畢業生的收入並不比普通中學畢業生爲高（Yang, 1998）。1994年，技術員課程畢業生平均月薪7699元，技工課程畢業生的平均月薪爲5325元（Vocational Training Council, 1995: 27），相比於同年非生產工人的平均月薪9423元及技工與操作工人的平均月薪6843元爲低（陳倩兒，1995: 112）。根據香港人口調查資料，在1991-1996年，中學後職業教育畢業生的薪酬實質增幅低於中六程度及高等院校非學位課程的畢業生。其實光看基本薪酬並不能完全反映職業教育對學生的工作發展的影響，尤其中國的薪酬結構相對穩定，層級清晰，故此，應將一步檢視他們的工作發展機會。

在學用配合方面，由於勞動市場變化迅速，中國很多職業學校畢業生學非所用。由於他們所學的多是專門的職業知識及技能，彈性不足，影響就業前景（World Bank, 1985）。這一方面與中等教育三類機構管理混亂，造成科目設置重複有關，（Lo, 1993）；一方面是學校開設的課程是基於師資或家長的喜好而開設，沒有配合勞動市場的眞正需要。在香

港，職業先修中學的畢業生大多學非所用，多從事服務性行業的工作。至於香港專業教育學院，中三程度以上人士就讀的技工程度全日制課程畢業生在相關行業就業的百分比下跌二成（星島日報，17/6/ 1999）。其他課程則視乎勞動市場的需求而定，學用配合情況並不高。當市場沒有太多的就業機會，畢業生未必找到相關的工作；當市場有很多選擇時，畢業生多選擇發展前景較佳的工作，未必投身所學的行業。

在升遷機會方面，中國的僱主大都認爲職業教育的畢業生能力稍遜，當企業有機會，多先讓普通教育的畢業生發展（Lai & Lo, 1998）。在香港，僱主不大願意聘請職業先修中學的畢業生，更遑論發展機會（黎萬紅、盧乃桂，1997）。至於工業及科技學院的畢業生，中小型企業對部分課程的畢業生有一定的需求，主要原因在於他們工資較低，比較安份，不輕易轉入具規模的企業工作。

所學與轉變中工作間的需求的配合

在香港方面，筆者整理相關的研究，亦在香港、上海、深圳、廣東鄉鎮的一些企業進行實地調查，探討兩地轉變中的工作間對於員工素質的要求。比較兩地的經驗，不難發現兩地工作間對於員工的基礎知識、一般能力（generic skills）、專業知識，以及技能三方面均有所要求。

專業知識及技能

香港的僱主大都期望員工入職後再學習與其工作崗位相關的專業知識及技能。一家中型企業近年引入了電腦控制的

生產器材，新增了操作員的職位，僱主只期望他們具備一般的常識，「我寧願一個中學畢業生出到來沒甚麼mechanical的背景，而他有common sense。」認爲浮淺的專業知識或技能反而窒礙了他們的判斷，可能爲公司帶來更大的損失（黎萬紅、盧乃桂，1997: 5）。在中國方面，被訪者均認爲在工作過程中學習專業知識及技能最有價值，「在實際（工作）過程中肯定碰到一些問題，…知識倒是做到老，學到老。」「在實踐過程中我學到不少東西。」不同的崗位有不同的專業知識，這與特定的工作崗位有密切的關係，故此，較適合在工作過程中再作學習。

穩固的基礎知識

兩地的被訪者不約而同的強調基礎知識的重要性。在中國方面，被訪者認爲「人的素質跟人的文化水平成比例。」「如果沒有基礎，個人再努力也無法成功。」穩固的基礎知識被認爲是工人終身學習的主要基石。在香港方面，一些中小型企業寧願請內地的中學畢業生，也不願請本地的職業教育畢業生；他們不需要員工具備太專門的專業知識，具備穩固的基礎知識後，很多專業知識都可以在工作過程中學習（黎萬紅、盧乃桂，1997）。香港作爲一個國際城市，僱主反而注重員工二文三語（即中、英文及普通話）的能力（Lester & Berger, 1997: 67）。隨著香港及中國大城市朝向高科技發展的趨勢，員工具備穩固的基礎知識及學習能力，才能適應無法預計的資訊社會的急速轉變。

一般能力

　　面對市場的競爭，產品、服務，以及技術的革新成為兩地企業發展的重要策略，創造力是員工重要的素質。香港僱主批評員工原創性及設計概念落後，與日常生活、社會脫節（信報，1997: 29），「我覺得現在的香港年青人，欠缺主動性，…其實主動有個好處是很多時候工作不能每天告訴你第一步、第三步是這樣做，有好多時你有回饋回來說，這樣做可能很蠢。」（黎萬紅、盧乃桂，1997: 5）肯定了主動性及創造力對於改進生產方式的重要性。中國的企業面對市場競爭，大多改良原產品及服務以開拓市場。不少員工提出創新能力的重要性，「我們現在這個市場競爭是存在的，你沒有一個創新，靠老產品是沒法的。」「目前的挑戰就是要發揮你所有腦子裡的潛能，說到底就是你要有點子，想到別人想不到的事情，就是要走走新路子。」發掘新的市場，主動性及創造力成為發展的重要元素。

　　兩地的僱主及僱員均重視積極的工作態度。在中國方面，重視認真的工作態度、好學精神及上進心。被訪者認為「做一件事，應該把它做好…鍥而不捨…不要輕易放棄。」，同時，與工作相關的知識「絕大部分是靠自學」的，故此，員工應具好學精神，「總是想能學多少就學多少。」，並且具備持續的上進心，「我要把這個工作做好，我要向…高的方面進步」，才能在工作過程中不斷要求自我提昇，適應工作中的各種變化。香港則把持獨特的企業家精神，例如，肯做、強烈的工作道德、肯投資於自我改進、追求成功、相信社會的向上流動是取決於個人的努力等，是促成其競爭力的主要因素之一（Enright, Scott & Dodwell, 1997: 109）。兩地對於

積極的工作態度雖有不同的詮釋，卻同時確認積極的工作態度是重要的工人素質。

　　兩地僱主及僱員同時強調溝通能力的重要性。香港的僱主認為，「雖說聽教聽話，但是很木的，不是活的，但起碼思維肯同你談（一）下話，溝通一下，溝通，最重要是溝通。」（黎萬紅、盧乃桂，1997: 5）員工有良好的溝通能力，懂得團隊工作，各部門的密切配合，才能儘快對市場作出回應（信報，1997: 36）。中國方面，亦很重視員工的人際關係。「人際關係比較好，這人際關係是周圍同志呀，對上面呀。」對於工作的推展，開拓市場，獲取市場訊息以及在工作中學習均顯得十分重要。

　　然而，對於一般能力的要求，兩地仍存在著一定的差異。在香港方面，首重員工具更廣的視野。僱主批評僱員所接受的教育太狹隘（Lester & Berger, 1997: 66），沒有通才的知識（信報，1997: 36）。「個人思維不要太直，有時思考要橫些、廣些。」（黎萬紅、盧乃桂，1997: 5）強調應培養學生對於現實世界有敏銳的觸覺，拓廣視野，懂得靈活變通。其次是多元文化的能力。香港的企業統籌分散至不同地區的部門，需要員工具備處理跨文化的能力，以協調不同地區部門的工作（Enright, Scott & Dodwell, 1997: 109）。

　　在中國方面，則較注重適應轉變的能力，「不單是知識，但更應重視他的能力，出來以後你能不能適應這個社會，一個適應能力。」才能面對整體經濟環境的變化以及企業的內部改革。其次是獨立處事能力，「你沒有一個獨立工作能力的話，是不可以想像的。」面對工作崗位上隨時出現

的不可預計的問題，員工必須有獨立的思考、判斷及統籌的能力，解決此等不可預計的問題。

兩地的工作間對員工的基礎知識、創造力，以及主動性、溝通能力、積極的工作態度方面有共通的需要，認爲專業的知識及技術以在職學習的方式學習較適合。然而，基於不同地區工作間不同的社經特質，自然對於一般能力有不同的理解。職業教育須關注這幾方面的需要，才能培養合適的人才，推動經濟發展。

重要參與者心目中的次等教育

基於以上種種發展的限制，兩地正規職業教育課程的社會地位偏低。中國的教育工作者與民眾對職業教育存在很大的偏見，視職業教育爲次等教育（Lo, 1993; 黎萬紅、盧乃桂，1996）。長期招收學生不足，是這些學校面對的嚴重問題。香港一項研究顯示，中三學生（1232名受訪者）以原校升讀中四爲首選，選擇就讀工業學院及職業訓練中心的分別只有2.2%及1.5%（明報，6/8/1997）。近年職業先修中學及工業中學大部分除去了職業學校的標籤，但不少教師指出，學校的情況沒有多大改變，大部分家長及學生仍視職業學校的學生爲最後選擇。

發展的困惑

面對種種的問題，兩地職業教育均致力於改革，以適應社會轉變。不難發現兩地仍固守以往割裂式、行業主導、狹

隘的人才培育觀的取向，發展方向尚未明朗，未能真正回應兩地轉變中的社會及經濟發展的需要。在香港，中學階段的職業學校大部分除去職業學校的名稱，並進行課程改革。取消不合時宜的實用科目，增設新的商業及科技科目。初中引入基本商業、基本科技和基本設計。高中增設圖象傳意、科技概論，和資訊科技。然而，初步擬好的課程綱要顯示，新開設的課程仍較重視專業知識及技能的傳授（教育署，1997）。在職業訓練局方面，原有的2間科技學院，7間工業學院，24間工業訓練中心改組為香港專業教育學院，並以三個龍頭學院領導九校發展。職業訓練局的改革以學院及部門重組的行政改革為主。在課程的改革方面，仍處於摸索的階段，相對比較混亂，相信這與發展焦點未明有很大的關係。其中，大量刪減公民教育及體育的課堂時間，這反映出局方把持狹隘的專業知識及技能的培訓觀點，未能回應香港經濟發展，需要知識面較廣，具更廣的視野及多元文化能力的勞動力的需要。近日有關當局建議撥款約一億元成立中華料理學院，反映出當局對於香港職業教育仍採割裂式、狹隘行業取向的發展方針。

在中國，中等職業教育強調以專業知識及技能訓練為主，目標是培養生產第一線的熟練操作工。高等職業教育是近年主要的發展方向。通過改革現有的高等專科學校、職業大學、成人高校和少數重點中專辦高職班作為補充途徑，發展高等職業教育。目標是培養技術型人才，專業設置是針對職業崗位及崗位群的，根據經濟發展作出調節。重視能力基礎，以「必須、夠用」為原則（王湆，1999）。實用型、技能型人才的取向，反映出對傳授專業知識及技能的重視，對培

育工人素質狹隘的詮釋。

面對社會及經濟急速轉變，中港兩地均意識到職業教育在發展過程中的重要角色，固有的職業教育模式未能確切的適應發展的需要，近年都銳意於職業教育的改革。然而，兩地職業教育的改革仍固守割裂式、行業主導的取向，狹隘的人才培育觀，發展的焦點未見清晰，未能關注兩地經濟轉型以及轉變中的工作間對於員工的特定需要。正規職業教育的畢業生知識面過於狹窄，一般能力及再學習能力較弱，他們在升學及就業發展方面面對重重的限制。職業教育未能照顧年青人在經濟層面及社會流動方面的需要，充分發揮其社會及經濟發展的功能，未來的發展路向，實有待進一步的檢討。

中港兩地職業教育發展路向探索

面對社會及經濟急速轉變，中港兩地均意識到職業教育在發展過程中的重要角色，發展出龐大而多元的系統。中港兩地近年經濟急速轉變，物化以及非物化的科技轉變亦促成了工作間出現了不少變化，並期望工業朝較高科技含量發展。面對社經條件的轉變，兩地均銳意於職業教育的改革，然而，在發展的過程中，卻面對重重的挑戰。

從經濟發展的角度而言，職業教育培養出來的勞動力未能真正配合經濟發展的需求。首先，兩地正規職業教育畢業

生的就業機會不比普通教育畢業生優越，在經濟不景氣時，由於僱主有較多的選擇，職業教育畢業生待業問題更為嚴重。其次，在收入方面，中國的畢業生不比普通教育為高，香港的畢業生薪酬低於一般平均收入，增幅較普通教育畢業生為慢。第三，在工作發展機會方面，僱主普遍不認同具備狹義技能的員工，較欣賞一般能力較強者，一般而言，他們的發展機會都不及普通教育的畢業生。最後，更何況兩地正規職業教育採狹隘的人才培育觀，均強調狹義的職業知識及技能的培養，未能充分的回應兩地轉變中工作間對於穩固的基礎知識、一般能力的需要。

從社會發展的角度觀之，兩地職業教育未能為學生提供理想的學習環境以及充足的向上流動機會。首先，在收生方面，由於負面標籤效應，家長學生大多視職業學校為最後的選擇，招收成績相對稍遜學生的現象一直困擾著職業教育的發展。其次，在學校教育過程中，兩地職業教育的設備沒可能跟上科技轉變的需要。師資方面，由於專門的培訓不足，中國以文法科教師轉任；香港的職業先修中學學位教師的比例不及普通中學，香港專業教育學校的教師在教育專業的培訓方面亦相對不足。在課程方面，兩地的課程一方面缺乏對地方勞動市場需求的理解，一方面是正規課程本身缺乏彈性，難於適應市場的急速轉變。第三，在教育成效方面，由於學生普遍學習能力較差，看不到所學與畢業後的就業和工作的聯繫，學習情緒偏低，故此成績及行為表現也欠理想。最後，在生命機會方面。兩地職業學校由於收生條件較差，課程對於學生的基本知識及能力訓練不足，兩地職業學校畢業生升學機會非常有限。同時，過分狹隘的專門知識及技能

訓練，對於學生的分析及適應能力培訓不足，影響他們工作的晉升機會。基於以上的原因，職業教育被兩地大部分重要參與者視為次等教育。

基於兩地職業教育在經濟及社會層面的發展的限制，職業教育的角色需重新定位。然而，兩地職業教育的發展路向卻採割裂式、行業主導、狹隘的人才培育觀的取向，未能切實回應社會變遷的真正需要。對於兩地而言，職業教育應是能有助於年青人在工作生涯中不斷發展的教育。不應只侷限於狹隘的專門知識及技能的傳授，須關注個人在經濟層面的資源分配，以及向上流動的需要，以期真正推動國家的經濟及社會發展。

在內容方面。首先，為提供升學、終身學習、適應經濟及科技轉變所需的技術重整的可能性，職業教育應包括：職前優質的普通教育，為學生打穩基礎知識、再學習的能力，為終身不斷作技術重整提供良好的基礎。其次，轉變的工作間對於員工的一般能力有特定的需要。研究顯示，不同地區對一般能力有不同的理解，故此，應對於工作間在一般能力的要求作持續的研究，加強教育與工作需要的聯繫。儘管不同地區對一般能力的理解有差異，兩地的僱主及僱員均重視員工的創造力及主動性、積極的工作態度、溝通能力。教育過程如何透過正規及非正規的課程培育學生具備此等能力，是值得進一步思考的方向。

在形式方面，既然專門的知識及技能在工作中學習更為有效，職前的正規教育難以預測不同工作的特定需要，與專門知識及技能相關的職業教育應以非正規在職形式為發展重

心，照顧工人在工作生涯中不同階段技術重整的需要，才能
真正的配合經濟及社會發展。其次，由於不同人在不同階段
有不同的需要，職業教育需要建立極具彈性的學制，讓學員
按個人的需要，無論在課程內容及時限方面，自由選擇適切
的課程。第三，同時應考慮學分累積及院校間互相承認學分
的制度，讓學員在不同階段於不同學院累積的學習，可以發
展為認可的學歷。這一方面照顧他們不同時期的需要，亦有
助於鼓勵終身學習。最後，職業教育的發展亦應關注與普通
教育系統的互通問題。正規職前教育應以優質的普通教育為
重心，以打穩學生終身學習的基礎。即使有限的發展中學後
的正規職業教育課程，亦應避免狹隘的只重專業知識及技能
的傳授，宜儘量拓寬學生的知識面，確保學生在工作生涯中
隨時重新進入普通教育系統尋求進一步發展的機會。

對於個人而言，在經濟層面，會隨時因為經濟轉型與科
技轉變需要作技術重整。在社會流動方面，需要在一生中有
多次繼續升學及工作的發展機會，職業教育能否為個人發展
提供充足的基礎及發展的可能性，真正的促進社會及經濟發
展的需要，相信是兩地職業教育未來發展路上必須關注的課
題。

註釋

1.對於職業教育與經濟發展的討論，坦桑尼亞的有一半的畢
業生在三年內找不到工作（Middleton, Ziderman & Adams,

1993），哥倫比亞學生就業模式與普通教育的畢業生分別不大（Psacharopoulos & Zabalza, 1984）。在收入方面，Newman & Ziderman （1991） 發現以色列的職教畢業生收入較文法教育畢業生高，但Mayer & Wise（1982）： Clark（1983） 等的研究則持相反的意見。在學用配合方面，Chung （1990） 發現在八十年代的香港，學用配合而又是發展興盛的行業，可以提高收入，Foster （1977）則發現在非洲加納，大部分職業教育畢業生學非所用。單一的元素其實很難較完整的呈現職業教育的適切性，尤其對於薪酬結構單一的中國而言，表面的薪酬很難完全反映員工的生產力以及教育的影響，故此，工作發展機會亦應被列入考慮之列。再配合科技轉變促成工作間運作的轉變，本文同時探討工作對員工質素的需求與職業教育能否配合的問題。

2. 中等專業學校指的是一般由非教育部門主辦，或由教育部門與其他部門合辦。畢業生早年納入國家分配計畫，入職後屬幹部編制，在人力規劃時列入高等教育，然而近年亦逐步取消就業的分配制度。技工學校指的是由企業主辦，一入學已算入該企業的編制，不受教育部門管轄。也有正規課程，要學一般語文及數學知識，有班級組織及課外活動，故屬正規教育。職業（農業）中學指的是畢業生不包分配，一般由教育部門主辦。它是職業技術教育中最靈活，最不正規的一種，對環境的變化反應最敏捷，變化較顯著。

3. 香港職業訓練局提供多種課程，包括：全日制、兼讀制、部分時間給假制等課程。原來的工業學院主要提供中三及中五就讀的技工及技術員課程。科技學院提供中五或中七學生申請就讀的技術員課程。近年都改稱爲香港專業教育

學院，各工業學院及科技學院的課程類型及層次變化不大，暫時而言，只是名稱上的轉變。

4.其中2000個學生名額爲期一年的全日制基礎文憑課程予三科合格的中五畢業生； 及1400學生名額的全日及兼讀制課程予中三畢業生。

5.如數學教師教會計，語文教師教文秘書課等，比較極端的例子，例如，音樂科教師教市場學，英語科教師教電腦等。

參考書目

中文部分

中國教育年鑒編輯部（1996），《中國教育年鑒 1996》，北京：人民教育出版社。

王湔（1999），跨世紀高等職業教育的思考，《中國高教研究》，第2期，頁3-6。

亨利，萊文（1995），西方的教育機會均等和社會不平等，《高科技、效益、籌資與教育改革—教育決策與管理中的重大問題》，曾滿超、鍾宇平、蕭今等譯，頁269-311。北京：人民日報出版社。

明報（19/11/1996），科技學院畢業生就業情況佳，頁9。

明報（17/6/1999），逾半工業學院畢業生失業，港聞版。

明報（3/6/1999），社署擬爲中三停學者提供職訓，教育版。

明報（6/8/1997），學生寧就業不入工業學院，教育版。

林日豐等（1994），香港職業先修中學。香港：香港中文大學
　　教育學院教育碩士研究報告。

信報（1997），《一九九七年香港工業科技成就獎特輯》，11
　　月10日，頁19-36。

星島日報（17/6/1999），技工課程出路勁減四成，教育資訊
　　版。

國務院（1985），中共中央關於教育體制改革的決定，載《關
　　于教育體制改革的文件》。人民出版社。

國務院（1993），中國教育改革和發展綱要，《中國教育
　　報》，27/2，頁1-3。

國務院（1999），《中華人民共和國國民經濟和社會發展「九
　　五」計畫和2010遠景目標綱要撮要》。
　　http://www.china.org.cn/ceec/zgjjjc/indexxb.html.

教育署（1997），《職業先修中學檢討報告書》。

陳倩兒編（1995），《香港1995》。香港：香港政府新聞處。

創新科技委員會（1999），《創新科技委員會最後報告書》。

課程發展署（1999），《職業先修中學新課程大綱諮詢稿》。

黎萬紅、盧乃桂（1996），中國鄉鎮職業教育一兩個廣東鄉鎮
　　發展經驗的比較研究，《教育學報》，24卷，第2期。頁
　　23-41。

黎萬紅、盧乃桂（1997），科技轉變與職業教育一香港發展經
　　驗的初探，於香港中文大學教育學院、香港中文大學教
　　育研究所及國家教委教育發展及研究中心合辦於深圳舉
　　行之「跨世紀中國教育的發展：內地與香港研討會」上之
　　宣讀論文。

黎萬紅、盧乃桂（1998），轉變中的工作間對職業教育課程的
　　啟示一滬港經驗的比較，此乃於八月廿六至廿七日，於

長春舉行，由香港中文大學教育學院、香港教育研究所及中央教育科學研究所合辦之「中學課程教材改革國際學術會議」上之宣讀論文。

鍾宇平（1991），科技轉變與教育角色，《香港中文大學教育學報》，19卷，1期，頁83-91。

職業訓練局（1998），《職業訓練局1997-98年度年報》。香港：職業訓練局。

英文部分

Adler, P.S. (ed.)(1992) *Technology and the future of work.* Oxford: Oxford University Press.

Attwell, P. (1987) "The impact of office automation on work: insights from a multisite study." paper prepared for the meetings of the International Sociological Association. New Delhi.

Blauner, R. (1964) *Alienation and freedom.* Chicago: Chicago University Press.

Braverman, H. (1974) *Labor and monopoly capital: the degradation of work in the twentieth century.* New York: Monthly Review Press.

Carnoy M. (ed.)(1995) "Education and technological change." *International Encyclopedia of Economics of Education.* Second Edition. Cambridge: Pergamon.Pp.205-211.

Cerruti, G. & Rieser, V (1993) "Information systems, computer systems and new strategies of rationalization." in

Heidenreich, M.(ed.) *Computers and culture in organizations: the introduction and use of production control systems in French, Italian, and German enterprise.* Berlin: Edition Sigma-Rainer Bohn Verlag.Pp.85-135.

Chung ,Y. P.(1990) "Educated mis-employment in Hong Kong: earnings effects of employment.in unmatched fields of work" *Economics of Education Review.* vol.9, no.4. pp.343-350.

Clark, D. H. (1983) *How Secondary School Graduates Perform in the Labor Market: A Study of Indonesia.* World Bank Staff Working Paper No.615. Washington: World Bank.

Cyert, R. M. & Mowery, D. C.(eds.)(1988) *The impact of technological change on employment and economic growth.* New York: Harper Business.

Enright, M. J., Scott, E. E. & Dodwell, D.(1997) *The Hong Kong Advantage.* Hong Kong: Oxford University Press.

Fagerlind, I. & Saha, L. J.(1992) *Education and national development: a comparative perspective.* New York: Pergamon.

Galtung, J.(1971) "A structural theory of imperialism." *Journal of Peace Research.* Vol.8, No.2. Pp.81-117.

Gugnani, H. (1994) "Structures of training for work or employment." *Education.* Vol. 49/50. Pp. 9-16.

Hoogvelt, M. A. (1978) *The sociology of developing societies.* London: The Macmillan Press.

Kerr, c. et al., (1964) *Industrialism and industrial man: the problems of labor and management in economic growth.*

New York: Oxford University Press.

Lai M. H. & Lo, L. (1998) "The meaning of relevance education and the efficacy of vocational education in rural China." In Mak, G & He, J.(eds.) *Education Reform in China*. Routledge. (forthcoming).

Lester, R. & Berger, S.(1997) *Made by Hong Kong*. Hong Kong: Oxford University Press.

Levin, H.(1997) "Accelerated education for an accelerating economy." paper presented in Wei Lun Lecture of The Chinese University of Hong Kong.

Lo N. K.(1993) "The changing educational system: dilemma of disparity." in Cheng, J. & Brossean, M. (eds.) *China Review* 1993. HK: The Chinese University Press. Pp. 22.2-22.42.

Lo N. K.(1994) "Development and education: reflection on a contentious field of inquiry." *CUHK Education Journal*. Vol.21, No.2. Pp.205-216.

Mansfield, E.(1968) *Technological change*. New York: W.W. Norton & Company. Inc.

Mayer, R. H. & D. A. Wise.(1982) "High School Preparation and Early labor Force Experience." in Freeman, R. & D. Ellwood(eds.) *The Youth Labor Market Problem*. Chicago: Univ. of Chicago Press.

Middleton, J, Ziderman, A. & Adams, A. V. (1993) *Skills for productivity: vocational education and training in developing countries*. New York: Oxford University Press.

Newmann, S. & Ziderman A (1991) "Vocational Schooling,

Occupational Matching and Labor Market Earnings in Israel." *Journal of Human Resources*. Vol.26, No.2. Pp.256-58.

Noble, D.(1984) Forces of production: a social history of industrial automation. New York: Knopf.

OECD (1992a) *Technology and the economy: the key relationship*. The Technology/Economy Program. Paris: OECD.

OECD (1992b) *High-quality education and training for all*. Paris: OECD.

OECD (1994) *Vocational education and training for youth: towards coherent policy and practice*. Paris: OECD.

Portes, A. (1976) "On the sociology of national development: theories and issues." *American journal of Sociology*. Vol. 82. Pp. 55-85.

Psacharopoulos, George & Zabalza Antonio. (1984) "The Effect of Diversified Schools on Employment Status and Earning in Colombia" *Economics of Education Review*. Vol. 3, No.4. pp.315-331.

Schultz, T. W. (1971) *Investment in human capital: the role of education and of Research*. New York: Free Press.

Shilbeck, M., et al., (1994) *The vocational quest: new directions in education and training*. London: Routledge.

Solow, R.(1957) "Technical change and the aggregate production function." *Review of Economic and Statistics*. XXXIX, August, PP.312-20.

Spenner, K. I.(1995) "Technological change and deskilling." in

Carnoy, M. (ed.) International Encyclopedia of Economics *of Education*. Second Edition. Cambrige: Pergamon. Pp.222-227.

Standing, G. (1984) "The notion of technological unemployment. " *International Labor Review*. Vol.123, No.2. Pp.127-47.

Staze, C., Ramsey, K. & Eden, R.(1998) "Teaching generic skills." Grubb, N. (ed.) *Education through occupations in American high schools Vol.1: approaches to integrating academic and vocational education*. Pp. 169-191.

Tsang, M. C.(1991) "The structural reform of secondary education in China." *Journal of Educational Administration*. Vol.29, No.4. Pp.65-83.

Vocational Training Council. (1995) "Vocational and Technical Training Council 1993-94 Annual Report." Hong Kong: Vocational Training Council.

Wood, S.(1989) *The transformation of work? skill, flexibility and the labor process*. London: Unwin Hyman.

World Bank(1985) *China issues & prospects in education*, Washington, The World Bank.

Yang, J.(1998) "General or vocational? the tough choice in the Chinese education policy." *International Journal of Educational Development*. Vol. 18, No.4, Pp. 289-304.

教改何價？香港之經驗

◇謝均才◇

香港中文大學教育行政與政策學系助理教授

Abstract

Since the implementation of universal 9-year education in 1978, Hong Kong has experienced a number of education reforms over the past two decades. These reforms are large in scale and carry tremendous impact. This paper aims to explicate the nature and meanings of these reforms. First, it reviews the development of univeral education in Hong Kong in the post WWII era. Then it analyses the orientation and features of the education reforms response to the implementation of universal education. Finally, it evaluates the effects and influence of these reforms.

The education reforms over the past two decades can be viewed as a response to the implementation of universal education, and which resulted in numerous education reforms concerned with "education quality". A number of managerial and marketization-oriented reforms have been advocated and adopted to improve education quality. Since the eighties, there has been in change in the official policy towards education — a shift of viewing education from "coping with the needs" and "solving the problem of governability" to "a provision of service". But the concept of "service" has been gradually merged with the ideology of marketization, with the aim to maintain the competitive advantages of Hong Kong. These reforms not only remarkably influence teachers and the working of schools, but also re-define and re-shape the meanings of education and teachers, the roles and goals of school, and the values of education. After the expansion and univeralization of education, the government's control of education, in terms of both breadth and depth, has been increasing. In the name of raising quality, some administrative, management, and curriculum measures, and competition mechanisms have been introduced to discipline the school system, and which resulted in a distortion of the schooling and education process. Generally speaking, we have witnessed a more complicated and subtle development of the control system, along with increasing rationalization, bureaucratization, and technicalization of administration and management; and the dehumanization and alienation on the parts of education practitioners and the teaching process.

Key words: Hong Kong, quality education, education reform

摘要

　　自實施普及九年教育以來，香港近年來經歷了不少教育改革，在規模和影響方面均十分鉅大，本文擬探討這些改革的性質和意義。首先，我們會先回顧戰後香港普及教育發展的軌跡。跟著會整體地分析八〇年代以來回應實施普及教育的教育改革的取向及特徵。最後，我們會評估這些教育改革的效果和影響。

　　這二十年來的教育改革主要是回應普及教育的實施。結果在過程中，出現了針對「教育質素」的種種教育改革，為了提昇教育質素，故此提倡和實施了很多富有管理取向和市場取向的措施。自八〇年代以來，政府教育政策的取向有一定的改變，最明顯的便是從「應付需要」及「解決管治問題」轉為將教育視為「提供服務」，可是對服務的概念又逐漸和市場意識形態結合起來，以維持香港的競爭力。這些改革影響深遠，不獨對教師和學校的運作有影響，也對教育、教師身份和教學的意義、學校角色、目的和教育價值作重新的界定和塑造。在增長和普及教育之後，政府對教育和學校體制的控制在深度和廣度上都有增強的趨勢，在提高質素的名義下，從行政、管理、課程，以及引入競爭機制來去規範學校體系，結果是改變了及扭曲了學校和教學過程。整體來說，我們看到的是控制系統的愈益龐複和細密，行政管理的進一

步理性化、科層化和技術化，以及教學過程和教育參與者本身的疏離和非人化。

關鍵詞：香港、教育質素、教育改革

引言

　　自實施「普及九年教育」以來，香港近年來經歷了不少教育改革，在規模和影響方面均十分鉅大，本文擬探討這些改革的性質和意義。首先，我們會先回顧戰後香港普及教育發展的軌跡。跟著會整體地分析八〇年代以來回應實施普及教育的教育改革的取向及特徵。最後，我們會評估這些教育改革的效果和影響。

戰後香港普及教育的發展[1]

　　概括而言，戰後香港普及教育發展的軌跡是有以下特點：

　　1.從五〇年代至七〇年代的整體教育政策都是著眼在擴展學額方面。教育的拓展，基本上以小學和中學為主幹，大量增加學額，普及教育。同時，普及的層次也逐漸提高，從最初的小學六年、漸次上升至初中、中五、預科和大專。在八十年代以前，政府關注集中在小學（1945-71年）和中學教育（七〇年代至八〇年代中期）的優先發展，八〇年代後期至九十年代初期則擴展專上教育。

　　2.從量的增長帶到質素的關注。以往，港府教育政策的現實和功利取向非常明顯，以滿足社會需求、人力和經濟需要以及維持統治為目標，並主要以漸進主義式為手段來進行

規劃,故質素往往被犧牲了,而一些長期積壓的教育問題也未獲解決。

　　雖然港府以極短時間來完成九年強迫普及教育,但這種急速和大幅度擴張也帶來了很多問題。港府在教育方面缺乏長遠規劃,不少政策都是被動式及臨時應變的。政策缺乏前瞻性,故只能對問題採取補救式的措施。首先,這種擴張學額和普及化往往是以非常手段來完成,例如,為了急速及經濟地達到預定目標,便採取了大班制、兩部制、浮動班制、延長日制、買位等措施。這些臨時措施不少卻經年地沿用下來,故此也影響了教育質素。由於急遽增加學額,投入改善教育質素的資源少,故教育環境不滿意,並少兼顧教育質素的問題,故此存在著一些長期的教育問題,惹來詬病。例如,在考試、資源投入、學制、教學語言、教師質素、課程、學校管理、私校和買位措施的存廢、師生比例的問題等等方面都引起關注。

　　而更重要的是,在以往的教育制度下,不單已經積習了很多的教育問題並未獲得解決。而在缺乏配套措施下,倉卒推行的普及教育便暴露和激化了更多的教育問題。於是便成為完成普及教育後要處理的課題了,亦成為要日後改革的中心議程。

　　3.**普及教育的出現,帶來種種課題**。例如,傳統中央行政的管制問題、教育制度各層次配合的問題、普及教育下的課程改革問題、從表面均等到實質均等的問題,以及教育政策的實施和效果上的差距問題。故此在普及教育制度下,其實出現著各式各樣的緊張和矛盾:

◇九年普及教育實施後暴露了不少教育問題，其中最重要的便是將不同能力和背景的學生都放在學校體系內，而學校亦收取不同學能和背景的學生，結果不乏學生行為、情緒、動機和學習問題，以致出現如教室秩序行為問題和學生語文水平下降以及個別差異和需要的處理等等問題。這些問題特別是集中在某些學校。另外也牽涉學校如何處理學生問題而引申的課題，例如，體罰、退學和開除學生的種種做法。

◇精英制度並未根除，形式上的均等而非實質上的均等。儘管政府為每個適齡學童提供了資助學位，但由於政府在資源分配上的不平均，教育質素參差，故此實際上是剝奪了某些學生接受「質素教育」的機會。同時，在中學分流的組別制度和對私校的歧視的教育體制下，造成了「次等學校」和「次等學生」的現象。

◇教育擴張也帶來了學制內各級學校和各環節再定位的問題。高中教育和大專教育的擴張增加了升學機會對下列幾類教育都有影響，包括：工業學院、師範學院和職業先修學校。

回應普及教育推行後的種種措施：優質學校教育運動

隨著中小學的普及、大專學額的增加和各級升學機會的增加，官方和民間的關心也由此轉移至「教育質素」上。特別自八〇年代以來，關注質素的呼聲已經擴及教育各環節，

並已陸續開展若干大型的改革措施。1978-98年間這二十年來的教育改革主要是回應「普及教育的實施」。結果在這過程中,出現了針對「教育質素」的種種教育改革,爲了提昇教育質素,故此提倡和實施了很多富有管理取向和市場取向的措施。

「管理取向」(managerialism)的最大特徵是一套應用在公營部門的管理哲學,標榜經濟理性、策略管理、監控表現和進行持續的評核,強調競爭和控制,以及減低政府在公營服務的介入。將之套用在教育制度上,便是強調可審計性、計算性、控制、效率、效能,以及成本效益等等。在這種取向下,便會把教育組織和學院,塑造成追求效率和可審計的企業,同時亦會把教學活動,包括課程和學習過程轉變爲可計算、可控制、測試和量度的活動,也強調品質控制,以及企業文化等等。

1989年以來香港的公營部門改革便旨在有效地運用資源,提高生產效率和改善服務,而教育服務亦成爲政府其中一個最重要的改革部門了。回應強迫普及教育的種種問題,港府亦在教育界引入管理措施和擬市場(quasi-market)機制,並以這種管理取向和市場化的思路來診斷和解決教育問題。[2]

政府在教育服務所推行的公營部門改革,包括兩個層面。第一個是中央政策層面,集中在部門間。這始自前教育及人力統籌科在1990年參與公營部門改革的先導研究—「學校教育計畫」,研究報告建議主要就科和署的角色界定、制定目標、分配資源、量度表現和進行評估等方面著墨。其後教

署響應彭督的行政改革方案，又陸續制定服務承諾及設立特別委員會，以及香港教育系統指標和公開資訊法則。第二個是學校管理層面，主要是學校內部管理以及教署和學校間的關係，最明顯的措施便是1991年推出的學校管理新措施了。[3]

此外，爲了發展優質學校教育，教統會和教育署近年推行了多項重大的新措施和政策。1994年教統會屬下教育水準小組發表報告書，主要提出13項建議，著力爲學校教育保證質素措施及學校管理改革，制定教育指標，不少建議其後便成爲1997年發表的《第七號報告書》的基調。[4]

《第七號報告書》將關注焦點放在學校的「質素」和「效能」上，反之忽視差異和結構性問題，最明顯莫如報告書對質素的界定，它提倡質素指標、建立保證機制、將質素和撥款聯繫起來、設立優質教育發展基金，與提昇教師質素等等建議。雖然報告書並無全盤和深入地分析香港教育制度的缺點、不足和成因，也沒有提出充份和有力的証據去論証香港學校存在的問題。但是沿著「管理取向」的思路去分析和處理教育問題，報告書在開首便指斥香港教育質素欠佳，很大程度歸咎爲學校管理問題，並批評學校沒有清晰的發展計畫，缺乏明確目標、足夠誘因機制、表現評核制度和專業水平等等。報告書在這樣把教育問題判定爲「學校問題」後，更以管理取向的角度來界定教育質素，以及爲教育改革處方。優質教育於是便被視爲以「有效率」、「問責」和「符合成本效益」的途徑來提供教育，並追求「卓越」，強調「多元化」和「選擇」。

報告書紛陳「指標」、「保証」、「管理」、「獎勵」等詞

彙，此外，亦訴諸於「優質」、「卓越」、「水準」等理想化、正面、含糊、堂皇華麗的概念來建立一種虛擬的共識，完全無視不同群體或人士對教育的爭議及衝突的詮釋。顯然易見，這只是一種從行政、管理、技術和經濟的角度來界定優質教育。反之，報告書則對「權利」、「民主」、「均等」和「公平」等課題保持緘默。在界定優質文化時，報告書提倡建立明確的學校教育目標，將目標轉化成可達到的、可觀察的和可量度的指標，以供自我評核和外在評估。在容許學校在財政、人事和行政方面有更大的自主性時，也要求更高的問責性，並將資助與表現掛鉤，利用誘因機制來鼓勵和認可學校追求卓越和創新等等。此外，報告書認為教育署需要推廣學校質素文化的觀念、檢討現行的管理架構和運作情況，以便更有效地統籌各項教育改革建議，並且把行政和財政權力下放給學校，鼓勵學校推行校本管理。下文將簡要地介紹和管理取向及市場化有關的幾項措施。

學校管理新措施

「學校管理新措施」（School Management Initiative, SMI）肇始於八〇年代港府的公營部門改革，隨著本地教育體制日漸膨脹，而學校管理問題又被公眾詬病。新措施便是將權力下放至學校，讓學校能按照自己的情況去決定資源分配，透過改革學校的管理系統來提高教育質素。

以往教署權力高度集中，對學校的管理也十分官僚化，乃主要透過一些教育條例來規範學校的運作，並定期派督學到學校視察，是典型的「科層管理模式」，呈由上而下，由政

府到學校的外控型態。

　　港府希望學校能實施「校本管理模式」，雖然一方面下放權力及放鬆資源運用的限制，但同時又發展一套系統去量度教育的成果及加強問責制度，如要求學校擬定規章，編制手冊、校務計畫書和校務報告，設立正式的教職員考績制度等。故此，這其實是一項同時「鬆緊相控」（simultaneous loose-tight coupling）的管理改革。同時，新措施要求重新界定教署、學校及各成員的角色及職責，並鼓勵教師參與校務管理。

　　政府採行這些措施，有其歷史背景，隨著教育體系的擴展，特別是資助學校的增加，政府需要重新釐定和辦學團體的關係。以往政府監管學校的方法，仗賴對辦學團體的信任和教署的領導。其實，除了財政和政治的監管較嚴格外，對個別學校的行政及管理的細節並不過問，而辦學團體、校董會和校監的權責亦不清晰。結果造成了不少領導獨裁和部分學校行政紊亂的情況。而加強學校的問責性，使學校對其表現直接承擔責任，亦有助減少一旦出事時對官方的責難和壓力。

質素保證機制

　　強迫教育引致的其中一項主要問題，便是學生之間的差異愈見增大。同年級的學生往往在能力和學業成績上有很大差距，致令教學工作極為困難，而單一的共同課程未必能切合整班學生的需求。有鑑及此，1997年教育委員會的《九年

強迫教育檢討報告》建議制定一個質素保證機制，確保大部分學生達到指定的最低學業水平。這機制以學習等級而非年級來顯示學業水平，在小六和中三訂定一個最低的學業水平，學校每年提交學生成績描述報告及由教育署監察實施的質素保證機制。此外，現行措施如香港學科測驗亦可用以保證質素。它是一項讓學校估量學生在中、英、數三個主科成績的標準測驗，教育署正發展一套分析測驗分數的電腦軟件以供學校使用。有了這套軟件後，學校便可為學生進行成績剖析，並將其校內學生的成績與全港學生比較。長遠來說，並將以目標為本課程的「表現等級」作為質素指標。

檢討報告又重申均衡教育的重要性，建議在評核學校的表現時加入若干與提供均衡教育有關的準則，例如，制定某些指標來評核學校是否有提供全面教育，並用以衡量學校在培養學生在學業成績以外各方面才能所作的努力。此外，為確保教育目標有效地推行，報告建議儘可能把這些教育目標轉化為可量度的指標，並監察推行的情況。教委會轄下的教育目標實踐小組便進行這方面的有關工作，而教統會《第七號報告書》所建議的質素保證視學，預期亦作監察之用。

質素保證視學

教育署於1998年初實施「質素保證視學」（Quality Assurance Inspection, QAI），將以往視學變成新的質素保證視學，目的一方面是支援學校，改善質素，另一方面也是藉監察來給予學校壓力，使他們承擔問責。新的質素保證視學計畫牽涉學校、全港和國際層面，要全面檢討全港學校的質

素，亦讓各界知悉有關情況。視察學校平時運作，並以公開指標，就整體學校表現作出綜合判斷。教育署可以在九年強迫教育每個階段，設定學生的成績標準，視學應包括學生的個人和道德價值觀這方面的質素指標。

質素保證視學有以下幾個特點：

◇以新的總體視學模式來代替以往的分科視學，由不同科目的督學和業內人士組成的視學隊伍，駐校視學一段長時間，進行全面的觀察，以綜合判斷來代替個別判斷。

◇視學範圍全面，包括：學生表現、學校效能、學校管理和學科的教與學效能四個範疇，並在各個範圍制定相關的指標來作出評核。

◇收集大範圍資料，索閱文件種類繁多，亦擴大收集資料和意見的對象至非教學人員、家長及學生。

很明顯，新的質素保證視學是以商管模式來評核學校的表現。首先，這是一個「外控」加「內控」的管理機制。第二，將學校資料對外公布，特別是向家長發放，提高了學校的透明度是一件好事。但從另一角度來看，卻發揮了公眾監察（public surveillance）的作用。

「實踐學校教育目標」試驗計畫

前教育及人力統籌科在1993年刊行了《香港學校教育目標》小冊子，臚列了學校教育的基本目標及指定目標：五項

與提供教育機會有關，十項與教育的過程和成果有關。1994
年教育委員會正式成立了「教育目標實踐小組」，協助落實小
冊子內與學校教育有關的目標。[5]爲方便學校評估教育目標的
成效，該小組把目標轉化爲各項可供量度的指標。先後設計
了「實踐學校教育目標」資料套、「實踐學校教育目標」配
套、「實踐學校教育目標：自我評估」配套、「學生身體素
質及身體健康指標研究」配套。這些資料套和配套內包含了
學校教育目標的實踐架構、達致學校教育目標的指標、目標
實踐計畫的建議、目標實踐情況的評估表和全面評估表等文
件。此外，學生的問卷測試則量度他們在學術和自我形象兩
方面的表現，以及學生身體質素和健康狀況的資料紀錄。

香港學校教育制度教育指標報告

教育署由1995年開始首次編製《香港學校教育制度教育
指標報告》，報告的內容每年作更新及修訂。目的爲提供有系
統的數據，用以顯示本港學校教育制度的成效。編訂範圍包
括幼稚園至中學的本地學校教育指標。並以教育制度運作的
三個主要部分「供應－過程－成效」作爲制定指標的依據。
「供應」方面的指標用以顯示本地教育制度的財政、人力及其
他各類的資源，包括：不同教育階段的學位供應、成人教育
服務、教師人手、師資訓練，以及教育開支的情況。「過程」
方面的指標反映教育制度的實際運作或推行情況，包括：課
程、輔導及支援服務、學校改善措施、學生會，以及家長的
參與。「成效」方面的指標則用以衡量教育制度的成效，包
括：一般指標、學術、體育、文化、美育，以及感情和行爲
等方面。

目標爲本課程

「目標爲本課程」（Target Oriented Curriculum, TOC）是近二十年來香港最大型的課程改革，以提昇普及教育的質素。 TOC前身爲TTRA，先於1992年試行，並於1994年正式推行。這項改革模式是進口英美教育經驗的課程改革，其理念爲照顧學生不同的需要和能力的差異，把十一年的中小學教育分爲四個學習階段，每一階段有明確的學習目標，確立學生的學習進度和學習範圍，發展多種學習能力，透過各種學習活動，使學生邁向個人的學習目標，提高他們的學習主動性，鼓勵學生發展潛能，而不著重與人比較競爭。而教師則扮演著引導者的角色，依據每個學生不同的性向去釐定教學範圍，學習目標及定期評估方針，對學生因材施教。TOC雖然有診斷和改進教學的作用，但最初的構思主要是審核教育水準，以及藉評估每個學生的成績來進行教學語文分流。

私校政策

改革公營教育部門體系，除了實行管理改革外，更大幅的變動便是對私校問題的轉向。在八○年代以前，私校在提供教育方面曾扮演著重要的角色，長久以來政府是透過向私校買位以節省公帑，但隨著普及教育的擴展和政府資助津校政策的推行，私校佔的分位便大幅下降。在政府擴大資助學校和淘汰私校的政策下，發展至八○年代後期，雖然有直接資助計畫的出現，但仍僅約只有一成的中小學生在私校就讀。且在中學階段，私校出現兩極化的情況，一是學費高昂的國際學校，供中上階層子弟入讀。另一是缺乏資源，主要

依賴政府買位而倖存的私校，他們通常收納未獲分配官津學位的學生（一般爲成績較遜的學生及新來港的兒童）。

1998年香港政府亦進一步改變對私校的態度，提倡辦「優質私校」，以使辦學模式更加多元化，爲家長提供更多選擇，亦有意形成競爭，藉以刺激官津學校的改革和發展，以提高教育質素。教統局便參考了美國的「約章學校計畫」（charter school），以合約形式，讓團體開辦私校，提供資助，但亦同時要求該辦學團體，提出可供評核的質素指標。

但這種建議眞能爲家長提供更多選擇嗎？私校能誘發學校間的良性競爭嗎？私校又會否導致不公平現象呢？私校又是否等同優質學校呢？當局對這些問題都並未有進行深入的估量。「優質私校」的提法，其實甚有問題，首先是將優質加諸私校之前，有標籤作用。其次是以優惠形式獎賞這些私校，又容許他們有較大的自主權去收取學生，牽涉資源分配公平和教育機會均等問題。其三是這些私校是否達致辦學多元化，亦成疑問。蓋其辦學方針和管理又要接受政府監察，仍不能跳出原有格局。最後，藉辦優質私校來刺激公營學校是否上策也成疑問。

教師專業化

長久以來，香港教師專業和科層權威兩者的權力極不平衡。而以教育行政及學校管理的科層權威，主導和壓制教師專業自主權及學校的管理自主權。在聘任、升遷、師訓、評核、工作條件各方面，教師同時面對官方、學校所屬的教育

團體及學校管理階層的管制。而隨著家長教師會的推廣，以及類似市場機制措施的運作，教師將逐步面對更大的家長壓力。

　　港府長久排斥教師及其團體在教育決策層面上的參與，而科層權威和教育專業的矛盾亦見於香港教師專業化的問題上。雖然早於1982年《國際顧問團報告書》便提出設立香港教師組織，但這建議卻屢遭擱置，一拖再拖。港府否決教師公會，而以教師中心（1986）、教師專業守則（1989）和研究失德個案的教學人員操守議會（1992）來代替。直至特首在1997年的施政報告上才提出要在99年成立教學專業議會，以改善教師的教學水平、促進教師專業發展、維持業內操守，以及提高教師的專業地位。預計該會成立後，將處理包括：教師註冊、處理個別教師失德事件、教師進修，和師資培訓四個工作範疇。

　　加強監控的另一例子是文憑教師學位化以及學位教師接受師訓，以期將原定在2007年實現三成半小學學位教師的計畫提前至2001年完成。設立語文基準又是另一例子，藉評核來提高教師的語文水平，卻不是從教師的進修和培訓入手。為提高語文教學質素和學生的語文能力，師訓與師資諮詢委員會正為教師訂定語文基準，預計在2000年開始實施於新教師。所有在職語文教師，均需在2005年前達到基準。此外，師委會亦正研究多項準則，用以評定師資教育活動。

「管理取向」和「市場化」改革的效果和矛盾

　　自八〇年代以來，在增長和普及教育之後，政府對教育體制的控制在深度和廣度上都有所增加：課程改革，例如，TOC；學校管理改革，例如，SMI；教育質素保證機制，例如，QAI；對教師則是教師質素檢定、制定語文和運用資訊科技能力基準、規定新入職教師必須持有大學學位和受過師資訓練、規定幼稚園的合格教師比率、設立教學專業議會，強制重新註冊、爲新入職教師設立試用期；以至考試和收生制度的改革─把校內成績計入公開試中、從學科延伸至術科，把體能納入升中成績、設計「學生體育成績輪廓描繪系統」，又引入必修的音樂課程，計畫評核中小學學生的音樂成績。這些控制以提高質素爲名，可是卻鮮有反省這些機制背後的權力運作和政治脈絡。這種表面「理性」的「管理取向」和「市場化」的改革，有何不妥呢？對教育又有甚麼危害呢？誰又要付出這些代價呢？這種新形式的控制和管理措施，企圖訴諸市場競爭和校本管理作爲監控手段，對學校運作、弱勢群體、教育工作者和教育觀都帶來了以下深遠的改變和影響：

　　1.自1978年以來的教育改革標誌著港府在教育政策和人力資源政策整體取向上的轉變，最明顯的便是從「應付需要」及「解決管治問題」轉爲將教育視爲「提供服務」。這方面無疑有一定的進步，可是對服務的概念又逐漸和市場意識形態結合起來，極有可能是服務於工商界而非市民大眾。將教育

視爲人力投資，以維持香港的競爭力也仍是以經濟實用的角度出發所提出的服務觀。經歷了十多年的改革，我們看到的是保守政治的強化與精英教育的再度抬頭。同時，這些改革影響深遠，不獨對教師和學校的運作有影響，也對教育、教師身份和教學的意義、學校角色、目的和教育價值作重新的界定和塑造。

教育作爲服務也漸漸被市場化和商品化起來。教育價值亦變成了市場價值。現在是講求個別表現而非個別需要；重視分級而非綜合；強調競爭而非協作、自由選擇而不是社會公正、服務而非關心、獎勵而不是委身（commitment）。

在英國，波爾（Stephen Ball）分析了近年改革的兩大主題：第一、市場型態（market form）將競爭和商業文化加套用在教育上；第二、追求表現性（performativity），利用目標和表現指標來驅動、評估和比較教育產品。以市場來爲政府提供一種「非干預」形式的管治，以表現技術（performative techniques）來作爲一種遠程操控（steeling at a distance）的形式，建立問責式的文化。藉以上種種措施替代以往的國家中心、科層型及以公共福利來提供教育的傳統模式，將教育體系轉化爲一個規訓式系統（disciplinary system）。這種改變代表從科層專業型態（bureaucratic-professional regime）過渡到管理和企業型態（managerial-entrepreurial regime），教育的市場化和引進商管組織的方法到教育來。市場代表另一套新的價值：強調努力、自利、承擔風險、競爭、個人主義、工具性、商業文明等等，這些改革帶來了種種價值和角色的轉化，例如，教學的商品化、對領導（headship）和作校長

（principalship）的重新理解。

　　2.隨著港府公營部門改革和推行局部民主化的影響，致使其對教育體系的控制有一定程度的放鬆及改變。最明顯的變化包括教署角色的轉變（例如，採行SMI以賦予學校更大自主權）。此外，港府對待私校的方針亦有一定改變，從借助和利用私校來增加學額的措施至接受私校作爲教育體系的一個不可或缺的部分，甚至對官津校體系鼓勵採行一些「私營化」和「市場化」的措施。這些一連串的變化，無疑改變了政府對教育控制的模式，也重新調整了政府、各辦學團體和大眾之間的關係。

　　而近年的教育改革，政府對學校教育的監控，其實總的來說有增強的趨勢。政府一方面提倡以權力下放，但另一方面卻要求學校問責，並在推行校本管理時釐定學校教育目標和制定校務計畫書，以及將學校行政和管理措施系統化和明確化，另一方面又制定質素指標來量度學校表現，以及採取質素保證視學來規範和監控學校。

　　事實上，在提倡校本管理之餘，政府也沒有放鬆中央的監控，質素保証的視學便是其中一個例子了，且比從前視學有加強和全面控制的趨勢。例如，發展質素指標，不單可用於提供資訊和自我評估，也可用於比較和獎懲、判斷「好」和「差」或「高效能」和「低效能」的學校。

　　SMI、TOC和QAI等措施代表著管理哲學及管理形態的轉變，這些改革吸取工商業的管理經驗和知識，以公司管理的方式來施行學校的改革，於是引入諸如問責、效能、效

率、指標、目標、釐定、評估、管理、成本效益等術語和概念。故此和八〇年代以前相比，香港一個顯著的趨勢和特徵便是對學校和教師施以公開形式的監察、評估和管理。一方面港府能減輕其對教育體系的直接負擔和責任，減輕公眾對政府的壓力。另一方面又可轉移視線，和仍能維持有效的管治。可以說政府是透過競爭和「準市場」機制，學校自控機制，和塑造「優質教育」等意識型態霸權來規控學校制度。[6]

故此雖然多份報告書一再提出校本措施來加強管理、提高效率和質素，可是卻沒有充份處理政府的角色，例如，政府在提供資源和支援方面。而優質教育基金也僅止於是一種對個別教育計畫的獎勵，卻不是對教育體系的全面和恒常支持。甚至可以說迴避了政府對教育的承諾問題，以及整個教育制度的根本毛病。例如，比起很多國家，香港教育支出佔國民生產總值的比率仍然偏低，而基礎教育佔教育支出的比例亦偏低。

3.儘管國際教育顧問團早在1982年已提議改革香港的教育機制，特別在決策方面實行多元化。可是港府卻迴避整體教育政策規劃的多元化和民主化，而頂多在日常學校的行政管理上作出改革而已（例如，SMI)。例如，1998年教署檢討便只是一項行政改革，它迴避了權力和政治關係的檢討。實際上，多份報告書都迴避了教育決策和行政機制的改革，或是語焉不詳。故此儘管談到問責性、卻不清楚「誰在哪些事情向哪些人負責？」，始終沒有充份處理教育事務中的權力和控制問題，以及各方人事的相關權責。所以儘管教育改革觸動幾乎學校教育的每一個環節，可是卻沒有根本改變「行政

主導」的教育決策體制，而不少教育改革也是「由上而下」及「由外地引進」的產物，未能獲得本地教育界的認同和接受。很多教育改革在進行前欠缺充份的分析和準備；在進行時又欠缺深入的評估和跟進；也沒有積極地去收集前線工作者的意見。同時許多政策急於求成，執行倉卒，甚至略帶粗暴。

在改革的過程中，另一個弔詭是儘管要放權問責，提倡「校本」管理，可是這些改革卻是由上而下強行，例如，SMI是在行政指令下（教署對其轄下官校或辦學團體對其轄下學校）要求參加，實際便違反了學校自發參加的原則，校方也往往欠缺準備便上馬。

4.近幾年的改革推行倉卒、時間緊迫，而執行改革的人士往往專業技能不足，在改革又欠缺配合的機制及系統。故此不少改革泥足深陷，又招致大量前線工作者的挫敗感，且各種改革紛紛湧至，應接不暇，兼有愈纏愈死之局面。結果，這些改革不獨是無助解決，反倒過來製造問題，形成一片「文牘交代」的風氣和「門面」功夫，捨本逐末，虛應故事，並造就了不少浮誇和急躁的風氣。例如，一些辦學團體響應優質教育，甚至自行設計一套增值的方法，以進行比較和監察，而另一辦學團體則進行提昇青少年自尊感計畫。這些措施儘管動機良好，可是卻被批評為過份輕率，未有充份進行有系統和嚴謹的研究。[7]而學校競逐優質教育基金（Quality Education Fund, QEF），則爭相以創意計畫為標榜，其中以引入資訊科技教育為時髦。

5.延續「精英主義」或「篩選教育」。就近年改革的效果

來說，我們看到的是在普及教育制度下，精英主義的復辟和轉化，從「排斥性精英主義」變為「分隔性精英主義」，後者更隨中學學位分配政策和教育語言分流政策的實施而得以鞏固下來。[8]

6.對教育界的影響。對學校而言，這場教育改革的另一層意義便是將以往鬆扣系統（loose-coupling system）作重新塑造，故此著重將學校的表現進行量化，加強評核和監控，進行形成性和過程上的控制，以及將教育目標明確化，政府同時透過「教育市場」、「校本管理」、「外在監察」來規管學校。在《第七號報告書》、《九年強迫教育檢討報告》及學校教育質素保證視學計畫，更深化了對學校管理和過程的控制，對學校管理改革基本上是以商管模式套用到公共服務上，其成效令人質疑，特別是將學校過程標準化，並以管理手段來提昇教育質素，其實可能並不適宜，反而倒過來干擾教學過程。這些報告書建議儘管願望良好，可是卻不無問題。例如，建立質素指標的建議便低估了其涉及的複雜的概念、理論和技術問題，而將工商管理流行的「增值」概念套用在教學上也未盡相宜。此外，在投入、產出和過程都建立量度指標，不單對學校構成沉重的工作壓力和行政負擔，亦進一步侵擾了學校運作和教師在教學過程的自主性和彈性，反而墮入標準化和本末倒置的弊病。

首先，對教學過程而言，這些教育改革往往造成了「目標倒置」的情況，為了應付改革，使教師犧牲了寶貴的教學時間，結果影響了教學過程。這些一浪接一浪的改革或口號令不少前線老師透不過氣來，增添了他們不少的工作量。可

是真正花在教學的時間反而有所減少。教師和行政人員花了許多時間去處理一些瑣事或者和教育工作無直接關係的工作，而這些工作又成為教學事務上的干擾，結果擠壓了寶貴的教學時間，不能好好地把精力花在學生和教學身上。

　　對教師而言，隨著教師專業化的過程，可喜是逐步提昇教師的專業地位，但在「市場處境」改善的同時，教師的「工作處境」卻有惡化的趨勢。在教師專業化的過程中，雖然政府作出一定的放鬆如在教師專業和學校管理上，但同時也保留和改變管制的手法，甚至有加深管制之嫌，如在教學過程度上引入如TOC、教學語言指引等規範；在學校管理上採取如SMI、QAI，以致引入類似市場的競爭機制如QEF等。這些管制的措施侵擾了教師專業的工作環境和其自主性及民主性。而隨著多項教育改革的推行，卻是一步步制約教師的專業自主權和空間，甚至轉變為學校的科層組織，和外控管理對教員的卡壓和剝削，以至教師工作出現「密集化」（intensification of work）和「非技術化」（deskilling）的情形，使教師對教學工作產生疏離感。故此，一方面在改善教師的工作環境的同時，同時又加重了他們的負擔、削弱了教師的熱誠。

　　根據波爾的分析，[9]由於設定課程、重複考核以及問責制度和文書工作，大大增加了教師的工作量，他們長期工作過勞，也缺乏時間和精神空間去進行反思或和他人作交流，故此出現如分身不暇，以及腦力勞動積累的種種徵狀。教師亦失去對工作的控制權。教育改革使教師工作出現以下的轉化。課程重視形成性（formative）及過程（process）的面向

以及重視用評核的方法，結果教師成為傳遞者、評鑑者和技術員。而一些市場化的措施也帶來了學校文化的改變，特別是標榜一種企業文化，結果教師和學校行政人員成為企業家、市場推廣員和生產者。而一些加強管理和自我管理的措施，也帶來了管理者和被管理者關係的改變，教師成為學校的資源的一部分，要向公眾和上級問責，成為被管理的對象。同時藉著這些「距離操控」的措施，代替了以前強制式和規範式的控制，以誘因、競爭、公眾監視和自我操控來代替直接指令，其實是趨向更全面和細密的控制形式。結果教師的專業性和自主性被問責性和監控所取代。

對家長和學生而言，近年的教育改革強調引入家長的參與和選擇，特別是鼓勵家長行使其權利，結果是一種家長管治（parentocracy）的降臨，成為監察學校和教育質素的一種機制。例如，自1993年家庭學校合作事宜委員會成立以來，近年家長教師會的數目大幅增加，而2000年學校將推行「校本管理改革計畫」後，家長的角色將更為重要。

教改何價？對香港教育政策和改革整體之評價和啟示

迄今我們已經回顧了近年香港教育改革的取向和特徵、推行的情況，以及這些改革所帶來的後果。1978年以來推行的種種教育改革，很大程度可視為對「普及教育」的回應。種種改革在整體取向上已經從早期補救和應急式，逐步發展

為後來的追求「優質教育」，並且標榜管理取向、市場化和精英化。香港以極短時間達成普及教育，在未進一步深化均等化措施時，便迅速轉向追求優質教育了。結果是對質素、市場、選擇、效率、管理等的關注排擠了均等、社會公正、人文、自主、道德、合作、自發的考慮。而教師專業化和專業主義也逐漸褪變成分割式和馴化式的形式。

在普及教育未竟全功之際，近年這些改革的取向便是以管理代替政治；以競爭代替協作；以強調質素控制和追求卓越來代替追尋均等和社會公正；以經濟誘因和監控懲罰來代替學校教師的自發性和自律性、又以官僚主導來壓抑業界的專業自治（主）；「校」本而非「人」本；在外控之餘增加內在控制（internal control）。這些改革重新塑造和界定教育和學校的價值，以及教師、學生和家長的關係。而教育體系和學校的文化亦出現改變。教育被視為一種服務、一種人力投資，以提高香港競爭力。現在，追尋優質或質素文化、卓越、效率等等成為教育目標，而實踐這些目標的措施則是透過市場、競爭和加強管理和監察來達到。學校則為「增值」的企業，追尋卓越、表現和水準，並走向模仿商業經營，講究市場策略、企業文化和顧客導向的道路。教師則成為政府馴養的專業人士，但同時又是被管理和評價的對象；家長和學生則逐漸變成用家和顧客。「教育的價值」亦常犧牲在社會經濟的需要之下。

儘管在政府改革過程中也改變了直接控制教育體制，但卻沒有增加教師的自主權。透過諸如：校本管理、深入評核、保證視學、校際競爭比評和教師基準測試等等種種措

施，都是對學校過程和教師的監控方面作縱深的發展。整體來說，我們看到的是控制系統的愈益龐複和細密，行政管理的進一步理性化、科層化和技術化，以及教育參與者本身和教學過程的疏離和非人化。

註釋

1. 可參閱Sweeting (1995) Hong Kong, in Morris, P. & A. Sweeting.(eds.) (1995). *Education and Development in East Asia*. N.Y.: Garland.
   程介明（1997），〈教育的回顧（下篇）〉。載王賡武主編：《香港史新編》下冊，頁465-492。三聯書店。
   黃浩炯、何景安編著（1997），《今日香港教育》。廣州：廣東教育出版社。
2. 請參考Tsang, D. (1995) Public sector refrom:key issues and future directions. Pp.3-14 in Jane C. Y. Lee & Anthony B. L. Cheung (Eds.) *Public Sector Reform in Hong Kong: key concepts, progress-to-date and future directions*. Hong Kong:The Chinese University Press.
3. Education and Manpower Branch, Hong Kong Government. 1991. *The School Management Initiative:setting for framework for quality in Hong Kong schools*. H. K.: Government Printer.
4. 香港教育統籌委員會（1997），《第七號報告書：優質學校教育》。香港：政府印務局。

5.教育署新聞及公關部，實踐學校教育目標計畫，《文匯》。96年9月24日。

6 曾榮光（1997a），《教統會第七號報告書的深層意義：市場效率的膜拜》，教育政策研討系列論文第三號。香港：香港中文大學香港教育研究所。

Mok Ka-ho et al., (1998). *Towards Quality Education: A critical review of Education Commission Report No.7-Quality School Education*. Occasional paper series No.1, Department of Public & Social Administration, City University of Hong Kong, Hong Kong.

7.侯傑泰 （1998），優質教育研究是否優質？《大公報》，98年12月3日至4日。

8.詳見曾榮光（1997b），從排斥精英主義到分隔精英主義—香港九年強迫教育發展的深層結構，教育政策研討系列論文第十一號。香港：香港中文大學香港教育研究所。

謝均才（1998），教育機會差異在香港：現狀和研究議題評述，教育政策研討系列論文。香港：香港中文大學香港教育研究所。

9.Ball, S. J. (1990). *Markets, Morality and Equality in Education*. Hillcole Group Paper 5, London. Ball, S. J. (1994) Education Reform. Buckingham: Open Unversity Press. Ball, S. J. (1999) *Educational Reform and the Struggle for the soul of the teacher!* Education Policy Studies Series No.17, Hong Kong Institute of Educational Research, The Chinese University Press.

我國公立學校設置董事會可行性之探討
—以美國及英國為例

◇黃德祥◇
國立彰化師範大學教育研究所教授

◇郭國禎◇
國立成功大學教育研究所助理教授

Abstract

The main purpose of this study is to explore the possibility to establish the system of Board of Education in Taiwan in the future. From comparative views, this study is trying to find the advantages and disadvantages of systems of Boards of Education in America and School Governors in England. Moreover, the author visited School Board of Upper Arlington, Ohio State in America in order to get the realistic information in operation of a typical district of board of education. The result indicated that more advantages could be found in the country whose school used the system of Board of Education. Therefore, this study strongly ask to establish the system of Board of Education in Taiwan as soon as possible. Finally, School Board Bill in Taiwan is proposed according other country's experiences.

Key words: boards of education; principal or president's selection; American or British education.

摘要

　　國內教育改革並未對學校之所有權與經營管理權作定位與區分，在各級學校實施校長遴選制之後，已有明顯之流弊，亟待改善。

　　本文之主要目的即在於探討美、英兩國學校董事會之發展、組織與功能，並實際參訪美國俄亥俄州Upper Arlington學區教育董事會，瞭解其實際運作情形，結果發現學校董事會制度有其優勢的一面，值得在國內全面推展或試辦。

　　本文最後試擬了「公立學校董事會設置條例」（草案），共十二條，以供國內各級公立學校設置董事會立法之參考，並期待社會各界共同思考此一課題。

關鍵詞：學校董事會、校長遴選、美國與英國教育。

教育改革中的困惑

　　最近幾年來國內各項教育改革風起雲湧，某些教改項目可能方向正確，對我國教育發展具正面意義，例如，多元入學方案；但某些教改項目可能不盡理想或已方向偏差，值得多方檢討與謀求改善。我國教改之後的各級學校權力結構、校長產生方式、校務運作與經營管理即是最值得檢討之處。

　　以校長產生方式為例，各大學自從民國八十三年新修訂定的大學法通過以後，全面實施大學校長遴選制。各公立大學實施此項遴選制度以來，不論採校內普選制，或校內遴選委員會直接舉薦制，都或多或少帶來不少負面影響，首先在遴選委員產生前，有些學校即有綁票傳聞，亦即有意參選的候選人運作相同立場的遴選委員當選，以便於自己出線，採普選制的大學更不時有校內動員、請託、關說、請客、濫開選舉支票，甚至黑函或謠言中傷的情事，幾乎沒有一所大學倖免，所差別者只是程度輕重不同而已，這對素有社會良心之稱的大學發展極為不利，有識之士早已痛心疾首（黃德祥，民88）。

　　至於教育部所辦理的遴選工作由於係採秘密作業，遴選委員會所決定的人選也不一定受其他候選人所信服，校園之中也常有異議之聲。尤其遴選委員選出校長之後就解散，至於新校長是否往後真能如在遴選過程中所提的治學理念辦學，遴選委員無法再盡督導的責任。此種遴選制度，就宛如公司召開臨時董事會選出總經理之後，董事會就解散了的情

況，實在不符經營管理的原理。現行大學校長遴選制度，常使有理想、有抱負的校長人選，視選舉為畏途，有志難伸。

　　大學校長的遴選問題尚未解決，今年間通過的「國民教育法」與「高中教育法」修正案，也一舉將國民中小學校長改為遴選制，使國民中小學校長過去的考選、儲訓、候用的制度立即瓦解，近三千餘位現任國中小學校長立即受到強烈衝擊，甚至有面臨失業的危機。尤其目前不少縣市自訂遴選辦法，有意仿效大學二階段遴選制，在第一階段辦理校內教師初選校長，宛如「員工選總經理」，有違經營管理原則。可以想見對未來中小學教育的影響，將會無比嚴重。目前即有些縣市發生校長遴選受地方政治勢力左右的情況，使甚多現任中小學校長萌生退志，一些原本有意朝校長志業發展的一般教師或主任，亦心灰意冷。尤其目前地方政治生態複雜，有志擔任中小學校長或想續任校長者可能被迫要作政治投資，並積極參與地方政治活動，以便獲得有利資源，如此中小學教育可能會因政黨輪替，而動盪不安，有礙整體教育之發展。

　　國內各級學校目前最迫切需要的是學習美英先進國家，將各級學校之所有權與經營管理權作明確區分與定位，實施「學校董事會」或「教育董事會」（美國稱為Board of Education、英國稱之為Governors）制度，作為各個公立學校的決策機構或監控組織，再由董事會公開徵求校長人選，董事會並定期或不定期的開會，審查或監督校務推動情形，並且也可以辦理校務評鑑，辦學不力或董事會理念不合的校長則由董事會解職或遴聘他人繼任。

本文之主要目的即在於探討美國、英國等先進國家公立學校董事會之設置與運作狀況，以及公立學校董事會在校長產生、校務經營管理上的角色與功能，並分析其利弊得失，最後再實際參訪美國的學區教育董事會，實際瞭解其運作情形，並對我國公立學校設置董事會提供各項建議。

美英二國學校董事會之發展與組織

　　公立學校設置董事會作為學校的決策團體（policy-making body）是美英二國學校教育的特色與傳統。在殖民地時代，美國地方學校即有學校董事會的組織。1642年麻薩諸塞灣區殖民地（Massachusetts Bay Colony）最早通過法令，委託鄉鎮官員（Town Officers）負責辦理社區學童的教育。1721年波士頓訪問社區（Boston Visiting Community），是美國第一個官方任命成立學校董事會掌理教育的地區。1789年，「麻薩諸塞法案」（Massachusetts Law of 1789）通過，確立殖民地政府以學區（district）為公立學校教育的基本組織單位，鄉鎮或學區政府官員對於地方教育具有督導與監控的權力，「麻薩諸塞法」的另一個特色是將教育的所有權交給一般公民掌理，而非教會，亦即「學校統治體」（school governance）是屬於市民所有，而非教會。在美國殖民地時代，清教徒教會仍能甚具權威，此項法案的通過，對於美國教育之發展影響深遠（Hlebowitsh & Tellez, 1997）。

　　此後，美國的公立學校一直以學區「草根式」（grass

roots）的型態發展至今。就教育體制而言，美國的教育主要有聯邦政府（Federal Government）、州政府（State Government）與學區教育董事會（District Board of Education）三個層級，但由於各州教育法令並不相同，各州教育自成一格。但本質上，美國各州州政府與州議會承擔公立學校教育之規劃、設置、督導與經費分配的主要責任，各州在州政府層次並成立州教育董事會（state boards of education）作為州教育事務的決策宜與監督團體。州教育董事會再任命「州教育長」（state superintendent）代表州教育董事會，執行各項教育行政監督工作與處理經常性教育事務。多數的州教育董事會成員係由州長任命，但有15個州的教育董事會成員由普選產生，另有五個州的教育董事會成員係由州議會任命。州教育董事會成員大多是社會各界菁英，但通常不包括教育專業工作者。亦即在州政府層次，將本州的教育所有權交給代表全體州民的州教育董事會掌管。各州教育經營管理權則交給州教育長，及其所領導的州教育部（State Department of Education）掌理。美國現有18個州的州教育長由選舉產生，其餘由州長或教育董事會任命（Johnson et al., 1994; 1999）。

至於各公立中小學校則是隸屬於地方學區，由地方學區督導管理，學區並不等同於地方行政區域，但其區域變更需經過州政府同意。1930年代美國有12萬個學區，至1950年縮減至8萬個，至今則僅剩一萬五千個學區。各個學區均有本身的「學區教育董事會」，係屬於各學區教育的統治體，依照各州法令制定各學區內教育政策，學區教育董事會同樣任命或選舉教育長一人，代表學區董事會執行經常性教育事務。美國學區教育董事會成員92%由普選產生，大約有7%係由任命

產生。一般而言，學區內教師不得擔任本學區的董事，但不限制他們擔任他區的董事。學區教育董事會採合議制，其通過的法令不得違背聯邦與州的法律規定。學區教育董事會的職權如下：（Johnson, Dupuis, Musiol, Hall & Gollnick, 1998; 1999; Hlebowitsh & Tellez, 1997）。

1. 選聘任免學區校長與教師，及其他教育人員。
2. 教育經費收支與分配。
3. 學校維護。
4. 學校設置與學校建築規劃。
5. 尋求與供給教育資源。
6. 訂定教育人事與學生行為規範。
7. 學生分派就學與行為掌控。

Smoley（1999）認為美國學區教育董事會有六大職責：

1. 學區學童教育目標、方案與結構之指導。
2. 學區教育方案之檢視與支持。
3. 學區教育長之遴選、指揮與評鑑。
4. 教育資源與人事之任免與分配。
5. 社區與學區之聯繫。
6. 確保財務、法令、教育人事與教育方案之效能。美國
   州與學區教育董事會之結構地位如圖1與圖2所示。

由圖2可見美國學區地方教育董事會掌理其轄區內的學校，學校之內本身並無董事會的組織，所以美國的學區教育董事會可視為聯合董事會。

圖1 典型的美國州教育體系

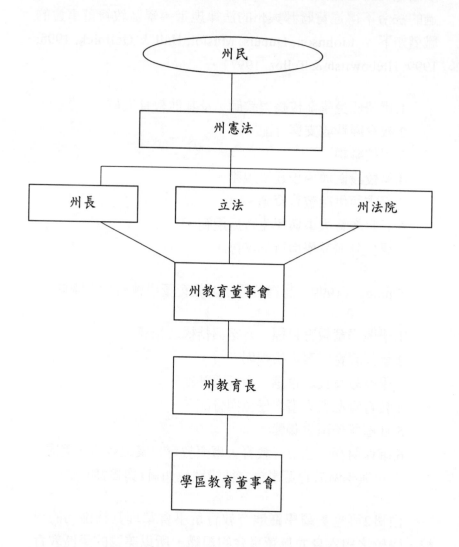

資料來源：Johnson et al., 1999, p.188。

圖2 美國學區教育董事會與學校組織圖

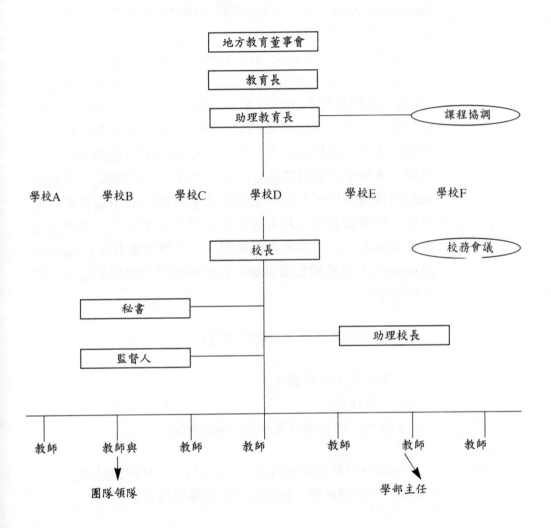

（資料來源：Johnson et al., 1999, p. 183）

至於英國的地方教育長期由地方教育局（Local Education Authority, LEA）掌管，1988年教育改革法案通過之後，中央政府對地方教育之財政與課程介入甚多，「1996年教育法」（Educational Act, 1996）並積極鼓勵地方公立學校，經由民主程序表決脫離LEA，改隸中央，成為中央政府「補助金維持學校」（Grant-Maintained School, GMS），有別於傳統由地方教育局掌管的公立學校，藉以提高學校辦學校能與增加學校之間的競爭。但英國目前GSM型態的學校仍為少數，多數中小學仍隸屬於LEA，形成「一區兩制」。英國近來的教育改革所引發的中央與地方教育權限的爭論目前尚未平息，但英國基本上沒有如美國的地方分權情形，也無地方教育董事會，但在學校之中單獨成立「學校董事會」（school governors，或稱學校理事會）作為各個公立學校的統治與權力決策單位。

　　英國學校董事會之主要職責包括：

　　1.學校入學政策審定。
　　2.人事任免。
　　3.課程、學校預算與學校經營的控管。

　　英國學校董事會通常再分「課程」、「財務與財產」、「人事」三個委員會，分別監督或審議相關事宜。

　　以里茲（Leeds）地區學校董事會的組織結構而論，英國學校董事會成員包含八大類：

　　1.家長：係由家長秘密投票產生，子女離校任期即停止

家長獨立行使職權，並不代表其他家長或家長協會。

2.LEA代表：由地方教育局依地方議會政黨比率代表任命，LEA可隨時更替其代表。

3.校長（headteacher）：校長可擔任或不擔任學校董事會的成員，但校長如不參與董事會，仍具有出席董事會之權力。

4.教師代表：由學校教師票選產生，教師離校即終止職權。

5.共同推舉的地方士紳（Co-opted）：由家長、教師以及地方教育局共同推舉社區人士擔任其職位不能任意免除。

6.基金會或社團成員：由對學校具掌控及財務協助的團體任命，例如，英國教會。

7.地方當局（Minor Authority）代表：只限於小學，由社區或鄉鎮政府派代表參加。

8.志願組織：只限於特殊學校，由與學校有關聯的志願團體任命（Leeds City Council, 1999）。英國學校董事會成員通常由LEA任命三人、家長四人、共同推舉之地方士紳、教師（其中一人為校長）共15人所組成。全英國現共有24,500個學校董事會，董事約34,000人英國並於1994年成立「全國董事會委員會」（National Governor's Council, NGC）NGC係由各地學校董事會成員所組成的團體，作為董事會與政府、社區、學校，以及其他團體之間的溝通橋樑。

美國與英國學校董事會稍有不同：第一，美國以學區教育董事會為主體，英國則於校內直接設立學校董事會。第

二，美國的學區董事會近似學區內中小學的聯合董事會，英國並無相似區域聯合組織。美英兩國學校董事會組織結構雖稍有不同，但二者最大的相同點，在於將學校所有權與經營管理權區分，公立學校的所有權因屬全民所有，故由代表全民的相關團體與人員組織董事會，作為學校的統治體、監控組織與決策單位，再由董事會任免學校校長與教師，並委由校長領導教師經營校務，以達成學校目標。校長基本上如同公司的「總經理」，直接向董事會負責，不受不當政治勢力干擾。英美等國家所實施的公立學校董事會制度具有下列的優點：

1. 董事會只管學校經營大政方針，校長則是董事會聘任的教育專業經理人才，秉持教育專業素養，領導、經營與管理學校，宛如一般公司的總經理，權能區分，符合現代經營管理原則。
2. 維持校園穩定，當校長出缺時，校長的招募、遴選與聘用都由董事會負責，不致發生校務受到干擾，或校園不當動員情形。
3. 董事會由於負有舉才之責，以後所託非人，董事會也要共同承擔責任。平時董事會亦應監督校務發展情形，成為校長辦學的顧問或諮詢者。
4. 英國的學校董事會都有教師、家長與社區代表參加，亦即教師與家長也實際參與決策，符合目前國內校園民主與家長參與學校經營的呼聲。美國學校董事會則以社會賢達為主要的成員，能反應社會各界心聲與利益。
5. 校長直接向董事會負責，他（她）可以基於教育專業

，推動校務，不受地方政治勢力直接干涉，也不必忙於送往迎來，或參與政治活動。

6.校長如果辦學不當，或教師遭受委屈，教師可以向董事會舉發、申訴，或透過師代表的董事請求召開董事會處置，如此董事會可以當作管理者（校長）與被管理者（教師）之間的安全膜瓣，避免校園混亂與衝突，或學生的學習權益受到損害。

不過學校董事會亦有其限制，尤其近年來美國學生教育成就低下，學校董事會一併受到檢討，常見對學校董事會的批評有：（Godfrey & Swanchak, 1985; Smoley, 1999; Todras, 1993）。

1.學校董事會仍難免受政治影響，尤其美國的學校董事會成員大多由地方普選產生，常反映政黨價值觀與利益，甚於學生的成長與權益。

2.學校董事會效率不高，經常爭論不休。

3.學校董事會多數係兼任職，平常忙於本職，對董事工作投入與參與不足，因而無法發揮應有功能。

4.學校董事會與社區互動不足，常導致社區的誤解或不信任。

5.學校董事會常為細微末節爭論不休，而欠缺對大方向的掌握，因而飽受批評。

美國學校董事會運作實例

　　本文作者為實際瞭解美國學區教育董事會之運作狀況，於1999年7月間專程訪問美國俄亥俄州（Ohio State）上阿靈頓（Upper Arlington）學區教育董事會，並對人事主任 Eteren Phillps先生訪談，獲致下列的學區教育董事會功能與運作狀況要項：

學區教育董事會的運作目的

　　Upper Arlington學區教育董事會的主要職責在於制定學區教育目標、設計教育活動，以及監督教育活動之進行，並評鑑教育活動之結果，其宗旨即在於促進學區內學生之健全發展。

　　學區教育董事會是一個決策單位，依據聯邦或州的教育決策，制定適合於本學區的教育法令及教育方案，並選取適當的人員來執行這些教育政策及方案，同時為了使組織之運作公開化、吸納公眾意見，以及喚起學區居民之參與感及自主意識，乃廣泛鼓勵學區居民、學生，以及行政人員或職員，參與各項政策之決定。

　　教育董事會在其運作過程中，主要以下列各項為目標：

1.共同完成教育政策及教育計畫訂定之責任。
2.促進學區每位學生之最佳發展。

3.對學區教育長給予足夠且適當的指示，以執行董事會
的教育政策。
4.保持與社區、學校、學生、職員之間的有效溝通，並
顧及相關機構及人員的態度、意見以及需求。
5.組織運作公開、透明化，鼓勵社區居民、學生，以及
行政人員或成員參與各項教育事務之決策。

學區教育董事會的權責

依照俄亥俄州的法令規定，學區教育董事會是地方教育
管理機構。學區教育董事會是州議會立法之下的產物，權責
來自州議會立法或州教育董事會的委託。實際上，學區教育
董事會並非一正式編制單位，董事為無給職，也非正式編制
行政人員，其受學區居民之委託，召開董事會議，制定各項
教育政策及規劃各項教育方案，並監督各項教育政策之執行
情形，因此學區教育董事之權力，來自於本區居民之委託、
董事會議之召會及議決。

Upper Arlington學區教育董事會的主要權責如下：

1.選舉並聘任學區教育長，推動學區之教育活動。
2.選舉並聘任學區財務長，綜理各項教育經費。
3.審查各校之年度教育經費預算。
4.提供各校必要之協助。
5.審查學區教育長所提出之各項建議；包括：人事變動
、薪資、課程設計、教科書之使用，以及其他各項學
校福利事項。

6.聽取學區教育長有關各校情況之報告。

7.評鑑各校推動教育活動之情況。

8.公布各校進步及需求之情況、聽取公眾意見，並衡量各種意見對各校發展之影響。

9.制定適當的教育政策，以使學校和學生獲得有利之發展。

10.依據地方稅收及政府之經費補助，分配學區內學校使用。

學區教育董事會的法律地位

透過立法，俄亥俄州議會委託學區學校董事會，管理學區內之公共教育機構，學區教育董事會是州政府和社區居民之間的橋樑。Upper Arlington的學區教育董事也是州政府的執法人員，董事全部由學區居民選舉產生，因此，董事會受政府之委託，並代表學區居民來經營學區內之公立學校機構。

在法律上，學區教育董事會是一個政治體，類似法人團體，可以提出訴訟，亦會成為被告，董事會可以進行契約簽定，以及法人財產登記等。

Upper Arlington的教育董事會共有五位董事，由Upper Arlington市公民選舉產生，一般任期是四年，為了避免五位董事於任期結束而全部更動，產生經驗傳承及政策執行之困擾，因此，每兩年選舉一次，每次只選出兩位或三位新董事，董事之任期，可連選連任，無任期限制。

學區教育董事會董事個人職責

　　學區教育董事會的權利來自於董事會的會議議決，因此，董事個人無權制定法令或推行政策，除非董事會召開合法的會議，經過投票議決，或委託董事個人行事，否則董事會是個團體行動的組織，而非個人代表。

　　Upper Arlington學區教育董事會，董事個人職責如下：

1.出席所有必要的董事會議，提供意見，做成決議。
2.參與一般的事務會議，並提供意見。
3.反映學區居民之意見，作成有利的決策，以利學區學
　童之發展。

校長的聘任過程

　　由學區教育董事會公告候選人的資格、待遇，公開招聘。校長候選人必須擁有校長任用之證照，亦即候選人必須符合校長之任用資格，包括學歷及經歷，同時通過校長執照考試，且繼續接受教育專業訓練課程達一定時數者。

　　由教育董事會組成審查及選舉委員會（search committee）成員可能包括：學區教育長、人事部主任、該校教職員代表，以及家長代表。委員會審查候選人之資格並進行面談。

　　委員會投票決定校長人選，再報教育董事會通過並任用之。

教師的任用過程

　　學區各校教師之任用過程與校長之任用過程類似。首先由學校組成的委員會公告教師之任用資格、待遇、任務，委員會成員可能包括學區人事主任、校長、教職員代表（但無家長代表參與），候選人需具有欲任教科目的教學證照。

學區教育長及財務長的任用過程

　　學區教育長及財務長皆由學區教育董事會公告、面談並經選舉產生、任用之教育長及財務長需具有任用證照，並持續接受教育專長訓練。

我國公立學校設置董事會之可行性

　　基於上述，英美兩國公立學校具有其傳統與特色，尤其將學校所有權歸於代表全民及與學校運作有關之團體與群體代表，較切合一般民間公司之經營管理法則，使學校一般教學與行政督導不致直接受到外在壓力干擾，而能由校方基於本身之教育專業訓練，領導學校教師執行教育事務。美國由於幅員廣大，故採學區教育董事會制，亦即每一學區內多個學校共同擁有一個學校董事會。而英國幅員較小，各中小學直接設立學校董事會，直接就近督導學校的經營與管理，各有其特色。

爲了防止國內因教育改革所引起之教育體制混亂，並將
學校所有權與經營管理權區分，以維持學校正常運作，避免
受外力不當干擾，似乎也有必要考慮引進學校董事會制，研
究者建議在國民中小學義務教育階段採取美國學區教育董事
會之精神，以縣轄市、鎭、鄉、區爲單位，設立一同級學校
教育董事會，做爲各該行政區內學校之監控主體，代表全民
監督學校教育，並確立該區內之教育政策方針。一般行政與
教學工作則委託選聘之校長領導學校教師達成之，校長定位
爲教育董事會委託之「教育專業經理人」。至於公立高中職及
大學由於數量較少，則可以學習英國之精神，直接於校內成
立學校董事會，作爲各該校之監控組織與決策單位。

　　基於上述，研究者建議國內應儘速研議制定「公立學校
董事會設置條例」，全面實施公立學校董事會制，或選定部分
學校或行政區先行試辦。研究者更期待社會各界共同思考此
一嚴肅課題，以促進各級學校發展。

　　最後，研究者試擬了「公立學校董事會設置條例」草案
如下，並做爲本文之總結。

公立學校董事會設置條例（草案）

第一條　　　各級公立學校應設置董事會，依據公立學校董事
　　　　　　會設置條例而定之，監督學校經營與管理，以達
　　　　　　成各級學校教育目標。

第二條　　　公立高中（職）以上學校各校單獨設置學校董事
　　　　　　會，公立國民中小學以鄉（鎮、區、縣轄市）爲
　　　　　　單位，設置聯合學校董事會。

第三條　　　董事會置董事十一人，其中一人爲董事長，由董
　　　　　　事互選之。董事長對外代表董事會。

　　　　　　各級公立學校之董事爲無給職。

第四條　　　各級公立學校董事會成員應包括：

　　　　　　一、政府代表二人，其中一人爲教育行政主管機
　　　　　　　　關代表。

　　　　　　二、家長代表三人。

　　　　　　三、教師代表一人。

　　　　　　四、社會賢達五人。

　　　　　　政府代表及教育行政主管代表之董事由各該主管
　　　　　　機關任命。家長代表由全體家長選舉產生。教師
　　　　　　代表由全體教師選舉產生。社會賢達得由選舉產
　　　　　　生或者由同級政府提名經同級民意機關同意後任
　　　　　　命。

　　　　　　各級公立學校之董事產生辦法由教育部訂之。

第五條　　　各級公立學校董事會之職掌如下：

　　　　　　一、審定學校經營管理方針與校務發展計畫。

　　　　　　二、校長之遴選及解聘。

三、 監督校長辦學。

四、 受理教師申訴。

五、 審核學校預算與結算。

六、 審議學校之籌設、停辦、解散、遷校事宜。

七、 審核外界捐款與校務基金之運用。

八、 研議與學校發展有關之重大事宜。

第六條　　各級公立學校董事會應於校長任期屆滿三個月前，或校長因故出缺二個月內，公開徵聘之。各級學校校長之資格須符合教育人員任用條例之規定。

第七條　　校長係董事會遴聘之專業經理人，須向董事會負責，依據國家法令規定代表董事會，領導教職員工執行教育任務。

第八條　　各級公立學校董事會每學期應至少召開一次，校長應列席參加，報告學校經營管理與一般教學狀況。但議題如涉及校長之本身利害關係時，應予迴避。

第九條　　各級公立學校董事會經三分之二董事之請求，得召開臨時董事會。董事應親自出席董事會，不得委派代表。

第十條　　董事會應有過半數出席始得召開，議決需有三分之二以上出席董事之同意。

第十一條　本法施行細則由教育部擬定，報行政院核定。

第十二條　本法自公布日施行。

參考書目

中文部分

黃德祥（民88），中小學校長遴選制宜有配套，《中央日報》，88年4月28日，第七版。

英文部分

Fodras, E.(1993). *The changing role of school boards.* ER1E clearning house on Educational management, University of Oregon (ED 357434).

Godfrey, M., & Swanchak, J.(1985). *How compatible? Board of education's power and politics of education.* Paper presented at the Annual Meeting of the eastern Educational Research Association, Virginia Beach, VA, February.

Hlebowitsh, P. S., & Tellez, K. (1997). *American education: Purpose and promise.* Belmont, CA:Wadsworth Publishing Co.

Leeds City Council (1999). *School governors-types of school governors.*
http://www.leeds.gov.uk/educate/governor/typesof.html.

Johnson, J. A., Duppuis, V. L., Musial, D., Hall, G. E., & Gollnick, D. M. (1991). *Introduction to the foundations of American education* (8th ed.). Boston: Allyn and Bacon.

Johnson, J. A., Duppuis, V. L., Musial, D., Hall, G. E., & Gollnick, D. M. (1994). *Introduction to the foundations of American education* (9th ed.). Boston: Allyn and Bacon.

Johnson, J. A., Duppuis, V. L., Musial, D., Hall, G. E., & Gollnick, D. M. (1996). *Introduction to the foundations of American education* (10th ed.). Boston: Allyn and Bacon.

Johnson, J. A., Duppuis, V. L., Musial, D., Hall, G. E., & Gollnick, D. M. (1999). *Introduction to the foundations of American education* (11th ed.). Boston: Allyn and Bacon.

Smoley, E. R., Jr.(1999). *Effective school boards: Strategies forimproving board performance.* San Francisco: Jossey-Bass Publishers.

二十一世紀師資培育的品質考驗
—以英國為例

◇溫明麗◇
國立臺灣師範大學教育學系教授

Abstract

This article is to investigate teaching quality in England so that the development of teaching professionalism and effectiveness can be shown from the policies for INSET and the initial teachers training scheme. In order to deal with these policies, the author is looking to the inspection of schools and the initial teachers training scheme by OFSTED. Also, the policy to improve the quality and standard of qualified teachers and headteachers raised by TTA is to be examined.

There are two ways for TTA to assess whether teaching has been achieved consistently good quality for all children. First, the system to raise the quality of newly qualified teachers during their probation period. Second, an appraisal underpins teachers' career profile, including entry, teaching process and achievements. Simultaneously, the data of survey from the examining the OFSTED process and the framework reveals the high degree of professionalism evident in all its inspection. Furthermore, teachers, headteachers and staff ensure that the career profile is more effective than it has beent date, though they feel nervous about the results of the profile, inspection and action plan for improvement.

In conclusion, the author points out the issue of potential conflict between academic autonomy and practical skills of teaching. In addition, the differences and challenges of teachers' education for the 21st Century between England and Taiwan should be paid attention to make any arrangement for raising the levels of competence, achievement and commitment both teachers and headteachers.

....

Key words: England, teaching quality, teachers' education

摘要

　　本文有鑒於師資之良窳關係教育之成敗，乃以英國師資培育改革的脈動為例，探討英國提昇師資素質的方式與內容，包括：師資培訓制度、實習制度、在職進修、督導和視察等的架構與變革，期發揮「他山之石，可以攻錯」的作用。

　　為達成此目的，筆者針對英國師資培育法令制度之變革、師資品質的培育和控管、實習制度的省思以及教學的評鑑，乃至於教師教學生涯規劃的描述性紀錄之功用，一一加以闡述與分析，期能探索出英國師資培育變革的新取向及其特色，俾便於提供國內師資培育改革之參考。

　　最後，本文所關注的是英國師資培育變革中可能產生的兩大潛在問題：一為學校為主的師資培育制度所引發之教學智能的提昇和大學學術自主間可能產生的兩難；再則，提醒有志於教育工作者省思我國與英國面臨二十一世紀在師資培育上所遭遇的挑戰是否不同，俾據以決定經驗轉化和借鏡之可能與重點。

關鍵字：英國、師資品質、師資培育

前言

　　教育之成敗繫乎師資之良窳；師資之良窳端視師資培育之成敗；故師資培育之成敗乃教育發展之關鍵。師資培育的方法、發展與革新亦是近十餘年來國際學術界、政商界和教育界共同關注的焦點。（Judy, Lemosse, Paine & Sedlak, 1994）然而本文僅就能力所及，探究英國自1988教育改革法案以降之教育改革中倍受矚目之師資培育方面的改革動向，尤其是其對師資品質「控管」的若干做法，或許可以提供我國配合九年一貫課程實施之際需要提昇師資品質之參考。

　　英國自1988教育法案之後，於1990年開始試辦「學校為主」（school-based）的師資培訓方式，一反1990年代以前「大學為主」（university-based）之師資培育方式。英國所以如此做的最大原因乃基於提昇教師教學時處理「實際」教育問題的能力。1994年的「教育法案」（Education Act 1994），更進而明定職前教育與在職進修教師能力的督導與評鑑制度，並設立「師資培訓局」（Teacher Training Agency, TTA）負責教師品質的控管、在職進修、專業智能的提昇以及師資培育經費的統籌分配，期更具體有效的提昇教師的專業智能；（DfEE, 1998e: 37）1998之「教學與高等教育法案」（Teaching and Higher Education Act 1998），英國政府更擬建立一個「總體教學協會」（General Teaching Council, GTC）來審核教師資格，該協會之主要任務有二：第一，提昇教與學的品質；第二，維繫與提昇教師的專業素質。當1998教育法案開始實施之後，「總體教學協會」便必須負責審核與評

鑑教師的能力與素質，而此學會也將納入英國教育標準局的任務中。英國教育標準局對於師資培訓課程與實施成效之評鑑結果，便作為教師培訓局（TTA）補助各師資培育機構教育經費的依據。由此可見英國採用監督和審核支制度與法令來確保其「學校為主」之師資培育制度之立竿見影，並進而肯定其政治功績。

英國教育部自1992年起，為因應就業市場競爭之需，即萌生教育和企業結合之理念，認定教育目標應該配合市場就業需求，教育部遂因此更名為「教育和聘僱部」（the Department for Education and Employment, DfEE），現任教育部長（Sectary of State for Education and Employment）布朗克（David Blunkett）最大的期望，即希望透過提供最佳之教育、訓練與工作機會，以促使英國社會與人民有能力面對二十一世紀的強烈挑戰與國際競爭。（DfEE, 1998a: 5）此等現象雖然存有若干工具導向色彩，卻也是相當實際的做法，畢竟教師能力的強弱乃決定教育成效高低的基本保障。惟對於素以習慣學術自主的師資培育機構和學校教師而言，無疑是自主性的剝奪；更甚者，企圖以獎賞的方式來提昇師資水準也遭受英國教師學會駁斥為玷污教育工作的神聖性，也使優秀的人才不願意從事教職。

國內師資培育是否也有英國師資培育所遭遇到的難題：即如何在能力本位掛帥之市場需求與學術自主間取得一個平衡點？此乃從事教育工作者，尤其是師資培育機構在確立發展方向之際，應該深思的課題。（Olson, James & Lang, 1999: 77-81）限於文長，以下僅闡述英國師資品質評鑑的要

求和方式，激發國內師資培育機構或教育決策者思考提昇師資品質之應興應革處。

師資評鑑標準之源起與架構

師資培育的簡史和政策風向

就教育史的角度言之，歐洲師資培育制度的發展，源自十七世紀的法國，至1798年時方在英國的Southwark 首先設立師資訓練學院。（Judy, Lemosse, Paine & Sedlak, 1994: 160）當時的師資大都由教會和慈善機構人員擔任，教學的地點也相當簡陋，或在公路旁、或在斷垣殘壁的古修道院、或在鄉村的農舍下進行；或者由已婚婦女於清閒時暫用自家的廚房、客廳、或庭院，進行教育活動，教導社區內之子女，並酌收小額的費用，此即教育史上所稱之「媼婦學校」。至十八世紀時師資培育的任務方由教會交到大學手中。（Judy, Lemosse, Paine & Sedlak, 1994: 160）此等轉變在師資培育史上至少具有兩大意義：

1.對教育和教師地位的關注與提昇。
2.對教師專業的重視與肯定。

此舉除了促成師資教育之合法性地位之外，更對教師的士氣產生激勵作用。但是，是否英國師資培育教育就從此一

成不變的繼續下去呢！簡單的答案當然不是。英國當代師資培育改革活動中較明顯者，開始於柴契爾夫人主政之際（1979-1990）。她在政治上融合自由主義與威權主義的資本主義社會特色，獲得新保守主義者之支持，因此，其在教育改革方面亦有不同於以往之新取向。

　　新保守主義者認為，若欲提昇教育品質，則教育必須引進市場導向之自由競爭理念。於是，相對應的措施一一出籠。例如，擴大家長參與教育權、打破中小學之學區制，讓家長有權為自己的子女選擇就讀學校；允許公立學校退出地方教育局（Local Education Authority, LEA）之管轄，可直接向教育部申請補助款，並接受教育部之指導、協助與監督。此等教育改革政策雖然可以藉著促進各校為爭取學生而產生相互競爭之效果，也可以直接或間接的刺激學校的革新和效能的提昇；但是另一方面，卻也製造了明星學校，並使各校間產生「佳者愈佳、劣者愈劣」之良莠不齊所導致的惡性循環現象。

　　英國的民族性本是較趨於保守因而對於傳統的珍惜與執著是可以想像的，然而柴契爾夫人採取新舊雜陳的方式，以提昇教育品質取代長期以來保守黨在學制上作文章的作風，故一則可以迎合民主派破除菁英教育之主張；再者可以符應保守派倡導之菁英教育思想。一言以蔽之，英國的教育改革趨勢在於讓人人皆成為社會菁英。此外，柴契爾政府之政策明顯的透露其有意擴大中央政府的教育管轄權，以及消弭地方教育局教育權的企圖心。此也意味著英國的教育政策已經由傳統的地方分權漸漸步入中央集權制。此等改變的利弊得

失迄今仍有爭議，（楊思偉、溫明麗譯，1998，ch.1 & 2）但是無論如何，此政策的改變已影響師資培育的走向：即師資培育的方向自強調教育理論基礎轉變爲重視教學技術的熟練與精湛。

　　1997年5月工黨執政後，由於當時英國社會失業率仍高，經濟景氣尙處於低迷狀態，工黨爲因應英國全國大多數人民的就業需求，乃承繼柴契爾夫人的教育政策，試圖透過教育來提昇人民的就業競爭力。此舉使工黨之教育政策不但未揮去柴契爾時代的色彩，而且首相布萊爾（Tony Blair）於1998年更進一步期望透過對教師與學校的評鑑，達到控制學校效能和追求卓越的目的。（DfEE, 1998a: 4）由此可見，無論保守黨或工黨執政下的英國教育改革方向似無太大變革，只是看出工黨對教育的期待比保守黨更高，或許也因此形成對教育的另一股掌控力。對近期英國教育政策的變革背景初步瞭解後，本文擬將焦點置於英國自1994年起極力推展之師資培育的品質管制措施上，期能與我國師資培育政策變革相呼應，並激發與師資培育工作政策的制定者、執行者，以及關心師資培育者共同思考英國的師資培育在品管上是否對我國有「他山之石，可以攻錯」之作用。

學校評鑑的主體與要求

　　1992年英國政府爲落實對學校的視導與評鑑工作，乃將「皇家督學」（Her Majesty Inspector, HMI）更名爲「教育標準局」（但OFSTED中之督學仍舊稱爲「皇家督學」，惟皇家督學爲數比以前減少約四分之一）。「教育標準局」乃一屬於

獨立於政府機構之外的評鑑單位，直接向國會負責，與教育部為平行單位，其組織如圖1所示。

　　自1992年開始，皇家督學即對全英國國民小學展開為期六年的視察與評鑑工作（小學為數約有24,000所），該視察與評鑑工作於1998年暫告一段落。（OFSTED, 1998b: B2990）為使評鑑更具體而明確，教育標準局已訂定出一套評鑑的架構（framework），並於評鑑前知會各校，期能達成視察與評鑑之公平性。考其視察與評鑑方式，涵蓋督學小組對教師之教學、學生學習的進步情況、學校效能，並與家長座談等的評鑑，內容與方式不一而足。考其評鑑內容，堪稱具體且具有相當程度的可信度。（OFSTED, 1995a: 6-11; OFSTED, 1995b: 31, 37）對於評鑑結果不佳的學校，教育標準局並為文限期改進，若該校未能依照改進行動計畫表進行改進，則教育標準局有權勒令該校關閉。中學（約有230,000所）的視導亦是如此，只是中學的視導至今尚未完成，預計於2000年完成第一巡迴的視察與評鑑工作。依照「教育標準局」所訂定之評鑑架構，主要包括：學校是否符合政府既定規準、學生學習和教師教學的成效、學校經管，以及課程設計的良窳等四大方向。以下闡述其詳細內容如次：（OFSTED, 1995a: 16-23）

就學校達成的標準而言

　　最具體的評鑑判準在於學生是否能通過7，11，14和16歲之國家訂定的學習能力測驗，以及19歲之前的中學畢業會考（GCSE A-level）；同時也評鑑學校和家長、社區之間的關係是否良好。

圖1 英國教育行政體系圖

```
                        Parliament
                         （國會）


Secretary of State              Majesty's Chief Inspector
（國務大臣）                      （皇家主任督學）


DfEE                            OFSTED
（教育部）                        （教育標準局）


SCAA                            HMI
（學校課程評鑑委員會）              （皇家督學）


TTA
（師資培訓局）


SFA
（學校撥款委員會）


HEFC
（高等教育撥款委員會）


FEFC
（推廣教育撥款委員會）
```

在教和學方面

　　主要評鑑學生的學習態度、中輟率、校園氣氛和師生關係、對個人生活與社區的貢獻、教師教學的態度是否尊重學生並能擔負起責任等。教師對教學所應負責的方面，如教師是否瞭解學生學習的長短處？是否知道每個學生的個別需求？是否妥善照顧學生的福利？是否對所授課程有足夠的背景知識？能否適當的運用教學策略？能否有效的訂定教學計畫？是否有效的利用資源和時間？能否有效的管理學生、維持學生的學業成就？是否善用家庭作業以補足學校教學之不足等；在學生方面，則要確定學生自我瞭解的程度為何？是否明白的確立了自己的價值觀？是否能清楚的分別對錯？是否有良好的人際互動能力等？

在學校的經管方面

　　教育標準局乃評鑑學校校長是否提供學校清楚的教育方向？學校教育目的、價值和政策是否均符合該教育方向？能否善用教師的長處？學校資源與環境能否有效的協助教學目標的達成？經費的規劃與運用是否妥當？

在課程方面

　　「教育標準局」所關切的是，學生在英文、數學和自然科學三大核心課程是否達成學習目標？學生的學習態度和進度情況為何？有何因素影響學生的學習態度和成就？

　　大抵言之，皇家督學的視導報告書中涵蓋基本資料和視察結果。其細目又可分為下列各項目：（OFSTED, 1995a: 24-26）

1.學生方面：學生人數、接受特殊教育人數、免費用餐的學生人數。

2.教師和班級數：合格教師人數、合格師生比率、平均班級人數、教師留校平均時間。

3.經費方面：學校收支狀況以及每位學生的資本支出。

4.家長方面：自家長問卷的回收資料加以分析之結果以及和家長座談所獲得的種種訊息。

5.視導所獲得資料方面：包括學生通過各級考試的比率、學校中的種族和暴力問題、教師教學令人滿意的程度、學生行為與態度之表現、師生關係和校園和諧的程度、校長與校管會的效能、校長領導風格與方式、經費運用情形、學校教學該校所訂特色之達成情況等。

由上述的面向，我們可以瞭解英國皇家督學對學校的評鑑目標在於儘可能的客觀、具有效度也具有信度。總括言之，英國皇家督學在視導與評鑑之後的書面報告書，不但必須提供學校、社區和家長參考，也提供教育部政策決定之依據。筆者認為此乃民主社會溝通理念的管道之一，更能顯現政府或監督單位對其工作的責任感以及對被監督者的尊重。

師資培育方式和品管

如上所述，英國師資培育於1990年開始試辦「學校為主」的師資培訓方式，一反1990年代以前「大學為主」之師資培育方式，其主要目的乃為了追求教學效能與教學能力的卓越。然而此等變革可能擴增了學校的自主性，但是是否在關

照學校自主性的同時，也能維繫「大學為主」之師資培育方式下的教師專業特色？此問題迄今仍在英國境內爭論不休，學院派學者認為此等做法有損教師專業；學校經營者與學校教師則認為此舉較符合教師以及學校之個別需要，是更顧及實際的做法。（Hudson, Lambert, 1997）可能也因為此等爭論一直無法達成共識，故工黨執政後，乃承認大學所設立之教育學程、師資培育機構所培育之師資〔含教育學士（Bed）和學士後教育學分班（PGCE）〕之師資。（TTA, 1998b: 3）質言之，大學獨立培育和以學校為主的師資培育方式並行。

但是，英國政府仍積極鼓勵大學和學校共同培養教師，即大力推展以學校為中心之師資培育計畫（School-Centred Initial Teacher Training scheme, SCITTs），即上文所稱之「以學校為主之師資培育方式」。（DfEE, 1998b: 6）1997年在英國劍橋大學的Homerton College 舉辦一次新制師資培育的專題研討會，會中討論中小學教師由學校與大學合流培養方式的優劣與做法等問題，期能在師資培育方式上獲得共識，但結果似乎仍有理念之爭，亦產生現實層面的經費籌措與分配問題，故也提及教育應邀請企業界共襄盛舉之論。

然而，若單就皇家督學的評鑑結果而言，則顯示教育學士的素質高於學士後教育學分班學生的表現，尤其在教得最好的新任教師中教育學士佔13%，而學士後教育學分班被評鑑為最優良的教師只佔6%。（OFSTED, 1993: 24）姑且不論現在的結果是否仍然如此，箇中的原因何在？是否不適任教師中也是教育學士少於教育學分班畢業的學生，則仍有待進一步的追蹤與比較研究，更重要的，應該找出所以教育學士

班較優於學士後教育學分班的癥結何在？國內的情況是否亦同於英國？此師資培育方式的優劣比較雖非本文的重點，但卻是師資培育的重要課題，值得進一步做比較研究。

　　總之，英國政府對於師資素質的維繫與提昇的關切之情是有目共睹的。為了提昇學校效能，英國自工黨執政以來，即一波波的展開師資培育教育的改革運動。最明顯的兩大政策可見之於：針對教師的實習制度加以把脈；掌控學校效能的評鑑。今分述其要點如下：

教學實習

　　在實習制度上，英國政府除了明白規定實習的方式外，並設立師資培育的專責機構，即「師資培訓局」（TTA）。該機構的專責業務為監控（monitoring）、支持（support）與評鑑（assessment）教師專業水準與教學效能。該機構並自1998年4月起，開始大規模的辦理以學校為主之師資培育的實習制度，期能有效的提昇教師素質。其用心堪稱良苦，但其效果如何，仍有待進一步觀察與研究。

　　英國教師實習新制比以前較具彈性，也較能考量教師個人從事教學實習時的實際情況，更能有助於提昇教師教學的素質。析言之，1999年9月之前的教師，教育學士班的學生應在其四年的課程中完成其規定的教學實習時數；學士後教育學分班的學生，其教學實習也必須在三個學期內完成（英國的學制為三學期制）。即教學實習乃內含於學生修習師資培育課程之中；然而新制的教學實習，將不屬於師資培育的課程範圍內，而是在修畢師資培育課程之後，方自行至學校進行

教學實習。但是其實習活動不限於在一年內完成，可以彈性的以兼職或專職教師身份完成之；只要能在五年內完成一年的教學實習規定，即有機會成為合格教師。（TTA, 1998a: 13）易言之，只要在五年內完成合計一年的教學實習，並通過總體教學協會（GTC）的審定核可之後，便可取得合格教師資格。（The Education Acts 1998, 96）

新制的實習辦法對於想取得教師資格，但未必志在從事教職者，或一時無法取得教學實習機會、或無法一次完成一年之教學實習者，有較大的資格保障。英國政府何以採取此政策？是否為了延攬更多優良教師？抑或為瞭解實習學校不足的實際困境？或是因應實際的教師需求孔急的燃眉問題？就師資市場而言的確有因應需才孔急的做法，但是否真能破釜沉舟的解決問題，仍有待進一步的探討。至於國內的教學實習是否應走英國的新取向？或應維持現狀？或應將實習內含於師資培育課程中（例如，英國舊制之教學實習辦法）？此亦是師資培育另一個可以深入探討的課題。

教學評鑑

英國對於學校效能的評鑑，則交由「教育標準局」負責。「教育標準局」除了視導與評鑑中小學的教學效能之外，也有權評鑑師資培育機構所設計的師資培育課程及教學品質，並於1996-1997年間，英國政府開始著手制定「師資培育課程品管之評鑑架構表」（Framework for the Assessment of Quality and Standards in Initial Teacher Training），此評鑑架構表於1998年業已完成，並將原來1994年所使用之「非常好（very good）、良好（good）、不錯（sound）、未達滿意程度

（unsatisfactory）」四點量表更改為：「非常好（very good）、良好（good）、適切（adequate）、劣質（poor quality）」四點量表。（TTA, 1997/1998: 7）原來的「非常好」乃指該校具有相當多的特色，其中有些是很出色的；「良好」代表的是比一般的學校具有更多特色；「不錯」指有少數缺點，且優缺點正好相抵；至於「未達滿意程度」則指在重要部分有若干缺點。簡言之，除了第四點外，若評定結果為前三點者均算是符合國家現行標準者。上述的評鑑量表並非很具體，也不太容易區別，因此，1988年乃將之變更：其中「非常好」指彰顯若干相當傑出的特色；「良好」代表沒有顯著缺點；「適切」指雖符合國家規定之標準，但仍需要努力加強改進。但是筆者認為如此的更改仍無法完全確立評鑑的客觀性與明確度。

至於英國師資評鑑架構與規準大抵簡述如下，僅供參考（TTA, 1997/1998: 6）。整個評鑑可大致分為中心評鑑範圍（Central Assessed Area）、主要列入評鑑部分（Major Contributory Area）以及其他（Other Contributory Area）等三個主軸。「中心評鑑」乃針對學生作評鑑；「主要評鑑」則以教師為主；「其他部分」則涵蓋資源、經管，以及職工部分。各評鑑的規準大致如次：（DfEE, 1998: 7-8）

1.**對學生的評鑑（指接受師資培訓課程的學生）**：包括學生對將來所任教科目之專門知識的理解程度；對其將來從事教學的教學與生涯計畫和班級經管能力；對其整個試教情況的監督、紀錄、報告、評鑑和具體表現能力；以及其它和教學有關之專業能力等。

2.**對師資培訓品質和受訓學生的自我評鑑**：師資培訓機構為學生所設計之整個課程內容的品質；師資培訓過程中對學生在知識、理解和技術各方面有所助益的程度；學生於畢業後取得新教師證照的可能性；受訓學生對於師資培訓課程的反應與其對於獲得新教師證照的信心；對受訓學生的評鑑和新教師證照核定的標準在正確度和一致性上的落差。

3.**學生來源與品質**：包括選擇學生的過程與入學標準；學生的品質以及其將來是否適合擔任教職的程度。

4.**職工水準和學習資源**：職工們，尤其是教師們是否適於充任教師之教師；學校設備和資源是否均配合師資培訓的需求；適於作為教學資源之品質的良窳；能否具備督導和確保實習教師品質的能力。

5.**經營和品質管制**：師資培訓機構和試教學校間的合作關係是否良好；學校內部品管的監控是否合乎國家的標準；學校的經營與管理是否符合學校以外所要求的品管標準；學校中需要改進的主要焦點是否明確而可行。

上述各評鑑項目各有具體且細微的評鑑內容和標準，例如，在學生將來任教科目的背景知識方面，還細分中小學、各年級與各類科目，包括：教育專業智能、教學專門知識，以及宗教教育等；資訊科技的知識則明確的規定應該達到國家課程的第八級程度；對學生學習和特別需求的瞭解應該知道學生易犯的錯誤觀念等方面。

此外，英國政府在「追求學校卓越」（Excellence in

Schools）的政策白皮書中也特別重視師資培育的品質。
（The Stationery Office, 1998: 12）政府要求教師應有長期的
進修與生涯規劃的檔案描述紀錄（Career Entry Profile），所
以規定自1998年5月開始，每位新任合格教師皆必須建立屬於
自己個人的教學檔案描述紀錄，此檔案描述的紀錄也將成為
教師日後申請學校和評鑑其教學能力的重要依據。（TTA,
1998a: 7）此教師檔案描述紀錄早在1996年已經在英國南端的
蘇塞斯大學（University of Sussex）中做過實驗。分析其實驗
結果顯示出相當正向的結果：不但師資培訓機構滿意，新任
教師亦滿意，尤其教師們認為這種檔案紀錄雖然讓他們有些
緊張，但是他們認為這種方式的確有助於其清楚的瞭解到自
己哪些方面需要加強？哪些是自己的優點與潛能所在？而且
也讓一切進步與學習的過程透明化，有助於評鑑的客觀化。
（Hudson & Lambert (ed.), 1997: 378-384）不過教師們也希望
此描述紀錄只作為教學與進修之參考，不要作為考核與聘任
之依據。（Hudson & Lambert (ed.), 1997: 385）.

　　另外，在該實驗中也發現另一項與帶領實習教師之教師
有關的問題，那就是，實習教師的教學能力與品質和帶領實
習教師之教師的素質有高相關。質言之，如果帶領實習的教
師不負責任，也不去理解實習教師指導手冊的內容和重點，
則實習教師便很難自其所跟隨的教師中獲益。（Hudson &
Lambert (ed.), 1997: 385-387）同時師資培育機構的教授們也
擔心，當處處都講求能力本位的結果，是否會造成更具威權
的科層體制，反而剝奪了教師的教學自主權，削弱教師對教
學價值判斷的能力。（Hudson & Lambert (ed.), 1997: 386）
因此多位大學教授建議：建立學習、教學和實習生涯檔案描

述概況的目的，乃在於充實準教師們達成教學目標的能力，並非要控制他們；（Tomlinson, 1995: 184）而且，我們也應該把「能力」兩字的意義擴大，不要只限於技術層面或工具性目的的意義。（Whitty, Furlong, Whitin, Miles & Barton, in Hudson & Lambert (ed.), 1997: 52-59）基本上，英國教育部已經接受教授們的建議，指示師資培訓局要儘量降低科層體制的色彩。（TTA, 1998a: 6）但是是否作為將來「總體教學協會」（GTC）審定初聘合格教師的依據或參考，則尚未明朗化。畢竟教師素質的評鑑難以訂定出客觀的標準。

1998年公布之「教學與高等教育法案」中規定，擬自1999年9月開始實施「合格教師」資格認證之新辦法。新辦法中規定，合格教師必須由「總體教學協會」（GTC）審核認定，對於新任教師，學校一概採用聘約制，取消舊有的永久任期制。（TTA, 1998a: 6, 10）易言之，若新任教師無法通過GTC之認證者，便無法在公立學校擔任教職；而且，教師是否能續聘，端視「教育標準局」所視察之教師教學成效的結果是否合格而定。但是，對於在1999年5月之前即已獲得「新合格教師」（Newly Qualified Teachers, NQT）證書者，得免於採用GTC之審核辦法。（TTA, 1998a: 6）此等教師初聘制度與合格教師認定辦法，和國內的教師法與教評會之功能，或許有若干相類之處，但其組織與運作方式因為目前對於「總體教學協會」的組織尚未有進一步的資料，故無法明確分析其異同和優劣，但此乃值得我們密切注意，若教育標準局和總體教學協會的標準訂定並開始評鑑之後，培育師資的專家學者、教師、校長，以及家長的滿意程度將是我們進一步理解的重點。

結語和省思

　　鑑於上述對於英國師資培育之認識，以及英國政府未雨綢繆的為因應二十一世紀的社會所祭出的一連串為師資培育體制、教育實習、教師薪津、師資職前教育與在職進修及教學評鑑等方面的改革，個人認為，不論英國在師資培育的變革上是否有提供我國借鏡之處，但是無可諱言的，如果我們能清楚的理解先進國家師資培育的新取向，掌握各國師資培育的脈動，乃二十一世紀人類邁向科技整合時代刻不容緩之課題。正如孫子兵法所言：「知己知彼，百戰不殆。」故為因應二十一世紀的來臨，瞭解英國所從事之與師資培育相關之改革重點，例如，教師與學校的視察與評鑑；1990年開始試辦之「學校為主」的師資培育方式；教師實習制度；教師資格認證辦法；以及自教師的薪資計算辦法和減輕教師負擔等策略，試圖提昇教師教學品質等理念與具體做法，均可提供國內師資教育改革之參考，思考何以英國政府認為如此做便可以提昇師資水準，考察其是否真的能達成預期效果，並思量理論與實際之間產生落差的可能原因，則將會更有助我們思考我國師資培育的改革動向。

　　雖然英國對於師資培育所祭出的實習、監督、薪俸，以及以學校為主等措施，迄今在英國本土仍有爭議，但是英國政府對師資品質關注的精神和積極的態度，仍令筆者感佩，也是值得國內教育政策的制定者與教育工作者學習之處。同時，在看到英國一連串為提昇師資品質所祭出的行政措施，卻仍未能獲得全國共識的現象，也是國內教育行政單位和師

資培育機構應該引以為鑑或以茲攻錯者。其中有關提昇師資品質的方式與內容不但包括教師本身的教學、校長的經營理念和領導風格，更重視學生學習的成果，以及教師專業的不斷成長，而且儘可能的避免科層體制產生的威權宰制等方面均可提供國內借鏡之處；但是，在薪資與學校撥款上採取獎賞的措施是否也在教育企業化的趨勢下同時矮化了教育的神聖性？也是國內走向自由市場競爭的資本主義社會所應考量之處。

總括言之，英國政府提昇師資品質與學校效能的具體措施至少分為下列四方面來進行：

第一，要求校長應不斷自我充實，以符合「國家校長專業資格」（National Professional Qualification for Headship, NPQH）的認證：（DfEE, 1998c: 31）為協助校長達成此資格，教師培訓局也替校長安排有「校長領導與經營課程」（Headteachers' Leadership and Management Programme, HEADLAMP）以提昇校長的專業智能和辦學效能，並改進其領導方式。（DfEE, 1998c: 31; OFSTED, 1998a: 63-64）

第二，預定在2000年之前成立總體教學協會（GTC），負責教師專業品質與士氣之提昇，並隨時向政府提出教育診斷之建言；（DfEE, 1998c: 31）依據1998教育法案之規定，總體教學協會乃一獨立於政府之評鑑與諮詢機構，旨在藉評鑑、諮詢與建議，提昇教師素質。其具體功能包括：教學標準、教師行為標準，以及教師專業角色之維護與提昇。（The Education Acts 1998, 96）

第三，減輕教師負擔，並提供經費支持教師從事校外進修，（DfEE, 1998c: 33）並加強實習教師的督導，以確立新任教師的教學能力。（DfEE, 1998d: 31-32; OFSTED, 1998a: 63）

第四，師資培訓局將進一步建議政府分別爲學科教師、特殊教育教師，以及校長，訂定國家標準的合格教師與校長認證制度，以肯定教師和校長之專業智能，並可依此作爲教師分級、校長和教師給薪與獎勵之依據。（DfEE, 1998d: 31）

國內目前倡導的小班制、回流教育與終身教育，和英國師資培育的變革亦有相通之處，其目的均在提昇教師的素質，故上述第一、二兩項具體措施應是政府改進師資品質和學校效能可以參考之處。

然而，透過評鑑以掌控教師素質和維護大學課程自主間是否也存在弔詭的現象？能否在品質保證和教學自主之間取得一辯證合？乃教育控管與教育鬆綁可能遭遇的難題。質言之，掌控課程、督導評鑑是否即能保證師資素質之提昇，仍值得吾人省思與探討。更根本的，當歐洲各國視提昇師資素質爲教育改革的首要措施之際，（Moon, 1998: 1-3）關心台灣教育改革者是否亦同意此等價值觀，乃決定國內師資培育教育改革能否成功的重要關鍵。

誠如倫大教育研究院的院長所言：教育改革和學校效能的提昇，需要先對概念性的問題再作進一步的釐清與研究。（Mortimore, 1995: 20）筆者同意摩狄模（Peter Mortimore）提倡之教育改革的重點在於觀念的釐清與確立的看法。但是

筆者認為，如何對於未能通過合格教師檢證者實施輔導與再教育，尤其是協助其落實教學能力之自我成長的行動計畫（action plan）也是相當重要的，（TTA, 1998a: 20; Carlgren, 1999: 44）否則只有篩選，卻未能找出其癥結，則恐怕整個師資培育課程、實習制度和方法，以及教師在進修課程，在提昇師資水準與學校效能上均有待重新省思，以免因為方向的錯置導致徒勞而無功之憾。

最後，筆者擬就英國師資培育的歷史，提醒讀者去思考師資培育制度的適切性。1960年代，英國的師資培育好不容易方納入高等教育的範疇，此舉不僅僅是因為社會需要不同類科的教師，更為了提昇教師的素質，因而將師資培育納入大學教育中，使教師具有學士學位資格。當時大學有不少反彈的聲浪，認為師資培育是政府的工作，若將之納入大學之中，必定會削弱大學原有的學術自主性，因為反對者認為，師資培育的課程需要符合政府對教師認證資格的要求，而當大學為了讓學生能符合政府的認證資格，其課程便難免受到政府的牽制，因而有損大學的學術自主性。

然而在1963年10月《羅賓斯報告書》（*Robbins Report*）出版不到一天的時間，政府便義無反顧的公布了「教育白皮書」，將師資培育機構提昇至師院層次。（Judge, Lemosse, Paine & Sedlak, 1994: 155-157）國內在師資培育機構層級的提昇上似乎也循英國的軌跡——由師範到師專、由師專至師院、由一元至多元（由閉鎖式到開放式）——只是此管道是否真正的提昇我國師資的素質？仍相當耐人尋味。如今各大學又汲汲營營的開設教育學程，似又未曾記取英國師資教育史

中，大學唯恐開設教育學程而喪失學術自主性的危機，亦未能有相關的品管措施以保證師資的品質，此在在讓筆者不禁在探討英國提昇與維繫師資品質之際，更加爲國內師資的品質感到憂心忡忡，期本文能具拋磚引玉之效，激起教育界同仁共同關心我國師資品質的提昇。

參考書目

中文部分

楊思偉、溫明麗譯（1998），《課程、政治─現代教育改革與國定課程》。台北：師大書苑。

英文部分

Carlgren, I. (1999), "Professionalism and teachers as designers", in *Journal of Curriculum Studies*. Vol. 31, no. 1, pp43-56.

Department for Education and Employment, (1998a), *Teachers: meeting the challenge of change*. U.K.: The Stationery Office Limited.

Department for Education and Employment, (1998b），*Teaching: high status, high standard- requirements for Courses of Initial Teacher Training*. U.K.: The Stationery

Office Limited.

Department for Education and Employment, (1998c), *Department for Education and Employment and Office for Standards in Education : presented to Parliament*. U.K.: The Stationery Office Limited.

Department for Education and Employment, (1998d), *Education for Citizenship and the Teaching of Democracy in Schools*. U.K.: The Stationery Office Limited.

Department for Education and Employment, (1998e), *School Teachers' Pay and Conditions Document 1997*. U.K.: The Stationery Office Limited.

Hudson, A. & Lambert, D. (eds.) (1997), *Exploring Futures in Initial Teacher Education*. London: Institute of Education.

Judge, H., Lemosse, M., Paine, L. & Sedlak, M. (1994), *The University and the Teachers France, the United States, England*. U.K.: Tingle Books.

Mortimore, P. (1995), *Effective Schools: current impact and future potential*. U.K.: Institute of Education University of London.

Moon, B. (1998), *The English Exception? International Perspectives on the Initial Education and Training of Teachers*. U.K.: Open University.

OFSTED, (1993), *The New Teacher in School*. U.K.: OFSTED.

OFSTED, (1995a), *Framework for the inspection of schools*. U.K.: OFSTED.

OFSTED, (1995b), *Teaching Quality: the primary debate*. U.K.: OFSTED.

OFSTED, (1998a), *The Annual Report of Her Majesty's Chief Inspectors of Schools.* U.K.:OFSTED.

OFSTED, (1998b), *HM Inspectors of Schools.* U.K.:OFSTED.

Olson, J, James, E. & Lang, M. (1999), "Changing the subject: the challenge of innovation teacher professionalism in OECD countries" in *Journal of Curriculum Studies.* Vol. 31, no. 1, pp. 69-82.

The Stationery Office, (1998), *The Education Acts 1998.* U.K.: The Stationery Office.

Teacher Training Agency, (1997/1998), *Framework for the Assessment of Quality and Standards in Initial Teacher Training.* U.K.:TTA.

Teacher Training Agency, (1998a), *Induction for Newly Qualified Teachers.* U.K.:TTA.

Teacher Training Agency, (1998b), *Initial Teacher Training: performance profiles.* U.K.:TTA.

Tomlinson, S. (1995), "Can Competence profiling work for effective teacher preparation? Part I: general issues", in *Oxford Review of Education.* Vol.21, no.2, pp. 174-194.

迎接新世紀的教育挑戰
—以英國教師綠皮書之因應策略為例

◇蘇永明◇

國立新竹師範學院副教授

Abstract

This article is to introduce the British Green Paper: Teachers: meeting the challenge of change which was issued in December 1998. The Green Paper aimed to face the challenge of the new century, the detailed schedule extended to the year 2002. Although the Green Paper is issued by the Labour Government, it still adopted the market-oriented policy which is postulated by the Conservative Government. The policy intends to attract, by giving good pays, talented young persons to join the teaching profession, to get rapid promotion, to be Advanced Skills Teachers (ASTs), and be headteachers. The Green Paper combines the career development of teachers with in-service training closely. General Teaching Council (GTC) will be established to promote the professional status of teachers. At last, Information and Communication Technology (ICT) is thought to be the necessary skill for the teachers to face the new century. The Green Paper focuses on the career development of teachers and takes teachers as the pioneers of education reform. We can learn something from this Paper.

Key words: British teachers education, in-service training, professional organization of teachers

摘要

　　本文旨在介紹英國於1998年12月所發表的《教師綠皮書》。因爲此一綠皮書是以面對新世紀著眼，其規劃的詳細進程至少到2002年。此一綠皮書雖是由工黨政府提出，但仍沿續保守黨政府的市場導向政策，想要用各種的獎勵來吸引優秀人才加入教師的行列，並規劃了快速升遷的管道，使表現傑出的教師可快速調薪，並擔任「高級技術教師」及校長的工作。整個綠皮書是以教師的生涯發展爲核心，將教師進修與教師的升遷緊密結合。並以成立「教學總會」來提昇教師的專業地位。最後並以教師在資訊科技能力的提昇，做爲邁向新世紀的必備智能。綠皮書針對教師的生涯規劃來考量，並把教師視爲教改的先鋒，值得我們借鏡。

關鍵詞：英國師範教育、教師進修、教師專業組織

前言

　　教師是教育改革的主力，教育改革要成功就必須先對師資的培育乃至進修先行改革。英國工黨政府的上個政權是賈拉漢（James Callaghan）內閣，從1979年起，經過柴契爾夫人（Margaret Thatcher）、梅傑（John Major）之後，於1997年奪回政權，由布萊爾（Tony Blair）組閣，想要恢復工黨的雄風，並帶領英國進入廿一世紀。布萊爾採用著名社會學者紀登斯（Anthony Giddens）的《第三條路》（鄭武國譯，1999）主張，大肆改造工黨。所謂第三條路，就是調合左、右兩派的路線。在教育上，也可以看到這樣的路線，最明顯的是工黨並沒有改變原先保守黨的市場化導向。工黨任命了盲人國會議員布朗凱（David Blunkett）為教育與就業部（Department for Education and Employment, DfEE）國務大臣。在1997年7月就發表了《卓越的學校》（*Excellence in Schools*）（DfEE, 1997）白皮書，在這份白皮書中已預示了工黨政府將實施的各種教育政策。接著「1997年教育法」和「1998年教育法」都展現了相當積極的作風，1998年還通過了「教學及高等教育法」（The Teaching and Higher Education Act 0f 1998）（DfEE, 1998a）。在1998年12月發行了《教師：面對變革的挑戰》（*Teachers: meeting the challenge of change*）（DfEE, 1998b）的綠皮書（green paper），其諮詢時間是到1999年的3月31日止。

　　雖然綠皮書還只是諮詢性質，但綠皮書中的一些配套措施，有的已經在法案中通過。當中的許多措施更是跨越到廿

一世紀，所以可以當做是面對未來挑戰的主要策略。由於篇幅的限制，本文選取綠皮書中較爲特殊及值得借鏡之處，做較多的討論，而不是忠實的在介紹這本綠皮書，有必要先於此聲明。

綠皮書中的主要新措施

綠皮書一開始就以提昇教師地位和教學品質的「新專業主義」（new professionalism）爲目標，它對於一個好老師開出的指標如下（頁14，此爲綠皮書頁碼）：

1.對自己和學生有很高的期許。
2.接受績效責任（accountability）的考驗。
3.對教學技術和學科知識不斷改進，並負個人和團隊的責任。
4.願意去找出本國和國際上有效的方法來改進教學。
5.能與學校的其他同仁合作。
6.能接納校外家長、商業界和其他人的助力，一起來創造成功。
7.會期待改變及促進革新。

根據上述的目的，教師在教育活動中應扮演相當重要的角色。綠皮書訂定了以下的幾個主要策略（頁19）：

1.發展出能達到高水準的教育系統，不管兒童的出身背景，都持著高度期望，並且不斷地尋求改進。

2.體認教師在提昇教育水準所扮演的關鍵角色。

3.保證每個學校都有優秀的領導。

4.應用教學助理（teaching assistant）和資訊科技（ICT）來革新教與學。

5.對有成效者予以獎賞，並刺激其更追求卓越。

6.創造一個文化，使得所有教師能在生涯中獲得良好的訓練和發展，並能不斷改進教學、創發新觀念、引導變革。

7.要能吸引優秀人才加入教師的行列，並保有許多能力強且非常有創意的教師。

8.改進教師對自己行業的自尊，也提昇教師在社區中的社會地位。

以下僅就綠皮書中所提出的幾個主要的策略，加以說明：

採用市場策略，對教師進行評鑑並據以調薪

新的辦法打算每年對教師進行評鑑，並與是否調薪連在一起，表現不好的就不加薪。其調薪又相當有彈性，凡表現特別好的，只要越過幾個瓶頸，就可快速達高薪（頁47），其名額將佔所有教師的5%，且他們應接受較困難的教學任務（頁48）。另外，也提供快速的升遷管道——「快速升遷系統」（fast-track system），使能力強的教師很快可以當校長（頁26）。其教師評鑑的幾個原則是：

1.每年辦理。

2.包括教室觀察和其他明顯的客觀目標。

3.把學生進步的情形列入考量。

4.每個教師自行設定的目標，但至少有一個要與學生的表現有關（頁35）。

事實上，教師表現一向是難以評定，照這樣做下來的話，實在是工程浩大。其評鑑方式包括內部和外部評鑑（頁36），即有自己校內和校外的評鑑委員。

對學校團隊表現優良的給予獎賞，這叫「學校表現獎賞計畫」（School Performance Award Scheme），這些額外的獎金將用來發給學校的教師、教學助理、和職員（頁38）。為了提昇教師的公共形象，設立「教學獎」（Teaching Award），在1999年已由Lord Puttnam結合某一基金會及六個教師工會和三大政黨，來表揚傑出教師，並與BBC合作公開在電視上舉行（頁40）。這和我們的師鐸獎類似，目的在提昇教師的社會形象。綠皮書也將教師生涯規劃成五個里程碑：

1.取得合格教師資格（Qualified Teacher Status, QTS）。

2.進入引導期（induction）。

3.申請越過關鍵評量（threshold assessment）。

4.取得「高級技術教師」資格。

5.當校長（頁45）。

在師資訓練上，仍舊採用保守黨以中小學為主（school-led initial teacher training）的方式（頁46）。在「學士後教育證書」（Post-Graduate Certificate in Education, PGCE）的教育學程方面，打算在大學部就開放學生修一些教育學分，這

和臺灣目前的做法類似。而且還要讓教學助理也有機會成為合格教師（頁46）。工黨一上台在《卓越的學校》的白皮書中，就主張要設新任教師的「導入期」（induction period）（DfEE, 1997: 47）。此一政策已於1999年第5號通諭（DfEE, Circular 5/99）發布實行辦法，並將於1999年9月1日起執行。目前，可以說是半強迫的方式，即未通過評鑑者在國立（grant-maintained）學校和特殊學校就不能續聘，而其實施對象將逐年增加。在教師進修方面，每個老師都要有「個人學習記錄」（Individual Learning Accounts），而且也鼓勵有學位的在職進修（即獲得碩士或博士學位）（頁50）。整個在職進修也要配合跨越前述的生涯里程碑。在進修的方式上，還配合資訊科技，利用網路來建立「虛擬教師中心」（Virtual Teacher Centre），並在教育與就業部（DfEE）成立「標準站」（The Standards Site, http://www.Standards.dfee.gov.uk）的網站，提供如何提昇學校表現的各種做法及其他訊息（頁51）。在進修方式上，並且考慮一向只有大學教師才有的「帶職帶薪進修」（study leave）、「休假進修」（sabbaticals）和「以研究者的身份進修」（teacher researcher）（頁52），也就是中小學教師也可以享受上述的進修方式。另外，為改善教學品質，設立「教學助理」（teaching assistant）來協助教學，預計在2002年以前至少設置2萬名（56頁）。為使教師專心於教學，在DfEE成立「減輕教師的行政負擔工作小組」（Working Group on Reducing the Bureaucratic Burden on Teachers），並已在1998年的第2號通諭發布實際的做法（DfEE, Circular 02/98）。

甄選「高級技術教師」

　　雖然英國並未實施教師分級,在綠皮書中卻建議在2000年前設5000名「高級技術教師」(Advanced Skills Teachers, ASTs),到2002年以前設置10,000名。其年薪可達4萬英鎊(以1:50元計算,即台幣2百萬的年薪,但他們的所得稅約在1/4到1/3之間,稅後所得約在100-150萬台幣之間)。目前他們的年薪上限是23,000鎊,所以算提昇甚多。事實上,目前在「教育行動區」(Education Action Zone)和特殊學校已經設置了。「高級技術教師」的任務如下(頁25):

　　　1.規劃和進行教師在職進修。
　　　2.示範良好的教室管理與教學,和經由ICT管道推廣到其他學校和師資培育單位。
　　　3.設計和試用新教具。
　　　4.在放學後做演示。
　　　5.幫助其他教師發展良好教學風格。
　　　6.改進小學和中學間的銜接。

　　在教育與就業部1998年第9號通諭,就已詳細地規定了設置「高級技術教師」的相關事宜(DfEE, Circular 9/99)。

強調校長領導的重要性

　　良好的領導是改善學校品質的關鍵。綠皮書也以校長的實際表現來核薪,表現特別好的校長,其年薪可達7萬英鎊(頁23)。而評定校長表現良好與否的最主要指標仍是學生的

成績表現（頁23）。另一方面，並加強「學校管理委員會」
（governing body）對校長的監督（頁24）。當然，「學校管理
委員會」應該找專家來幫忙如何評鑑校長的表現。再來就是
對校長的培訓，綠皮書列了三種，即提供「全國校長專業資
格」（National Professional Qualification for Headship, NPHQ）
給準校長（2002年實施）、「HEADLAMP計畫」給初任二年
內的校長、「現職校長領導訓練」（Leadership Programme for
Serving Heads）在1998年已開始實施（頁27）。並將成立「全
國學校領導學院」（National College for School Leadership），
於2000年9月開始運作來執行上述的三項訓練。此一學院是採
集訓的方式，校長們要住到學院來（頁28）。這學院也將提供
給優秀的校長以休假的（sabbatical）方式來做研究。

成立「教學總會」

　　教師想提昇為一種專業，但是在組織上也應有相當的配
合。英國在1860年就成立「醫療總會」（General Medical
Council）（Ross, 1990: 125），教師團體除了工會之外，也想
成立類似醫師的專業組織。蘇格蘭由於在教育事務上獨立，
於1965年就成功的設立「蘇格蘭教學總會」（The General
Teaching Council for Scotland）。英格蘭和威爾斯則在政治的
角力之下，將於2000年正式運作，整整慢了35年。

　　在整個綠皮書中，許多有關專業的措施都訴諸於「教學
總會」（General Teaching Council, GTC）來訂定。雖然，在
綠皮書中未有詳細說明，但仍有必要對於即將開始運作的
「教學總會」有所認識，才能知曉綠皮書的用意。茲根據已頒

布的相關律法來瞭解。在《1998年教學與高等教育法》（*Teaching and Higher Education Act 1998*）（DfEE, 1998a）第一條第五款規定，這個委員會的組成應包括下列人選：

1. 教師。
2. 教師的聘用者。
3. 師資訓練的提供者。
4. 教導特殊兒童的教師。
5. 各宗教的教育部門。
6. 家長。
7. 工商業界。
8. 一般大眾。

再根據英國教育與就業部發布的消息：此委員會將於2000年9月1日正式運作。於1999年8月24日任命了Carol Adams女士爲主任委員（Chief Executive）。此一委員會是由63位委員組成，25名由教師選舉產生（小學教師11名，中學教師11名，小學校長1名，中學校長1名，特殊學校教師1名），9個名額是由教師工會任命（包括：NAS/UWT, NUT, NAHT, AYL, SHA, 和PAT）。16位由各種代表性團體產生，13位由部長任命（DfEE, News, Aug. 24 1999）。9名由工會選出的代表，根據1726號組織規程第7條規定，其分配如下（Statutory Instrument 1999 No. 1726）：

1. 二名由Association of Teachers and Lectures（教師暨講師協會）產生。
2. 二名由National Association of Schoolmasters Union of Women Teachers（全國女教師聯盟）產生。

3.二名由National Union of Teachers（全國教師聯盟）產
  生。

4.一名由National Association of Head Teachers（全國校
  長聯盟）產生。

5.一名由Professional Association of Teachers（教師專業
  協會）產生。

6.一名由Secondary Heads Association（中學校長協會）
  產生。

　　上述的六個團體可以說是目前英國的主要教師組織，他
們之間可能有些重合的地方，這和國內規定只能成立一個全
國性教師會不同。16名各個團體的代表，根據第八條的分配
如下

1.三名由Local Government Association（地方政府協會）
  代表。

2.一名由Association of Chief Education Officers（教育局
  長協會）代表。

3.一名由Association of Colleges（學院協會）代表。

4.一名由Catholic Education Service（天主教教育服務處）
  代表。

5.一名由Church of England Board of Education（英國國
  教教育委員會）代表。

6.一名由Commission of Racial Equality（種族平等委員
  會）代表

7.一名由Committee of Vice-Chancellors and Principals of
  the Universities of the United Kingdom（英國大學副校

長聯合會）代表。

8.一名由Confederation of British Industry（英國工業聯合會）代表。

9.一名由Equal Opportunities Commission（機會均等委員會）代表。

10.一名由the Independent Schools Council（私立學校聯合會）代表。

11.一名由National Children's Bureau（全國兒童局）代表。

12.一名由National Governors Council（全國學校董事聯合會）代表。

13.一名由the Standing Conference of Principals Ltd.（全國校長聯合會）代表。

14.一名由Universities Council for the Education of Teachers（大學師資培育部門聯合會）代表。

第9條規定，在部長指派的13名代表中，至少要有2位以上代表全國家長的利益，1位要有教過特殊兒童的經驗，其餘都要注意到他們是代表一般大眾的利益。從這些人選看來，已相當具有代表性，凡是與教師或教學有關的團體都有代表人，其目的在於從專業的觀點來考量有關的事宜。

GTC的主要功能是甚麼呢？ 根據「1998年教學與高等教育法」（Teaching and Higher Education Act 1998）（DfEE, 1998a）第二條第2款規定，主要任務如下：

1.訂定教學標準（standards of teaching）。
2.教師的行為準則（standards of conduct for teachers）。

3.教學專業角色（the role of the teaching profession）。

4.教師的訓練、生涯發展和表現。

5.教學專業的加入

6.適合教學的健康標準。

　　從上述內容可以看出和工會（union）有相當的區隔，至少絕不談薪資問題。第二條第3款規定這個委員會要針對上述的事項及任何教學有關的事務，提供意見給教育部長。上述事項與教師的專業表現及受教者都有密切相關。

將資訊科技應用於學習和行政

　　在「全國學習網路」（National Grid for Learning, NGfL）中，規劃了資訊科技（Information and communication technology, ICT）在教育上的運用，其整個進行的時程如下：

1.在1998年以前將執行目標確定。

2.在1999年以前，所有的新任教師（newly qualified teachers）都必須懂ICT到規定的程度，才能擔任合格教師。

3.在2002年以前，所有現任教師都必須要將ICT應用到教學和課程裡。

4.在2002年以前所有的中小學、學院、大學和圖書館及（儘可能也包括）社區中心（community centre）與此學習網路連線，要使75%的教師和50%的學生都使用自己的電子郵件（E-mail）。

5.在2002年以前，所有學校的畢業生要懂得ICT，而且要

達到標準的程度，每畢業生都要接受這方面的測驗。

6.在2002年以前，英國應該成為提供教育和終生學習軟體的中心且在輸出學習材料上成為世界的中心之一。

7.從2002年起，凡教育與就業部、OFSTED（教育標準局，負責視導業務），以及其他部會與學校的溝通（包括：傳達訊息和搜集資料）都不再以紙張的形式為之（cease to be paper-based）。（頁60）

最後一項已在1999年3月試辦，先以2個地方教育當局（LEA）和20所學校為對象（頁59）。根據「師資培育局」的文件（TTA, 1998）指出，新任教師對資訊科技應理解的程度，將在《新任教師取得標準》（*Status for the Award of Qualified Teacher*）中規定。這個課程分兩方面，一是能有效的將資訊科技用於教學和評量。一是對於資訊科技本身的理解，以有效的用於教學和評量。因為，英語是最通行的電腦用語，他們用起來比我們方便多了。布萊爾早就指出：

> 到了下個世紀，百分之七十的財富來自於資訊產業，百分之八十以上世界各地的資訊以英文儲存。這是個巨大的市場，我們具備強大的競爭力。（馬永成、陳其邁譯，1999: 174）

英國可以說是托美國的福，在英文仍是強勢語言的情況下，使得他們在文化和資訊產業得以比別人更具有競爭力。

綠皮書面對未來的策略

以教師為教育政策核心的觀點

從整個綠皮書可以看出，其出發點是認定教師為教育成敗的關鍵，在每一個環節都要有優秀的教師才能完成教育的使命。而為了培養和保有優良教師，又必須以教師的生涯為考量，從吸引優秀人材進入教師行業，規劃升遷的快速管道使優秀人材得以發揮，並使早日擔任校長。在這過程中，要配合各種進修方式來幫忙達成這些目標。所以，是兼顧了從師資培育到留住優良教師的教師進修和升遷的教師政策。在教師的生涯中，還規劃了校長的角色當終點站，充分鼓勵教師好好發揮。事實上，校長也是從老師而來，這可說是完整的規劃了。整個綠皮書可以看出對老師的關懷，例如，減輕教師的行政負擔，儘量鼓勵教師有良好的表現。這是充分考慮了教師在教育中所扮演的關鍵性角色，值得參考。

相較之下，我們的師範教育政策實在不能說完整。目前在「實習」上還要有重大的變動。而進修的體制，不但沒甚麼規劃，更是還未整合。只有一年修習18小時算是最具體的成效。而英國在1988年就規定一年有五天上班時間的進修（學生不上課）。若以一天六小時計算，他們至少也有三十小時。

以市場為導向的鼓勵方式

英國雖然政權又回到工黨的手中，可是現在的工黨已被布萊爾轉化成不像原來的工黨了。所謂的「第三條路」即非左非右。原先保守黨的市場化導向，積極採用商業手法來經營學校，不但被保留，有時還有過之無不及。例如，對於教師的評鑑、用高薪來吸引「高級技術教師」等，都是延續著原來保守黨的策略，而新引進的項目。所以，等於還是回到十九世紀的效益主義，「以成果論薪」（payment by result）的策略。只是工黨一方面用市場導向的手法來追求卓越，另一方面拿出較多的資源來照顧弱勢團體。

市場化的導向用在教育上確實有一些困難，例如，教師分級或是學生的表現都不易評定。教育上的指標不像市場的指標那麼明確，而且因素相當多，這就很容易引起爭議。但整個綠皮書仍朝此方向前進，可見「商品化」的勢力相當強勁，難以抵擋。值得密切注意。我們目前也採用了許多市場導向的政策，包括：鼓勵私人興學、公立大學自籌部分經費、科系調整以就業市場為考量等。綠皮書中對教師的鼓勵大都也是採外在的獎賞，這還是市場化的做法。我們目前還在考慮「教師分級」，他們甄選「高級技術教師」的指標或許對於實施「教師分級」有參考的價值。

以成立教師專業組織「教學總會」來提昇教育專業

教師是否算是一門專業雖然仍有爭議，但是英國「教學

總會」（GTC）的成立，至少是在組織及運作上向專業地位更向前邁進。在英格蘭和威爾斯成立這樣的專業組織之所以受阻礙，一方面是工會的反對及想爭奪對此一組織的主導權（Ross, 1990: 127）。因為，工會也想對專業事務有發言權，成立這種組織等於削弱其權力。另一方面，這樣的專業組織將減少教育部的權限，尤其在專業事務的決定權必須讓出。1984年成立的「師資培育許可委員會」（Council for the Accreditation of Teacher Education, CATE）只能算是執行教師專業組織的部分工作（Ross, 1990: 133），也就是對於那些人可以當老師的入會資格把關，這也是一個專業組織非常重要的任務。但是，CATE仍是由當時的「教育與科學部」（DES）主導，不能算是獨立自主的運作。至於那些人的組合才能代表專業人員、消費者、和一般大眾的利益，這是要大費周章來平衡的，所以本文於介紹部分將其63名委員的背景和產生詳細介紹。

反觀我們的「教師法」對「教師會」的規定，筆者認為顯然比較偏向工會模式，至少是把工會和專業組織放在一起。一方面是每個學校都設一個「教師會」，這和工廠的勞資對立是一樣的，偏向工會模式。另一方面，從各級教師會的職責來看，其職責顯然包括了工會和專業組織的任務。

第廿七條 各級教師組織之基本任務如下：

1.維護教師專業尊嚴與專業自主。
2.與各級機關協議教師聘約及聘約準則。
3.研究並協助解決各項教育問題。
4.監督離職給付儲金機構之管理、營運、給付等事宜。

5.派出代表參與教師聘任、申訴及其他與教師組織有關之法定組織。

6.制定教師自律公約。

第二、四、五項應該是比較偏向工會的任務，其餘的是專業組織的任務。然而，筆者認為這些任務也還未能涵蓋這兩類組織所有的任務。我們的教師會能否運作成功，用上述的理論架構來衡量，顯然不太說得通。因為，工會只有老師參加，只為自己爭權益。專業組織的成員還要有代表消費者和一大眾利益的委員。嚴格說來，我們的「教師會」是工會組織，可是卻被賦予了教師專業組織的任務。所以，我們實在難以奢望純由教師組成的「教師會」來發揮專業組織的功能，因為從成員的組成就不具有代表性。

對於資訊科技用於學習的重視

人類已進入資訊化社會（information society），電腦科技對下一個世紀人們的生活扮演相當重要的角色（例如，本文絕大部分的參考資料都是從網路上抓下來的）。英國的綠皮書中將教師具備使用資訊科技（ICT）的能力，列為教師必備的要件，把英語、數學、電腦科技三個科目並列為教師檢定的必考科目（頁45）。不但在師資訓練就要會，現職老師也要學會。可見，他們已正視了這個問題。

我們在面對這個問題時，顯然有比他們多的困難，因為語言上的障礙就使得人們不認為電腦科技是友善的。首先，要懂英語，至少要組識一些基本指令的意義。再來是中文輸

入法要克服，至少在語音輸入法還不普遍可行的情況下，要選一種中文輸入法。以上兩種語文能力都不是三、兩天就可以達到的。即使是對我們的中、小學教師也都不是一件容易的事。根據筆者今年參與國中校務評鑑的經驗，從段考試題的書寫形式來推估，可能至少還有一半的國中老師不去碰電腦，那麼國小老師使用的機率就更低了，因為他們的英語或許更差（此為推論）。

目前，教育部推廣電腦的方向似乎是以上網為優先。事實上，在Window作業系統取代Dos系統以後，上網可能是最簡單的。反而是前述的語言能力與輸入法才是瓶頸。也就是，我們如果要推廣電腦的使用，除了要先教好英文外，還得會輸入法才達到他們的起點。雖然，臺灣在電腦的硬體生產方面已相當有名。但是，在目前的行政體制下，如何來推廣電腦的使用，可能仍是一個很大的課題。

結論

本文偏重於對英國教師綠皮書的介紹，並指出一些可供我們參考的做法。其中和我們目前情況有較類似之處，有的因文化的不同而有很大的差異，如我們沒有「教學助理」的設置，我們的老師不習慣兩位老師協同教學。在引用時仍應相當謹慎，以免橘逾淮為枳。但是，從他們所規劃的措施中，也有一些我們同樣會面臨到的問題，例如，資訊科技的推廣等，仍值得我們參考。我們自從解嚴後，教育鬆綁，教

師和學校都取得較多的自主權。然而，根據本文的分析，我們的「教師會」只能算是工會組織，可是，卻擁有專業組織的權限，這在理論上就說不通了。和英國比起來，我們的師資培育及任用等政策實在很不完整，常常只是應急措施。如這次國小英語教師考了三千多人，可是眞正參與培訓的至今才七百多人（以9月17日教育部網站公告爲準），屆時可能又將充斥一些不合格的代理老師，實在是沒有甚麼政策可言。廿一世紀充滿了各種可能性，還得隨機應變，但是仍得有萬全的準備，不是隨便出招。

參考書目

中文部分

馬永成、陳其邁譯，Tony Blair著（1999），《顛覆左右：新世代的第三條路》。台北：時報。

鄭武國譯，Anthony Giddens著（1999），《第三條路：社會民主的更新》（*The third way: the renewal of social democracy*）。台北：聯經。

英文部分

Adams, Anthony & Tulasiewicz, Witold (1995) *The crisis in teacher education: a European concern?* London: The

Falmer Press.

DfEE (1997) *Excellence in Schools*. London: Stationary Office Limited.

DfEE (1998a) *Teaching and Higher Education Act 1998*. http://www.legislation.hmso.gov. uk/accts/acts1998/19980 030.htm

DfEE (1998b) *Teachers: meeting the challenge of change*. Http://www.dfee.gov.uk/ teachers/greenpaper.

DfEE, Circular2 (1998) *Circular to Headteachers and Teachers: Reducing the Bureaucratic Burden on Teachers*. http://www.dfee.gov.uk/circulars/2_98/part1.htm

DfEE, Circular9 (1998) *Advanced Skills Teachers*. http://www.dfee.gov.uk/circulars/9_98/part4.htm

DfEE, News (Aug. 24 1999) *Head of General Teaching Council appointed*. http://www. dfee.gov.uk/news.cfm?PR_ID=386.

DfEE, Circular5 (1999) *The Induction Period for Newly Qualified Teachers*. http://www. dfee.gov.uk/circulars/5_99/5_99.htm

Graves, Norman J. (ed.) (1990) I*nitial teacher education: policies and progress*. London: Kogan Page.

Ross, Alec (1990) The control of teacher education: a General Teaching Council for England and Wales. In Norman J. Graves (ed.)(1990) *Initial teacher education: policies and progress*.

Statutory Instrument 1999 No. 1726 (1999) *The General Teaching Council for England (Constitution)*.

http://www.legislation.hmso.gov.uk/si/si1999/199911726.htm

TTA (1998) *Initial Teacher Training-Raising Standards* (Internet Service). http://www. teach.tta.gov.uk/ict.hm

英語系國家公元兩千年教育政策的發展趨勢

◇張明輝◇

國立臺灣師範大學教育學系副教授

Abstract

This paper is focus on the introduction of the education policies and trends of English-speaking nations in year 2000.

There are common characteristics of education policies among the United States of America, England, New Zealand and Australia as below:

1. Education is been taken as first priority in government's policies.
2. Each nation has its strategic education plan.
3. The content of education policy includes the educational administration and school education improvements.
4. The education policies in each nation also include the future development of education.

Besides, the trends of education policies in English-speaking nations are:

1. To improve people's basic learning capabilities.
2. To improve the effectiveness of the school education.
3. To build the cooperative relationship between school, family and society.

4.To extend the concepts of the lifetime education.

5.To improve the effectiveness of the educational
   administration.

Key words: English-speaking nations, education policies, trends

摘要

教育先進國家自本世紀以來，即不斷致力於教育改革，冀望透過教育改革與學校教育革新以提昇人力素質，進而提昇國家競爭力。

本文首先引介英語系國家中，美國、英國、紐西蘭和澳洲等四國，公元2000年教育政策的主要內涵，並歸納其共同特徵與發展趨勢以為參考。經分析英語系主要國家公元2000年教育政策的內涵，發現各國的共同特徵為：均強調教育為政府施政重點、均能提出具前瞻觀點的策略性教育計畫、各國教育政策內容涵蓋教育行政與學校教育之革新，此外，各國教育政策亦均能提出未來教育發展的因應策略。

另一方面，分析英語系主要國家公元2000年教育政策之發展趨勢，發現其主要內涵包括：培養國民基本學力、提昇學校教育成效、建立教育夥伴關係、推展終身教育理念及重視教育行政機關行政效率的提昇等。

惟因受篇幅所限，未能進一步與我國現行教育政策及其發展趨勢進行比較分析，然英語系國家的若干重點教育政策，亦正是我國教育政策的未來發展的重點。因此，可預見公元2000年，世界各主要國家的教育政策應有其共同的特徵與發展趨勢，各國也將為培養人才、提昇國家競爭力而繼續不斷地努力。

關鍵詞：英語系國家、教育政策、發展趨勢

前言

　　人類即將邁入二十一世紀，而公元2000年正是一個關鍵的年代；除了電腦Y2k危機是各國普遍重視並積極解決的問題外，舉凡政治、社會、經濟等方面的發展，亦將面臨另一波的變遷與挑戰。其中，教育改革與人力資源開發更是影響各國整體國家競爭力的關鍵因素，也是各國在邁向二十一世紀時所共同關注的焦點。

　　教育先進國家自本世紀以來，即不斷致力於教育改革，冀望透過教育改革與學校教育革新以提昇人力素質，進而提昇國家競爭力。本文僅就英語系國家中之美國、英國、紐西蘭與澳洲等四國，公元2000年的教育政策加以析述並歸納其共同發展趨勢，以供參考。

英語系國家公元兩千年教育政策的內涵

　　英語系國家中，美國和英國在教育政策內涵和教育改革趨勢方面，其雷同之處甚多；而紐西蘭與澳洲兩國的教育政策與實質教育改革措施，亦受英國的影響甚深；而另一方面，各英語系國家之教育政策亦各有其特色。茲分就上述四個國家公元2000年前後教育政策之相關內涵析述如次：

美國

　　美國公元2000年的教育政策，可由美國聯邦教育部1998-2002年策略性教育計畫、公元2000年施政計畫重點及柯林頓總統1999年1月向國會所提出的國情咨文中，加以觀察分析。茲分述如下：

美國聯邦教育部1998-2002年策略性教育計畫
　　美國聯邦教育部策略性教育計畫之訂定始於1994年，聯邦教育部以此策略性計畫來改進各項教育行政業務，並協助教育部成員瞭解教育部的施政目標，以及他們對於達成目標的重要性。

　　「美國聯邦教育部」1998-2002年策略性教育計畫之優先順序，以及擬達成的政策目標如下（U.S. Department of Education, 1997a: 9-13）：

　　1.教育法令的修正與革新
　　由於國會與行政部門的合作，過去立法的成果提供美國聯邦教育部更為完整一致的教育法令內涵，其中，重要的法令包括：

　　「1997年平衡預算法案」（Balanced Budget Act, 1997）和「1997年減輕納稅人負擔法案」（Taxpayer Relief Act of 1997），將有助於對高等教育進行最大的投資，兩項法案所提撥的獎助金，亦將提供全國高中畢業生至少兩年的高等教育獎學金。而降低稅率則有助於終身學習政策的推動，以及有

子女就讀大學的家庭以學費扣抵所得稅的方式節稅。

「1997年學習障礙法案」（Individuals with Disabilities Education Act），改進基礎學科教學，推動家長參與學校教學以及聯邦教育經費直接補助學校改進教學，以提昇學習障礙學生之教育成就水準。

中小學學校教育革新有關法案，包括：「目標2000年教育法案」（Goal 2000 Educate America Act, 1994）和「改進美國學校教育法案」（ Improving America's School Act, 1994），該二法案強調建立挑戰性的教育標準、安全和有紀律的學校、有效的教學實務、擴展科技、成立特許學校和加強家長參與學校事務等。

「學校至工作機會法案」（School-to-work Opportunity Act ,1994），協助社區和各州建立高品質的學校教育和就業的聯絡管道，以及高等教育機構和企業雇主間的聯繫。

「教育研究、發展、宣傳和革新法案」（Educational Research, Development, Dissemination and Improvement Act, 1994），重建聯邦教育部的研究部門並建立宣傳和革新活動的優先順序。

「學生貸款革新法案」（The Student loan Reform Act, 1993），協助大學生支助系統更有效率，並統整各州新的學生貸款計畫。

2.提昇聯邦教育部的行政效率

教育部效能的提昇,將能更有效提高教育服務的成本效益。其具體作為包括下列各項:

1.1992年之後即減少個別型研究計畫,而和國會合作的研究計畫則有64項之多,總金額高達70億美金。

2.精簡人力提高生產力,1997年聯邦教育部全職員工為4613位,較1992年的4927人,減少6%;而教育部總預算則增加16%,約3億7千萬美金。

3.全面檢討修正1995年以後的教育法令,並針對厚達二千餘頁的聯邦教育法令全面加以修正簡化。

4.減少文書作業負擔,《1995年減少文書作業法案》即建議運用新科技作為蒐集資料和交換訊息。

5.建立學生貸款和獎助金的一貫作業程序(One-Stop Shopping)。

3.改進教師教學與學生學習成就

其主要措施包括:以顧客至上的態度服務學生、確保納稅人和學生所繳付學費的價值、強化教育研究和教育統計的工作和建立學習成就的指標等,以引導教師的教學和學生的學習。

4. 建立教育夥伴關係

積極和有關機構建立強固的教育夥伴關係,以有效達成國家教育目標,其主要措施包括:

賦予各州彈性與鬆綁:在《目標2000年教育法案》、《學校至工作機會法案》以及《中小學教育再授權法案》(The

Reauthorizied Elementary and Secondary Education Act, ESEA）中，有超過200項的豁免規定，提供各州在執行聯邦教育法令時更大的彈性，以增進其績效責任。

和家庭與社區建立夥伴關係：目前有超過3000個以上的組織參與學校教育夥伴關係的建立，將學校、家庭、社區、宗教團體和企業雇主加以結合，以協助和支持學生的學習活動。另外，「即時讀與寫計畫」（Read and Write Now）草根性的社區文化活動，亦提供需要協助之學生的學習指導。

美國教育部公元2000年施政計畫（綜合目標與具體目標）

美國教育部公元2000年施政計畫包括下列各項主要內容，茲分述如下（U.S. Department of Education, 1999: 9-13）：

1.幫助所有的學生達到挑戰性的學業標準，為成為負責任的公民、未來學習及具生產力的就業作準備。

◇各州加強主要學科上教學並且實施挑戰性的標準與評量。

◇各州設立學習通向就業的一套體系，俾增進所有學生學習成就、改善技術能力及擴大就業機會。

◇使學校設備完善、安全、有秩序並免於毒害。

◇全美每一間教室有一才能佳、全心奉獻的教師。

◇家庭及社區充分參與學校教學及改善計畫。

◇提供學生及家長更多的公立學校選擇機會。

◇學校爲學生、老師提供高科技設備，以改善教學。

2.為所有孩子的學習建立穩固的基礎。

◇爲所有孩子做好就學準備。
◇每一孩子在三年級結束時能獨立閱讀。
◇每一八年級的學生能熟練挑戰性的數學，包括：代
　數、幾何的基本知識。
◇接受特殊教育的學生，也能接受高學業標準的評量。

3.確保接受高等教育及終身學習的機會。

◇中等學校學生獲得他們所需的資訊與協助，以順利接
　受高等教育。
◇高等教育學生獲得他們所需的財力支助及服務，俾順
　利完成學業。
◇有效執行高等教育學生貸款計畫及貸款的發放。
◇經由終身學習，成人能夠強化他們的就業技能並改善
　謀生的能力。

4.使教育部成為一高績效的組織，把重點擺在施政成
果、服務品質及服務對象的滿意上。

◇使業務服務對象得到快速、無缺點的服務及提供高品
　質的資訊與成果。
◇使教育工作同仁獲得他們所需的支持與彈性，但同時
　強調沒有折扣的績效責任。
◇隨時提供可推動教育改革及實施教育機會均等之參考

資訊。

◇加強資訊科技的投資，以改善行政效率。

◇使教育部的員工擁有高度的能力與工作績效。

◇加強施政計畫與服務之管理，以確保財務管理的績效。

◇以成效導向為施政方針。

柯林頓總統1999年1月致國會的國情咨文

柯林頓總統在1999年1月21日致國會的國情咨文中，揭示了以下八項重大的教育計畫（U.S. Office of the Press Secretary, 1999）：

1. 要求各學區接受聯邦之資助進行各項改革：不再使學業成績不合要求之學生順利進級，關閉或改善表現最差之學校，採取具體措施保證教師素質，發行學校或學區報告卡及實行良好的訓練政策。
2. 投入3倍對暑期學校及放學後課程之經費至6億美元。
3. 以2億美元補助各州改善表現不良之學校。
4. 增加聯邦對承諾將來願於郊區、市貧民區及原住民社區任教學生之獎學金。柯林頓政府提出一項新的計畫，計畫在1999會計年度將有3500萬之經費，招收7000名教師未來加入公立學校之行列；1000萬美元之經費，招收1000名教師未來任教於印第安以及阿拉斯加地區。
5. 在二十一世紀初大量投注經費至近3000所特許學校（charter schools）。
6. 繼續支持在七年內聘用100000名新教師之計畫。這項

計畫始於此會計年度，並有12億之經費。

7.補助社區建立或改善5000所學校。

8.加強校園安全及反毒計畫。

英國

英國近年來有關教育改革的重大措施，除於1997年所提出的《教育白皮書》「追求卓越的學校教育」（Excellence in Schools）外（張明輝，民88: 197-202），英國教育與就業部（Department for Education and Employment, DfEE）1999-2000年業務計畫（work plan）以及英國教育與就業部長Blunkett 於1999年7月19日在英國工業聯盟主席會議（Confederation of British Industry, CBI）的開幕歡迎致詞中，可大致觀察出英國公元2000年的教育政策發展趨勢，茲析述如下：

英國教育與就業部1999-2000年業務計畫

此一業務計畫設定如何在1999-2000年時，達成公共服務協定（Public Service Agreement, PSA）、國家學習目標（National Learning Target）和經營管理的挑戰；另外，尚包括其他相關政策及行政業務等。茲分述如下（DfEE, 1999a: 4-5）

1.英國教育與就業部2000年國家教育目標

◇80%的11歲學童能達到期望的閱讀能力。

◇5%的11歲學童能擁有預期的數學能力。

◇5-7歲兒童所就讀的班級學生人數在30人以下。

◇每年中輟學生人數低於8400人。

◇50%的16歲學生能獲得五科GCSE考試高分成績。

◇85%的19歲學生能達到Level 2以上的程度。

◇60%的21歲青年學生能達到Level 3以上的程度。

◇50%的成人能達到Level 4以上的程度。

2.英國教育與就業部的核心教育目標

提供每位英國國民能經由教育—訓練—就業的機會,以提供發揮他們潛能的機會,期在競爭的經濟環境中建立公平的社會。其三項核心目標中有兩項與教育有關;另一項與就業有關。茲就與教育有關者敘述如下(DfEE, 1999a:6-19):

◇確使16歲的年輕人在競爭的世界中,能擁有良好的技能、態度和個人特質,而能具備終身學習的基礎、工作技能和公民生活。公元2002年時,擬達成的具體成效如下:

◆2002年時,3歲幼兒之托護場所由目前的34%提高至66%,特別是經濟及文化不利的地區應優先辦理。

◆2001年底,至少將5~6,7歲之小學班級人數降至30人以下。

◆2002年時,11歲學生通過語文測驗Level 4 Stage 2考試的人數,由63%提高至80%。

◆2002年時,11歲學生通過數學測驗的人數,由62%提高至75%。

◆學生中輟率減少三分之一(0.7%→0.5%)。

◆2002年時,16歲學生能通過GCSE G級考試或相當

程度之考試，並且通過人數能達到92~95%之間。

◆ 45%~50%的16歲學生，能獲得5科以上GCSE A*~C
的成績或相當考試的成績。

◇發展每一位英國國民對終身學習的承諾，期能增進他
們的生活技能，促進他們在競爭的就業市場中之就業
能力，創造英國經濟發展與就業人力所需的技能。公
元2002年時，擬達成下列具體成效：

◆十九歲時能通過NVQ國家職業證照Level 2的人數比
例，從72%提昇至85%。

◆21歲時能通過NVQ國家職業證照Level 3的人數比例
達到60%。

◆28%的成人，能通過NVQ國家職業證照Level 4的資
格。

◆降低文盲率爲7%以下。

◆45%的中大型組織及100%的小型組織，能投資終身
學習計畫，增加50萬名新的學習者。

英國教育與就業部長Blunkett 於英國工業聯盟主席 會議之致詞內容

　　Blunkett 於1999年7月19日參加「英國工業聯盟主席會議」
（Confederation of British Industry, CBI）致開幕歡迎詞時，提
出了下列英國未來的教育政策與發展願景（DfEE, 1999b: 1-
12）：

1.英國未來的教育遠景

Blunkett指出「教育是培養多數卓越的個人而非少數人；學校如同是這個國家的大城市之一」，因此，對於每一位學生應有高度的期待及高的教育標準；學校和教室運用現代科技；除了有卓越的教師外，也應有受過良好訓練的職員。

校長不僅是傑出的領導者，亦為學科的領導者、教學的領導者及高級技術教師；學校擁有良好的教育品質，每位學生都知道國定課程所要求達到的學習標準；每六個月學生、家長和教師會面檢討並規劃未來六個月的學習計畫。

另外，應有一年度學習成就管理圈（annual performance management cycle），包括：學校中每一成員如何評量和改進其業務，專業成長計畫及教師認可和薪資調整等。面臨新世紀的到來，更應該開創世界級的教育服務。政府承諾將教育作為內閣最重要的政策（DfEE, 1999b: 1-2）。

2.英國未來的教育發展策略

Blunkett指出，英國在1997年大選後67天即公布教育白皮書「追求卓越的學校教育」（Excellence in Schools），顯示教育改革的強烈企圖及策略。他同時強調英國未來教育發展的四項主要策略如下（DfEE, 1999b: 2-12）：

◇奠定堅實的學習基礎

　◆假如要在下一世紀提供世界級的教育服務，必須提供最好的小學教育。
　◆將教育和幼兒健康服務加以結合。

◆實施四歲幼兒的照護計畫。

◆降低小學班級學生人數。

◆重視提昇閱讀和數學能力的策略。

◇學校教育革新的包括：小學、中學及特殊學校制度的革新。教育與就業部將儘可能提供資源，並設定改革目標及賦予學校自我革新的責任；另外，也將透過例行的視導工作，給予各校適度的辦學壓力。假如發現LEA或學校的表現不佳，教育與就業部將立即介入，並確保每一位學生均可獲得適當的教育機會。

◇全面提昇國民基本學力。目前英國小學開始實施的提昇學生閱讀及數學能力的計畫，經過長期 的努力，將會有顯著的成果。其他，例如，依照「特殊教育綠皮書」（Green Paper on Special Education ）的規劃，1999年回歸主流的學生人數已達到60%。另一方面LEA也採取相關計畫以為因應，例如，降低學生缺席率；期盼中學畢業生離校時，能具備迎接新世紀挑戰的基本能力；使不同抱負的學生，能擁有不同的知識、技能和態度，以適應就業市場的需求；對於已就業而仍須加強專業能力的青年，則設法安排其進一步的在職進修機會。

◇建立現代化的綜合中學制度：綜合中學制度於1970-1980年代已開始發展，然而只要有文法中學存在，家長就會選擇讓子女就讀文法中學，此舉並不符合學生的性向和興趣。綜合中學制度可適合不同需求和抱負之青少年學生的學習需求。因此，學校應朝下列方向

改進：

◆重視個別化教學。
◆激發每一位學生的學習潛能。
◆追求卓越的學校教育。
◆協助學生克服學習障礙。
◆建立轉學和就業的銜接管道。

另外，尚有些相關的學校教育革新策略，包括：

◇增加「專家學校」（specialist schools）的數量，公元
　2003年時，專家學校的數量將達到800所以上，約佔
　中學數量的四分之一。這些學校並將獲得企業界的支
　助，學生的學習成就將是綜合中學的一倍以上。
◇2002年時，公民生活將納入國定課程之中。
◇每一所綜合中學應提供資優和特殊才能的教育計畫。
◇加強學習障礙學生的學習支援計畫。
◇加強學生課後學習活動的安排，2002年時四分之一的
　小學和二分之一的中學都將成立課後家庭作業指導中
　心。

上述各項革新策略旨在培養更多卓越的人才，而非僅重
視少數菁英的培養。此外，塑造追求成就的學校文化，使教
師們均具有前瞻性的視野及應付挑戰的能力；同時，也需要
負責任的家長支持子女的教育。

再者，資訊和通訊科技的進步，亦將影響學生未來的學
習方式，2002年時，教學將完全配合資訊和通訊科技的應

用，各校的教學將全面網路化，師資培訓也應充分配合，才能發揮最大的教學效果。

紐西蘭

近年來，紐西蘭的許多教育改革策略，成為我國教育改革所參照的對象，特別是課程改革方面。紐西蘭過去是英國殖民地，其教育制度及措施深受英國的影響；惟紐西蘭近年來，外來移民人口日益增加，在教育政策方面，也有其不同的改革重點。

茲就紐西蘭1998-2001年教育部策略性發展計畫、紐西蘭教育部1999/2000年教育發展預測報告，析述其公元2000年的教育政策發展趨勢。

紐西蘭1998-2001年教育部策略性發展計畫

此一策略性發展計畫代表紐西蘭教育部未來發展的里程碑；此一計畫同時也強調教育乃增進學生、家庭、社會和紐西蘭潛在的社會和經濟效益。

紐西蘭教育部希望每一學童開始學習的經驗均是積極的，教育部也鼓勵家長參與和支持子女的學習活動。校長被認為是社區的領導者，教學被視為一種專業，學校的競爭與合作，將提供學生自由的學習空間，使每位學生都能具有學習的意願。

另一方面，紐西蘭社會和經濟狀況的改變，也導引教育

制度期待改革的壓力，形成了教育提供者、教育專業人員和教育決策者必須維持一定品質的教育，以配合學生的學習需求。教育部更必須發展和實現相關教育改革策略，並且協助和支持各種變革。

公元2000年紐西蘭的教育政策重點包括下列各項（Ministry of Education, New Zealand, 1998）：

1.重視教育成就產出

修正教育產出及其影響因素，包括學生的學業成就、教育提供者的成就以及教育制度本身是否健全。

2.教育政策的建議和實施

建立教育部的領導角色以及建立民眾和教育機構彼此間的信心是十分必要的。

3.教育資源的分配、修正和績效

教育部將強調績效責任（accountability）和品質保證（quality assurance）的觀念，減少經由規劃和資源分配等控制方式，而是採取不斷修正與早期介入的方法，以有效解決績效不佳的情形。

4.加強對地方的授權

和社區及家長合作，以協助家長在其子女的教育中扮演重要的角色，對地方的授權要比控制更為重要。

5.建立教育部內部的事業夥伴

除教育部整體行政效能的提昇外，亦重視教育部與其他

部會成為事業夥伴關係。

除了上述教育部的教育政策外，紐西蘭教育部同時也提出六項變革因應策略，包括（Ministry of Education, New Zealand, 1998）：

1.人力開發政策

針對1998/99年教育部所完成的人力開發計畫，進行全面評鑑，並發展一個統整的人力資源系統，以確保人力資源能獲得公平的分配及運用，進而完成預定的任務。

2.對毛利原住民的教育責任

針對經費、法規、課程、教材、設備和師資供應等，所有可能影響毛利學生學習成就的因素，擬定毛利教育計畫。

3.策略性業務計畫

此計畫的重點在於修正不必要的規定和缺乏彈性的政策、加強對地方層級教育行政人員的授權，以及加強和學校、家長、社區及學校董事會間之合作。

4.公共關係的經營

教育部未來將加強與社會大眾的溝通，使其瞭解各項教育政策論題；並將教育部的資訊傳達至廣大的社區中。另外，則是加強教育部內部各部門間的協調與溝通，以提供民眾更為滿意的服務。

5.訂定調整教育資源的優先順序

檢視並確認各項中程計畫的優先順序、發展成本效益的

評估方法、改進預算編製程序，力求彈性和變通，以強化教育經費的有效運用。

6.加強內部資訊管理
1999/2000年間將完成教育部採購合約、相關報告，以及成本分析進行綜合檢討；另外，則是加強內部資訊管理系統的檢討與修正。

紐西蘭教育部1999/2000年教育發展預測報告

此報告乃依據1989年公共經費法案第九章所提出，並適用至2000年6月30日。在邁向21世紀之際，紐西蘭的社區在社會、文化和種族方面，有愈來愈多元的現象，而國際化和科技發展也持續影響學生的學習。因此，紐西蘭教育部未來正努力地達成下列三項目標（Ministry of Education, New Zealand, 1999: 5）：

1.提昇學生的學習成就。
2.縮小學生教育成就的差距。
3.提昇教育部本身的職能。

而紐西蘭教育部1999/2000年的工作重點，則集中在下列七項焦點（New Zealand Ministry of Education, 1999: 6-9）：

1.促進紐西蘭國民終身學習和就業技能的發展。
2.促進公共教育的革新和績效責任，包括：幼兒教育的發展；檢討學生安置的績效；強化學校董事會、家長和社區的連結；實施新的高等教育經營和績效責任政策。

3.訂定對學生學習成就的明確期望，其具體指標包括：

◇每一位9歲學童能成功的讀與算。
◇告知家長及教育人員有關教育評鑑政策。
◇持續提昇校長和教師的專業素養。
◇早期介入改善經營成效不佳的學校。
◇建立早期兒童教育的發展指標。
◇建立新的學校品質保證制度。

4.教師教學品質的提昇、學校領導效能，以及學校董事
　會經營管理能力的提昇。
5.提昇毛利學生的教育成就。
6.提昇文化不利、學習不利社區及家庭之子女的學習成
　就。
7.提昇教育部的行政效能。

澳洲

　　澳洲公元2000年的教育政策，可從1999年4月教育、就
業訓練和青年事務部長會議，所訂定之「邁向21世紀學校教
育之國家目標」、1999-2000年教育訓練和青年事務部預算說
明及澳洲首府地區學校教育計畫中，觀察分析其公元兩千年
的教育政策。茲分述如次：

澳洲1999年學校教育目標內涵
　　1999年4月於Adelaide召開之「教育、就業訓練和青年事
務部長會議」，綜合各方面之意見所訂定「邁向21世紀學校教

育之國家目標」如下（DETYA, 1999a）：

1.學校教育應協助每一位學生充分發展以下各項能力：

◇具有分析和解決問題的能力、和他人溝通觀念與交換
資訊的能力及與他人合作的能力。
◇具有自信、樂觀、高度自尊的人格特質以及培養其能
成功扮演未來在家庭、社區和職場角色的能力。
◇具有倫理道德和社會正義的判斷能力、理性思考和決
定的能力及為自己行為負責的能力。
◇瞭解澳洲政府運作體系和公民生活，且具有活力的
公民。
◇具有就業相關技能和對工作世界的認識與瞭解；對於
職業教育與訓練、繼續教育、就業和終身學習的積極
態度。
◇具有使用新科技，特別是資訊和通訊科技的信心和創
意；並且瞭解新科技對未來社會的影響。
◇具有對自然生態環境的認識與關心，並具備生態持續
發展的相關知識。
◇具有建立健康生活型態的知識、技能和態度。

2.在課程方面，學生應具有：

◇經由義務教育年限所提供之8項學習領域的綜合及均衡
課程內容，進一步習得高標準的知識和技能；該8項學
習領域包括：藝術、英語、健康和體育、第二外語、
數學、科學、社會科學、科技。

◇學生在小學畢業時，其讀寫算能力及溝通能力，能達到一定的標準。

◇學生在義務教育年限內，能參與職業學習活動；在高中階段亦能參加職業訓練計畫。

◇參與發展行業技能訓練之計畫和活動，以增進學生未來發展之最大彈性及適應力。

◇學校教育應發揮社會正義，因此必須達成下列目標：

◆學生成就不因其性別、語言、文化、種族、宗教或身心障礙而在學習成就方面有所差異；或因為其家庭社經背景及居住地區而有差異。

◆教育不利學生的學習成就，能趕上其他正常學生。

◆原住民和其他偏遠離島地區學生之學習成就，能趕上其他正常學生。

◆所有學生均能瞭解澳洲原住民和其他少數民族的文化。

◆所以學生均能瞭解和接受澳洲各種族間文化和語言的差異。

◆所以學生均能享有並完成12年的學校教育，或接受相關的職業教育與訓練。

澳洲1999~2000年教育訓練和青年事務部預算說明

從澳洲1999-2000年教育訓練和青年事務部預算說明中，教育訓練和青年事務部指出其主要任務如下（DETYA, 1999b: 15-16）：

1.配合澳洲政府的政策，努力建立統整和均衡的教育政

策，積極推動澳洲青年的教育和訓練。

2.建立澳洲各級學校教育以及從學校到就業安置的政策架構。

3.改進文化及經濟不利團體，例如，澳洲土著和偏遠地區學生之教育。

另一方面，澳洲教育訓練和青年事務部亦特別重視下列三項成果：

1.學校應提供學生高品質的技能基礎和學習成就。

2.加強辦理學校教育以外的成人教育與訓練，以協助個人發展與其生活和工作有關的學習成就。

3.增進澳洲國民和整體國家發展有關的知識與技能，例如，國際觀的培養和教育制度的革新等。

澳洲首府地區學校教育計畫（1998-2000）

「澳洲首府地區1998-2000年學校教育計畫」（ACT Government School Plan 1998-2000, Australian Capital Territory, Canberra 1998），其標題為卓越的夥伴關係（Partnerships for Excellence），係由教育和社區服務司（Department of Education and Community Service）所提出。其主要目標為使坎培拉首府地區的公立學校制度，能協助學生成為學習者、有效能的社區和地球村的公民（Department of Education and Community Services, 1998: 3）。

該項計畫希望建構ACT的學校達成下列目的：

1.學生具有高度的學習意願。

2.學生具有高的學業成就。

3.教職員具有專業素養並認眞投入教學。

4.家長參與學校事務。

5.建立社區夥伴關係。

6.學校決策採取合作決定。

7.提供學生多元選擇。

8.重視績效責任。

該計畫之具體措施則包括下列各項（Department of Education and Community Services, 1998: 5）：

1.加強教學和學習的評鑑策略。

2.和學生家長或監護人建立積極的合作夥伴關係。

3.鼓勵家長參與子女的學習活動。

4.培養有效能的公民。

5.改進高中教育。

6.激發學生的進取心。

7.促進高品質的教學。

8.建立學習社區。

9.將資訊科技和教學加以統整。

10.提昇行政效率。

英語系國家公元兩千年教育政策的比較分析

　　茲就上述美國、英國、紐西蘭和澳洲等英語系主要國家，公元2000年教育政策的內涵，進一步比較分析如次：

英語系國家公元兩千年教育政策的共同特徵

　　從英語系國家公元2000年教育政策的內涵，可歸納出下列各項共同特徵：

各國均強調教育為政府施政重點

　　美國柯林頓總統於年度致國會國情咨文中，均有專章述及教育政策及教育改革策略；英國教育與就業部亦指出英國將教育視為內閣的重要政策；紐澳兩國亦相當重視教育改革與人力資源開發政策。

各國均能提出具前瞻觀點的策略性教育計畫

　　美國提出1998-2002年策略性教育計畫及公元2000年施政計畫；英國則有1999-2000年業務計畫；紐西蘭訂定1998-2001年策略性發展計畫；澳洲於1999-2000年教育、訓練和青年事務部預算總說明中，提出教育政策重點，澳洲首府地區亦提出1999-2000年學校教育計畫。各項計畫內涵均具系統性及前瞻性。

各國教育政策內容涵蓋教育行政與學校教育之革新

從英語系國家之教育政策內涵加以分析，可以發現除有教育行政機關所擬達成之政策目標外，尚包括各級學校教育、社區教育及終身教育等相關革新政策等。

各國教育政策均能提出未來教育發展的因應策略

各英語系國家在提出當前教育政策的同時，亦均能針對未來教育發展的相關問題，提出因應策略。例如，美國公元2000施政計畫、英國相關學校教育革新策略、紐西蘭1998-2001年教育部策略性發展計畫和澳洲邁向21世紀學校教育之國家目標等均是。

英語系國家公元兩千年教育政策的個別特徵

從英語系國家公元2000年教育政策的內涵中，可以發現不同國家所特別強調的重點政策以及實踐其教育政策的相關策略亦有不同，茲分析如下：

美國重視與國會的互動與合作

美國在制定國家教育政策時，重視與國會間的合作與互動，總統每一年度致國會的國情咨文中所宣示的教育政策，經國會議員認可後即列為聯邦教育部的重要政策；另從英國、紐西蘭和澳洲在制定教育政策的過程中，則較難觀察出行政部門與立法部門間的互動情形。

各國執行教育政策的相關策略

美國在執行教育政策時，其所採取之策略為先制定法案。例如，擬提昇國民的基本閱讀能力，則先制定「卓越閱讀能力法案」，然後據以推動；英國則以政策白皮書之方式加以推動，例如，英國1997年提出「教育白皮書」，將主要教育政策落實於政策白皮書中，並配合白皮書的內涵，分別制定行政措施據以執行。此外，紐西蘭和澳洲則分別於策略性發展計畫、預算說明，以及學校教育計畫中，呈現其主要的教育政策。

紐澳推展多元文化教育政策

從紐西蘭和澳洲的教育政策中，可以明顯看出兩國均特別強調毛利原住民和偏遠地區學生教育事務的推動，此乃因兩國特殊的社會族群發展所致，因此也特別重視多元文化教育的實施。

英紐澳重視就業訓練與輔導

由於英國教育與就業工作，同屬一個部會的業務，因此，在英國的教育政策中，對於就業訓練和就業輔導的內容著墨甚多；而美國則是強調與企業雇主建立夥伴關係。

再者，澳洲亦將教育、訓練與青年事務的業務，歸屬於同一部會的業務，自然其教育政策中，所涉及與就業相關技能培養之職業教育與訓練、繼續教育和終身學習等內涵亦較多。

澳洲強調培養學生基本能力

美國、英國和紐西蘭等國均十分重視學生各項基本能力的培養，而澳洲則是具體列出應培養學生分析問題、解決問題的能力；培養學生具有倫理道德、社會正義的觀念；增進學生使用新科技的能力；以及培養學生認識與關心自然生態環境、健康生活型態等相關能力，此為澳洲教育政策的主要特色。

英語系國家公元兩千年教育政策的發展趨勢

面對二十一世紀的來臨，英語系國家在公元2000年的教育政策中，也有許多前瞻性的計畫內涵及其發展趨勢，茲亦分述如次，以供參考：

培養國民基本學力

美國公元2000年施政計畫，強調為所有孩子的學習建立穩固的基礎，其中特別重視閱讀和數學能力的提昇；英國公元2000年國家教育目標及核心教育目標，均訂定達成學科能力的特定人數比例及時程，並宣示英國未來教育發展的主要策略為奠定堅實的學習基礎，提昇國民基本學力。

紐西蘭1999/2000年教育發展預測報告，強調重視學生教

育成就及讀寫能力的培養；澳洲「邁向21世紀學校教育之國家目標」，亦主張應協助每一位學生充分發展其各項基本能力。

提昇學校教育成效

美國1998-2002年策略性教育計畫，重視改進教師教學與學生學習成就，柯林頓總統亦宣示將加強對辦學不力學校之督導；英國未來教育發展的四項主要策略之一，即為學校教育革新；紐西蘭除重視教育產出外，並強調學校教育的績效責任和品質保證；澳洲亦主張學校應提供高品質的技能基礎和學習成就。

建立教育夥伴關係

美國1998~2002年策略性教育計畫第四項內容，即為和家庭及社區建立教育夥伴關係；英國每六個月學生、家長和教師共同會面檢討及規劃學生未來六個月之學習計畫；紐西蘭教育部計畫加強和社區及家長的合作；澳洲則計畫鼓勵家長參與學校事務及與社區建立合作夥伴關係。

推展終身教育理念

美國2000年施政計畫中，主張確保民眾接受終身教育的機會；英國1999-2000業務計畫，即強調發展每一位英國國民對終身學習的承諾；紐澳亦主張學校教育應發展學生對於繼

續教育、就業和終身學習的積極態度。

重視教育行政機關行政效率的提昇

美國1998-2002年策略性教育計畫，特別強調提昇聯邦教育部的行政效率；英國則主張介入輔導績效不佳之LEA和學校；紐西蘭重視提昇教育部的行政效能，加強教育部各部門間之整合與內部資訊管理；澳洲亦強調重視績效責任及提昇行政效率。

結語

本文係引介英語系國家中，美國、英國、紐西蘭和澳洲等四國，公元2000年教育政策的主要內涵，並歸納其共同特徵與發展趨勢以為參考。惟因受篇幅所限，未能進一步與我國現行教育政策及其發展趨勢進行比較分析，然英語系國家的若干重點教育政策，亦正是我國教育政策的未來發展的重點。因此，可預見公元2000年，世界各主要國家的教育政策應有其共同的特徵與發展趨勢，各國也將為培養人才、提昇國家競爭力而繼續不斷地努力。

參考書目

中文部分

張明輝（民88），《學校教育與行政革新研究》。台北：五南。

英文部分

Department of Employment, Education, Training and Youth Affairs,DETYA(1999a).*The Adelaide Declaration on National Goals for Schooling in the Twenty-first Century*. Canberra, Australian: Department of Employment, Education, Training and Youth Affairs.

Department of Employment, Education, Training and Youth Affairs,DETYA(1999b). *Portfolio Budget Statement, 1999-2000*. Canberra, Australian: Department of Employment, Education, Training and Youth Affairs. 〔WWW page〕 URL http://www.deet.gov.au/budget99/pbs/Default.htm (visited Aug.7 1999).

Department for Education and Employment (1997). *Excellence in Schools*. London: The Stationery Office.

Department for Education and Employment,DfEE (1999a). *Department for Education and Employment 1999-2000 Workplan*.London: Department for Education and Employment.

Department for Education and Employment, DfEE(1999b). *CBI*

President's Reception Address. London: Department for Education and Employment.

Department of Education and Community Services (1998). *ACT Government School Plan, 1998-2000*. Canberra: Australian Capital Territory.

Ministry of Education, New Zealand (1998). *Strategic Business Plan, 1998-2001*.Auckland, NZ: Ministry of Education.

Ministry of Education, New Zealand (1999). *Developmental Forecast Report,1999/2000*. Auckland, NZ: Ministry of Education.

Olssen, M. & Mathews, K. M.(Eds.) (1997). *Education Policy in New Zealand: the 1990s and beyond*. Auckland: The Dunmore Press.

Office of the Press Secretary (1999). President Clinton Announces New Education Initiatives. 〔WWW page〕 URLhttp://www.whitehouse.gov/ WH/New/htm/19990121-5428.html (visited 8/29 1999).

U.S. Department of Education (1997a). *U.S. Department of Education Strategic Plan, 1998-2002*. Washington DC: U.S. Department of Education.

U.S. Department of Education (1999). *FY2000 Annual Plan Vol.1,Objective Performance Plan and Data Quality*. Washington DC: U.S. Department of Education.

危機中學生教育之另類選擇
—美國選替性教育之發展與現況

．．．．．．．．．．．．．．．．．．．．．．．．．．．．．．．．．．．．

◇吳芝儀◇

國立中正大學犯罪防治研究所助理教授

Abstract

While society is developing in multifaceted dimensions, the mainstream schooling system, which is intellectually-focused and knowledge-based, has faced the crisis of dissatisfying individual studen's special educational needs. Those who lack motivation to academic study are mostly under achievement and at risk of school failure.

Dropping out of schools is an increasingly serious problem in Taiwanese secondary schools. Actions to prevent dropout and subsequent delinquency have been taken into consideration. One is to provide at-risk students with alternative education that can bring constructive and challenging learning experience, expand opportunities of success, and raise students' self-esteem. It is expected that if all at-risk students can learn happily and productively in alternative schools, most criminal issues associated with school dropouts can be effectively resolved.

This article takes a glance on the initiation and current development of alternative education in the USA. Schools that provide alternative education for at-risk students or dropouts can be categorized into three major types: alternative schools, schools-within-a-school, bridge programs. From 1990s onward,

"Charter School Movement" has contributed to broadening alternative educators' horizon, on which base ongoing trials of educational reform are conducted.

In the light of the effective features of American alternative education, the adaptation in Taiwan's educational system is then discussed.

摘要

　　當前台灣中等教育體系中，學生中途輟學是一項令無數教育學者感到困擾的問題，所衍生的犯罪等危害社會治安的潛在威脅，更令人憂心忡忡。如何為在傳統學校體系中面臨失敗危機的青少年，提供更能符合其教育需求、激發其學習興趣的「選替性教育」，促使學生多方獲得成功的機會，進而增進自我肯定，不啻是當前社會邁向二十一世紀之前最重要的教育課題。本文旨在介紹美國選替性教育的發展與現況、內涵，以及類型，並歸納出有效選替性教育方案之特點，以提供我國政府教育部門為危機中學生或中輟學生發展選替性教育之借鑑，作為我國因應新世紀教育挑戰之一環。

前言

　　社會多元發展、家庭結構愈益鬆散之後，學校教育體系也面臨無法以單一學制符合全體學生需求的危機，愈來愈多的學生無法從以知識教導為主的傳統教育中獲益。無心唸書、缺乏成就動機的青少年，甚多處於低學業成就情況。這些面臨教育失敗危機（at risk of educational failure）的青少年，在學校中多出現學業成績不良、疏離、低自我肯定、充滿無助感等，是其後期發生偏差行為的徵兆，如未能及早加以輔導或採取矯正行動，逃學輟學、進而違法犯行即是可能的後果。

　　根據我國教育部訓委會彙整全台灣地區國民中小學中輟學生通報系統的統計資料，顯示八十六學年度與八十七學年度的輟學人次，佔所有在學人數的30%左右。此一數據著實令關心國內青少年問題的學者感到憂心忡忡。

　　另一方面，國內一項有關「中途輟學與青少年犯罪」的研究報告證實，在接受其調查的218名犯罪青少年當中，有65%的犯罪青少年曾有過輟學經驗，更有90%受訪的犯罪青少年對中途輟學會導致犯罪表示贊同（商嘉昌，民84）。法務部曾針對全國九所主要少年矯正機構收容學生進行調查，顯示有四分之三的犯罪少年在犯案時正處於離校輟學階段。而在最近一項由國科會支持針對暴力犯罪少年所進行的調查中（蔡德輝等，民88），亦發現暴力犯罪少年在進入矯正機構前有高達67.4%的比例經常不到校上課。因此，妥善處理青少年

逃學（truancy）或中途輟學（dropout）的問題，是預防犯罪高危險群學生因浪蕩街頭、無所事事以致違法犯罪的重要方法之一。

在美國，學生因中途輟學所衍生的社會問題，亦甚為棘手。根據一份對美國中輟現況的統計報告（Kunisawa, 1988）指出，全美平均有25%的學生無法完成十二年的義務教育，有十州的中輟率更超過35%，而賓州、芝加哥、紐約，以及波士頓等地的中輟率更是超過40%。有鑑於中輟學生對社會治安的潛在性威脅，美國的內政、法務，以及教育部門無不聯手積極推展「中輟防治方案」（dropout prevention programs），以多元面向的聯防行動，有效遏阻青少年中途輟學的可能性、降低逃學或被退學的學生人數，期能顯著控制青少年犯罪的情況。而由教育機構針對中輟學生的特別教育需求，設計革新性的「選替性（另類）教育」（alternative education），毋寧是最能統合各項聯防行動的關鍵。因此，如何能針對危機中青少年的特殊教育需求，提供有別於傳統以習得基本學術技能為主的「選替性教育」，促使學生藉由從事於有趣且富挑戰性的學習，以多方獲得成功的機會，進而增進自我肯定，不啻是當前社會邁向二十一世紀之前最重要的教育課題。

選替性教育之目標與內涵

美國教育學者莫利（Morley, 1991）主張：「選替性教育

是一類觀點（perspective），而不僅只是一項程序或方案。其所依恃的信念是有許多方法可以使人受教育，也有許多類型的環境和結構，可以使教育在其間發生。此外，它更體認到所有的人都可受教，而社會亦關心如何使所有的人能接受至少高中程度的教育。爲達成此一要求，我們即提供各式各樣的環境和結構，以促使每個人都能找到充分舒適的環境，以促使其進步發展。」基於此一多元化學習機會的教育理念，學校即有責任創造另類的學習環境，以滿足學生的不同需求，而非要求學生順服於特定的教育環境。不同的學生可以相當不同的方式來達成對他而言最佳的學習成果，因此選替性學校的形式可以五花八門，幾乎涵蓋了所有教育上的可能性。

選替性教育的基本目標，即在於爲在傳統或一般正規教育體系中無法獲得成功經驗或面臨教育失敗危機的學生，設計不同於傳統教育模式的另類學習情境，提供創新性的教材教法與其他經驗性學習方案，使學生在學校中愉快的學習和成長，促進學生在社會（social）、情緒（emotional）、體能（physical）、心靈（spiritual）、智能（intelligent）等方面的全人發展，協助青少年學生成爲社會中具建設性的成員（Morley, 1991）。

職業教育或課業以外的各類學習經驗，在這些爲危機中學生規劃的選替性教育方案中，扮演著增進學生成功經驗與自我肯定之機會的重要角色。使處在教育失敗危機中的中輟學生，不致因課業上的挫折，而全盤否定了教育的價值，拒絕了繼續接受教育的機會。另一方面，如果所有危機中的青

少年都能獲得眞正適合其需要的多元化教育機會，在校園之內愉快而輕鬆的學習，激發更多的潛能，獲得自我肯定，如此將能化解許多由無所事事、結夥聚眾的中輟學生所導致的犯罪問題。

美國選替性教育之發展

相當關心選替性教育之發展的美國學者Raywid（1998）對選替性學校的歷史曾有一番探討，認爲美國第一所以「選替性」（alternative）爲名的學校，始自1960年代的私立學校體系，再逐漸擴展至各州的公立學校體系，但仍以設立於郊區爲主，提供在傳統學校中無法獲得成功機會的學生另類教育機會。

Young在其1990年出版的《公立選替性教育》（*Public Alternative Education*）一書中，對美國選替性教育之發展與沿革有相當豐富而詳盡的記述。他認爲美國晚近公立學校體系的革新，始自二次世界大戰之後，爲求有效抗衡蘇聯的科技優勢，故要求公立學校提供以學術爲導向的標準課程，來培育優秀的人才以因應國家的人力需求。1960年代有學者開始質疑公立學校教育體系是塑造學生去符合國家的需求，而非藉由道德與知識教育來提昇個人的成長，於是在學校中較不成功的學生，逐漸與學校和社會疏離甚至發展出負向的自我感（negative sense of self）（Friedenberg, 1959; Goodman, 1964a, b）。Holt（1964; 1967）則批判學校的標準課程，使得

學生依賴老師給予標準答案，而喪失了省察性和好奇心。另外，如學者Riessman（1962）、Weinstein和Fantini（1970）等人亦強烈主張奠基於中產階級價值的學術與認知導向課程，並無法符合許多其他社會階級或經濟不利之學生的需求，故學校教師應致力於發展選替性學校方案或教學策略，來協助不同族群的學生。

於是，最初由非公立教育體系發展出來的「自由學校」（free schools），開始為1960年代的教育尋找新的方向，主張兒童具有與生俱來的智慧，只要學校能提供學生多樣化的選擇，學生即可以獲得最佳的成長發展。教師是協助學生自由學習的引導者，但不以權威的方式強迫學生的學習進度（Neill, 1960）。而此一教育理念亦為1960年代晚期「公立選替性學校」（public alternative schools）的萌芽播撒下一粒最重要的種子。

1960年代晚期和1970年代早期之間，許多倡導教育革新者更積極設立「開放學校」（open schools），推展「開放教育」（open education）。如Featherstone（1967）主張兒童應以自己的速度來獨立學習，並依據個人的進步情況來評量，避免和別人的表現競爭。學生可以選擇所要學習的科目，教師的功能是協助學生的學習，而非扮演知識權威的角色來控制學生的學習。開放式教育普遍倡導兒童中心的學習導向，強調以具體的學習經驗和實際操作的活動來激發學生的學習興趣。雖然，1960-1970年代的開放教育大多數是以小學教育作為實驗所，但也有數所開放學校在各州的中等學校設立。

1970年代早期，美國印第安那大學（Indiana University）

的學者Smith，Burke和Barr等人著手在全美尋找可以讓學生在師生和睦相處的氣氛下愉快且有效學習的「好學校」，結果發現上百個擁有極高評價的好學校，有些共通的特點：如學生和老師均自行選擇在該學校教或學；其組織形態截然不同於傳統學校，且彼此有極大個別差異；這些學校多半奠基於某一特定的教育哲學理念；為符合其所服務的學生需求而特別設計與規劃課程方案等。稍後，印第安那大學組織了一個名為「公立教育的選擇」（Options in Public Education）之機構，出版《改變中的學校》（*Changing Schools*）通訊刊物，並著手為選替性公立學校培育所需師資，且舉辦無數次有關選替性學校之研討會，並進行有系統的評估研究。1980年代之後迄今，教育界對校園暴力與危機中學生的關注，則更將選替性學校運動推向嶄新的境界（Young, 1990）。

與傳統公立學校所不同的是，這些選替性學校並不企圖為所有學生服務，而係為符合特定族群學生的教育需求所設計，這些特定族群包括：中輟學生、有中輟危機的學生、職業導向的學生，以及資優學生等。由於選替性學校所服務的學生多為不適於主流教育體系的「小眾」或「分眾」，因此選替性學校的形態亦是五花八門，各有其依循的教育哲學理念或特別設計的教育方法，其中較為吾人熟知的有下列數項：

無圍牆學校

1969年賓州（Philadelphia）成立了第一所無圍牆學校（schools without walls）Parkway School，提供學生以社區為基礎的學習經驗（community-based learning experiences），教

育場所廣及於當地的許多工、商、或社區機構，並由社區人士來擔任教育人員。學生以修學分爲主，打破了年級的限制。學校中每位導師則負責十六位學生的英、數等基本技巧的教導和個別諮商工作。此一無圍牆學校具體實現了許多教育改革者的夢想，被視爲公立選替性學校的象徵。

學校中學校

學校中學校（schools within a school）係將大型綜合高中區分爲較爲可管理且人性化的單元，例如，1969年麻薩諸塞州（Massachusetts）的Pilot School即是在一所傳統綜合高中內設立，爲二百名有適應困難的學生在非正式學習氣氛下，提供跨文化的教育。而1972年設於伊利諾州（Illinois）的Quincy II High School則爲全校1500名學生分別設立了七所學校中學校，並爲符合不同學生群的學習風格和興趣設計了不同的教育方案，例如，傳統教育、生涯導向、特殊教育、藝術課程、工讀課程，以及彈性時制。

多元文化學校

多元文化學校（multicultural schools）顧名思義即是服務具有不同宗教或種族背景的學生，其課程強調文化多元主義（cultural pluralism），涵蓋各種族的語言、文化、飲食或藝術等課程，並重視人群關係的學習。

繼續學校

繼續學校（continuation schools）係為有行為問題的學生——例如，中輟學生（dropouts）、潛在中輟學生（potential dropouts）、懷孕學生（pregnant students）或育兒青少年（teen parents）等危機中學生——所特別設計，提供較不具競爭性且更個別化的學習經驗，以個人持續進步情形來評量，並多涵蓋行為改變方案。

學習中心

學習中心（learning centers）係結合當地的資源，為不適應的學業不利學生，提供職業和技術導向的學習經驗，強調生涯覺察和準備等。

根據Barr（1975）對公立選替性學校的調查研究，發現全美各州在1970至1975年間共設立了超過1,000所的公立選替性學校，其中以「繼續學校」、「學習中心」、「學校中學校」、「開放學校」等佔較大多數。

1970年代中期之後，公立選替性學校有更多元的選擇，例如，以回歸「教師導向基本學科課程」為號召的「基礎學校」（fundamental schools），以及以促進種族融合為目的、且作為教育體系反種族隔離前鋒的「磁石學校」（magnet schools），均以其特定的課程主題，吸引了許多志同道合的教育工作者，而關心子女教育的父母也紛紛將子女送到符合其價值體系的學校。因此，到了1980年代，選替性教育在美國

公立教育體系中，已佔有重要的一席之地。Raywid（1981）曾估計當時全美各州已有超過10,000所公立選替性學校爲學生提供多樣化的選擇，其中以「學校中學校」型態經營者佔多數，而有相當多學校是以收容中輟或潛在中輟學生爲主的「繼續學校」。Young（1988）對華盛頓州選替性學校的調查，發現有53%的受訪者認爲選替性學校主要係收容「低成就者」或「違規犯過者」。可見，選替性學校已逐漸被視爲是爲不適應於傳統教育體系之低成就學生或違規犯過學生所設計的教育形態。

　　無論學生對學校教育失去興趣是因爲過度激烈的競爭、機會不均等、不滿教師或行政人員的對待或對課程不感興趣，傳統公立教育無法滿足許多學生的教育需求已是不爭的事實。1980年代中期之後，由於「中輟防治」成爲全美各州教育上的最重要議題，各州陸續立法明訂爲危機中學生提供各類選替性方案、育兒青少年方案（teenage parents programs）、物質濫用方案（substance abuse programs）、或訓育方案（disciplinary programs）等（Varner, 1998）。茲將各州情況略述如下：

　　1.加州（California）：加州於1985年通過立法，要求各學校區（school districts）須致力於將學生留在學校中，降低學生缺席、逃學或中輟率，並協助中輟的學生復學。

　　2.佛羅里達州（Florida）：於1986年立法鼓勵地區學校委員會設立綜合性的「中輟防治方案」，包括選替性教育方案、育兒青少年方案、物質濫用方案、青年服務方案等，服務四至十二年級的所有學生。

3.伊利諾州（Illinois）：於1985年立法，藉由診斷、處遇及補救服務，以預防學生變成慣性逃學者或中途輟學，並為有教育失敗危機的學生提供多元化的教育選擇。

4.馬里蘭州（Maryland）：1988年立法提供地方教育經費，以發展和運作綜合統整性的中輟防治方案，結合學校體系、就業訓練機構及其他地方資源，共同服務面臨教育失敗危機的學生。

5.紐約州（New York）：為因應紐約的高度中輟率，「自由夥伴方案」（Liberty Partnerships Program）設立於1988年，其目的有二：第一，辨認出有中輟危機的學生，第二，為這些學生提供服務，以協助其完成高中學業、或進入工作市場。

6.德州（Texas）：1987年首度通過立法，要求各學校區為有中輟危機的學生提供補救性和支持性的教育方案，並由德州教育局（Texas Education Agency）負責推動中輟防治方案、中輟資料蒐集系統、中輟資訊庫等，並授權各學校區實施選替性教育方案及直接處遇方案等。

另一方面，許多民間機構對於推動「中輟學生的教育與輔導」運動上不遺餘力。例如，1986年於南卡羅萊納州（South Carolina）成立的「全國中輟防治中心」（National Dropout Prevention Center），是由一群商業、教育、政策相關民間機構組織而成，並與克連森大學（Clemson University）維持合作關係。其創立宗旨係藉由促進學校、社區中公—私立機構的合作夥伴關係，而有效降低美國中輟學生率。該中

心創始於1989年的一項「生活選擇方案」（Lifelong Options Program），試圖在中學層級教育中，以不同於傳統正規教育體制的方式，整合學術、職業教育與選替性方案，為危機中學生提供多樣化的學習經驗，使其能順利進入就業市場或為中學畢業作準備。

美國選替性教育之現況

　　由於處在教育危機中的學生在學業上或基本學術技能上的表現常顯著落後，因此，如何能有別於以習得基本學術技能為主的傳統教育體制，特別針對危機中青少年的特殊教育需求，提供選替性教育，促使學生藉由從事有趣且具挑戰性的學習，激發其潛能，以多方獲得成功的機會，進而增進自我肯定，不啻是當前社會邁向二十一世紀之前最重要的教育課題。美國「危機中學生教育研究所」（National Institute on the Education of At-risk Students）是美國聯邦教育部（U.S. Department of Education）於1994年所設立的機構之一，設立宗旨即是致力於改善處在教育失敗危機中學生的教育，在「讓人人都能獲得成功經驗」（Success for All）的大前提下致力於推動教育改革。

　　1990年代以後，選替性學校更已演變成許多革新性教育理念或教學方法的最佳試驗場。而選替性學校成功地留住許多不適應於傳統教育體系的學生，也使得選替性教育所服務的學生擴及於少年司法體系（juvenile criminal justice），並作

爲中輟預防及校園暴力預防的重要手段。例如，路易斯安那州（Louisiana）於1994年教育法中規定被學校退學和休學超過十天以上的小學及中學學生均須參加選替性教育方案，在高度結構或控制性環境中，例如，「野外訓練營」（boot camps）或「法庭學校」（court schools），提供不同於傳統的教材教法，以促使在傳統教育環境中缺乏動機、缺乏成功機會的學生有獲得高中文憑的機會。德州（Texas）則在1995年立法要求公立學校體系須爲退學、休學，以及刑事司法體系中的犯罪少年（young offenders）設立選替性教育方案，課程內容須切合這些學生的教育和行爲需求，並提供督導和諮商服務（Aronson, 1995）。

一般而言，選替性教育所服務的對象，主要是爲初中及高中階段12-20歲的青少年，多因在傳統學校情境中遭遇困難，已從學校輟學或有輟學的潛在可能性。包括：中輟學生、幫派成員、犯行青少年、藥物濫用者和已育兒青少年等（Heger, 1992）。

此外，根據美國佛羅里達州（Florida）1986年所實施的「中輟防治法案」（Dropout Prevention Act）規定，這些學生須符合下列的條件：

◇在傳統學校中缺乏學習動機或無法獲得成功的學生，包括：留級、高缺席率、低學習成就等。方案須提供個別化教學情境。

◇懷孕或已生子的學生。除學科學習外，尚須提供健康照顧、親職課程、兒童照顧，以及社會服務等。

◇個人或家庭有藥物或酒精濫用問題的學生。方案須包

括藥物戒治處遇或諮商等。

◇在正規學校環境中違規犯過的學生。方案須提供行為
　改變、社會技巧或情緒管理等。

綜覽美國當前公立教育體系中，為已輟學或瀕臨輟學邊
緣的中學階段青少年提供選替性教育的學校，主要可歸納
為：選替性學校（alternative schools）、學校中的學校
（schools-within-a-school）、橋樑方案（bridge programs）等
三大類型，多接受政府教育當局或民間機構的教育補助。

選替性學校

以獨立的全校全年級模式進行選替性教育之小班教學：
師生比約為1比10，重視學生在認知、情緒和心理行為各方面
發展。

強調個別諮商與彈性時間課程，廣泛運用獨立學習、電
腦輔助教學、視聽教材、戶外教學、角色扮演、班級討論、
職業訓練、探險經驗等，以及社會技巧發展活動、個別和小
團體諮商方案。

教導工作訓練技巧、就業技巧、藥物濫用防治教育、及
法治教育等。

聯結學生在社區中各式各樣的學習經驗。善用社區的商
業、文化、市政或政治資源，學生平均在一週之內須參與20-
32小時的社區學習經驗。

學校中的學校

在學校中設立特定班級（例如，資源班），且於正規學校時間之外協助並教導危機中青少年。

方案劃分成數個階段，如果學生能循序漸進地通過所有的階段，將回歸到主流學校中就讀。

目標在於促使危機中青少年能成功地轉移至一般高中就讀，促進學業水準及學校出席率、發展合作和建設性行為、為就業作準備，及降低中輟率。

課程內容包含：學業／職業活動、密集性諮商服務、親職教育、工作經驗、暑期加強課程，及彈性的課程時間表，使所有參與者均能完成高中教育。

橋樑方案

通常由民間機構所主導的橋樑方案，半天在學校上課、半天以探索性職業課程為主，上課時間可在傍晚進行，以配合學生的日間工作。

通常由正規學校授與中學文憑，以避免學生在學習過程中背負特殊標籤。

在某些學校中，特別規劃了橋樑課程（"Bridge" curriculum），主要提供數學與閱讀能力的補救教學，並教導電腦和生活技巧，以協助學生銜接正規教育的學習。

強調自我肯定、領導訓練、個人責任、生涯覺察、目標設定、時間管理、衝突解決、求生技巧、溝通和社區資源的應用等。

　　這些選替性學校的形式，在九○年代的美國如火如荼地推動教育改革之後，又出現更多采多姿的變革。明尼蘇達州和加州率先於1991／2年通過立法，開放教育體系，容許對教育充滿熱忱的有識之士，與地方教育局訂定合作契約，接受政府委託開辦「委辦學校」（charter schools）。委辦學校可不拘形式，通常只要一地區能募集三十位以上學生、覓得適當教育場所，即可爭取教育局的簽約支持，且可不受嚴格教育法令的約束。教師、家長、學生或社區成員均可因志同道合而設立一所委辦學校，提供多元、彈性的課程或方案，以適合當地學子的特殊教育需求。於是，許多委辦學校如雨後春筍般蓬勃發展，以迷你型、公辦民營的公立學校姿態，成為各項革新性教學方法的最佳試驗場，為選替性教育擴展了更大的空間。晚近，美國各州更由於方興未艾的「委辦學校運動」（charter school movement）之推波助瀾，促使許多傳統學校在政府教育資源的強力挹注下，紛紛改制為提供危機中學生選替性方案之委辦學校。

　　綜合而言，許多為危機中青少年或中輟學生所開設的選替性學校，除教導學生聽、說、讀、寫等基本學習技巧之外，更強調多元化的各類學習經驗，包括：生活技巧、人際社交技巧、問題解決、社區參與、職業或技藝訓練、就業技巧，以及工作經驗等，使學生能多方獲取成功的機會；並廣泛提供個人、生涯或家庭等諮商服務，以協助學生從這些有

價值的學習經驗中自我成長，進而達成自我肯定與自我實現。而父母、教師、諮商師、社工師、職業以及技藝督導、社區工作者、觀護人等各類人員，以及政府—民間機構的協同合作，共同擔負了力挽中輟學生於狂瀾之中的重責大任，以減少社會為青少年犯罪問題所付出的鉅額社會成本。

此外，在學者Raywid （1990）的報告中亦曾歸納了三類選替性方案：

真正的選替性教育（true educational alternatives）：基於所有學生在適當的教育環境下均可學習的假定，此類方案致力於使教育或學習環境符合學生的需求，以協助其獲得成功的學習經驗。學生停留在此類方案中的時間較長，甚至直到畢業。

選替性訓育方案（alternative discipline programs）：此類方案係為違規犯過學生（disruptive students）所設計的「最後機會」（last chance）方案，重點在於行為的改變，以協助學生回歸其傳統學校或班級。

治療性方案（therapeutic programs）：此類方案亦假定有嚴重偏差行為的學生必須加以改變，始能在傳統學校中獲得成功經驗，故須藉由諮商或治療性方案來促進學生行為的改變。

根據Raywid的文獻探討發現，第一類方案—真正的選替性教育—最具成效，而以行為改變策略為主的選替性訓育方案最難維持學生的學習成效。治療性方案中的學生則在方案

中有很大進步，一旦回歸傳統學校卻又會退步。

　　然而，長期性的方案是否較具成效，基本上是見仁見智的問題。如果選替性學校能為學生提供充分的支持，並協助其發展有益的溝通和表達技巧，將有助於學生順利轉換至一般正規學校就讀，部分學生甚至可因此而在一般學校中建立自信和成就感。故學生在選替性教育方案中停留時間之久暫，須取決學生的需求及其個別差異，並保留轉換上的彈性，並以學生的選擇意願作為考量評估其是否回歸傳統學校之依據。一個提供真正選替性教育方案的學校，實應在教育環境、組織結構、課程內涵、教材教法、訓育措施、輔導策略、師生關係等各方面加以調整改變，以為學生締造愉快的學習經驗，切合學生的學習需求，並為學生創造成功的學習機會，協助學生達成自我潛能的實現。

選替性教育方案之特點

　　美國為有中途輟學或教育危機的學生所開創或設計的選替性教育方案，雖然五花八門各有不同的面貌，且多提供有各類因地制宜的教育或輔導措施，並無一定的標準或規範。但綜合以上數項成功或有效的選替性教育方案，仍可大致歸納出一些共通的有效因素或特點。

　　教育學者Finn（1989）探討為危機中學生所設計的選替性方案，歸納出三項成功方案的主要內涵：

組織層面（organizational components）：

◇低度生員比，可將資源集中於少量的標的群體。
◇環境不同於傳統學校。
◇與社區機構的聯繫，含商業、社會服務、少年司法體
　系和心理健康中心。
◇公平合理的訓育管理政策。
◇學生參與學校的決策歷程。
◇提供教職人員和危機中學生溝通方法的在職訓練。
◇為不同類型？輟學生設計不同的方案。
◇學校結構的重組，發展科際整合的團隊。

教學層面（instructional components）：

◇改進出席率計畫。
◇生涯發展和職業探索，以作為未來就業選擇的基礎
◇提供支持性的環境，切合個人需求和能力。
◇合作學習和同儕指導。
◇電腦輔助教學。
◇廣泛的教學技術。
◇多元化與統整性的課程。
◇廣泛且多樣的課程教材。
◇加速學習，獲得和同儕相當的學術技能。
◇連結學校和生活經驗的積極科際整合計畫。

人際層面（interpersonal components）：

◇教職人員須有敏銳和關懷的特質，有意願協助危機中

學生，並對其具有正向的態度。

◇締造支持性的環境氣氛。

◇發展學生的自我肯定及對學習的正向態度。

◇增進和成人非正式互動的機會。

◇發展學校中的社群感（a sense of community），促進學
　生對學校的認同。

◇與文化多樣性的族群合作學習。

◇父母和社區的參與。

◇個別和團體諮商。

　　Jacobs（1995）亦曾審慎評鑑德州（Texas）為中等學校
危機中學生所開設的選替性教育方案，並歸納有效方案的主
要內涵及特質為下列數點：

◇學校、少年司法體系、心理衛生體系，以及其他社區
　福利機構應協同合作，以發展選替性教育方案。

◇少年觀護所、教育部門、青少年輔導會等機構應與就
　業或職業訓練局合作，為青少年受刑人發展選替性方
　案。

◇進行學生之需求評估，瞭解學生的教育和輔導需求。

◇選擇具備能和學生發展適切情感和關係技巧的教職人
　員。

◇提供教職人員多樣性的專業訓練和促進其專業成長。

◇低度的生員比，通常為10比1，不超過15比1。

◇成功的選替性方案包括由教職人員提供的密集性諮商
　、社會服務、社區和志工督導、同儕指導，以及在學

校內外對學生的關懷性監督等。

◇方案須涵蓋學生的技巧評估和短期、長期目標,以確保教育方案的有效性。

◇方案須依據當地學生的需求和發展目標而彈性調整。

◇方案須提供教育課程、職業課程、技巧訓練、支援服務、特殊教育,以及其他學生所需的服務。諮商和衝突解決技巧等特殊需求,須藉由個別化及革新性的課程來達成。

◇課程教材須切合學生的興趣,及其生活環境和社區的經濟、社會現實。

◇教師須對學生行為改變抱持高度期待,且對學生的學業成就有強烈但彈性的期許。

◇父母家長須參與其子女之教育活動。

◇方案須包括特定且可加以評量的目標,例如,出席率、學生違規行為、學生和少年司法體系之聯繫、學習進步情況等。

◇教育部門對選替性方案中學生之表現能有定期的評鑑和督導,提供教育經費和技術援助,從事長期性的教育研究,以探討選替性方案在促進學生學習成就、降低少年犯罪和校園暴力、降低再犯率、協助學生回歸一般學校和社區等方面的成效。

　本文根據文獻探討將多位學者的研究結論加以彙整(Butchart, 1986; Jacobs, 1995; Kershaw & Blank, 1993; Morley, 1991; Raywid, 1994),並詳細審視多個有效實施選替性教育方案的學校實例,歸納出成功的選替性教育方案實係具有下列許多共通的特點:

在組織結構（organizational Structure）方面：

◇低度生員比：選替性學校和班級均為小型，理想的生
　員比為10:1或更小，但不超過15：1。

◇相對自主性：大多數成功的選替性教育方案在行政程
　序上具有一定的自由度，教師或學生可參與學校的管
　理和決策。

◇彈性的時制：以中輟預防並銜接中學教育為目的的選
　替性方案，可開設於日間、夜間或暑期，提供已有工
　作的中輟學生另類學習機會。學生在選替性學校中的
　學習時間，約有一半接受各基本學科的教學，另一半
　時間則接受職業訓練課程、生活技巧課程，以及個別
　或團體諮商等。

◇良好的學習環境：選替性教育方案或者實施於傳統學
　校的僻靜地區，或者座落於幽靜且交通單純的地點，
　以提供學生良好的學習環境。

◇合理的訓育措施：選替性學校多有一套公平合理的訓
　育措施，具體提出對學生出勤與行為表現之要求，並
　考量學生特殊狀況而做彈性調整。教師以公平且一致
　的態度執行訓育管理。

◇明確的方案目標：選替性方案多包括特定且可加以評
　量的目標，例如，出席率、學生違規犯過行為、學生
　和少年司法體系之聯繫、學習進步情況等。

◇教師的在職訓練：選替性學校之教師多被要求參與在
　職訓練課程，學習和危機中學生有效溝通的方法。學
　校則提供教職人員多樣性的專業訓練，並促進其專業
　成長。

◇父母與社區參與：選替性方案多強調父母參與、社區
　參與，並爲其提供基本的健康和社會服務。
◇與社區機構聯繫：選替性學校多和社區相關機構保持
　協同合作之關係，包括：工商業機構、社會福利機構
　、少年司法體系和心理健康中心等。

在學校文化（school culture）方面：

◇主動參與的選擇：參與選替性方案的學生、教師、和
　工作人員多係主動選擇進入該學校就讀或教學，對學
　校具有高度的參與感。教職人員須有敏銳和積極關懷
　的特質，有意願協助危機中學生，並對其具有正向的
　態度。
◇溫暖關懷的關係：選替性學校多致力於締造支持性的
　環境氣氛，建立師生間與同儕間溫暖、關懷的關係，
　以協助學生能在安全信賴的氣氛中，獲得充分發展與
　成長。
◇教師角色的擴展：教師並不僅是教師，更且是學生的
　顧問、督導、和諮商師。學生和教職人員間有許多非
　正式互動的機會。
◇教師的高度期待：教師對學生的行爲改變和學習表現
　具有高度的期待和信心，但順應學生的需求和實際狀
　況而保持彈性。
◇建立社群認同感：選替性教育方案致力於在教師、工
　作人員、和學生間建立社群感，以促進同盟關係，促
　進學生對學校的認同。

在課程和教法（curriculum and instruction）方面：

◇課程目標與內涵：選替性學校聚焦於學生的智能、體能、社會、情緒，和心靈等各層面，發展學生的自我肯定，以及對學習的正向態度。課程主要包含：學術（academic）、職業（vocational）、生活技巧（life skills）與諮商（counseling）等四大核心內涵。強調基本學習、工作技能、生活技巧、個人發展和行為改變。

◇革新的教材教法：選替性方案賦予教師為學生設計教材與教法的彈性。教學策略涵括：個別學習、合作學習、小組教學、同儕指導、教導多元智能、電腦輔助教學等。

◇適切的學習評量：選替性方案多涵蓋習得技巧與學習表現的評估，為個別學生擬定短期或長期發展目標，以確保教育方案的有效性，並依據學生的需求和目標而彈性調整方案內容。

◇經驗性學習活動：選替性方案提供職業技能訓練及強調生涯發展和職業探索等多元化的經驗性學習活動，使學生在校所學能與未來生活和工作連結，以作為未來就業選擇的基礎。

◇適應個別差異：許多選替性方案會為不同類型、不同發展程度及不同行為問題的中輟學生設計不同的學習或諮商方案，以切合其個別之學習或輔導需求。

在諮商與服務（counseling and services）方面：

◇個別或團體諮商：諮商方案是多數選替性教育的核

心，協助學生處理其成長發展中所面臨的難題，舉凡自我肯定、情緒管理、憤怒控制、社會技巧、衝突解決、價值澄清、道德推理、藥物戒治、生涯規劃等均是常見的諮商焦點。

◇家庭諮商或親職教育：成功的選替性方案多特別為學生家長設計父母成長團體或親職教育課程等，或為互動功能不良的學生和家長進行必要的家庭諮商。

◇社會與健康服務：成功的選替性方案多安排有社區和志工督導、同儕指導，在學校內外給予學生關懷性的輔導等。許多方案亦提供學生所需的特定服務，例如，親職技巧、日間看護、和健康服務等。

◇統整性的全人輔導：選替性方案提供另類學習情境，整合一般學科、職業技藝課程、生活技巧課程與心理教育課程等，促進學生在智能、體能、社會、情緒、心靈等方面的全人發展與成長。

結語—借鑑美國之選替性教育經驗

我國政府教育部門已著手為日益嚴重的中輟學生問題，提出因應之道，從八十八學年度開始將設立數所獨立式、資源式、學園式或合作式的中途學校，收容不適應於現有教育體系或已從一般學校中輟學的學生。我們更深切期待的是，教育部門能進一步整合國內當前教育、輔導與犯罪學者，成立「選替性教育規劃委員會」，為中輟學生精心規劃能兼顧學業、生活、技藝、諮商服務等多元化的教育課程及輔導方

案，並進行長期而持續性的實地研究，有系統地評估選替性教育方案的實施情形及其成效。

此類以為中輟學生創造愉快學習經驗及獲得成功機會為目標的選替性教育方案，應強調下列數項重點：

以中輟學生之學習需求為本位

為不適應於傳統教育體系之中輟學生而特別設置的選替性學校，在學校設施、課程內容、學習活動、教學評量等方面均應有創新性的做法，致力於以多元、開放與彈性的措施，使所有學生均能獲得愉快、充實、有成就感的學習經驗，進而肯定自己的能力與價值，達成教育的最終目的─自我實現。

化解現有學校體系的結構性障礙

台灣當前教育體系的明顯弊病，例如，學制缺乏彈性、以能力標籤學生、以考試決定成敗、課程內容狹隘、缺乏支援服務、學業成績至上等造成學生挫敗學習經驗的結構性障礙，均應在選替性教育方案中提出因應的措施，促使許多障礙消弭於無形。例如，以彈性的修業規定銜接主流教育體系、以創新性的教學與評量方法激發學生的潛能、以多元化且生活化的課程內容創造快樂的學習經驗、以個別與團體諮商服務解決學生生活中的難題，並以充實的生涯教育與實習工作經驗，以促進學生的自我肯定。

注重「教育即生活」的內涵

　　教育的範疇應擴展至生活技巧、心理與情緒、公民與法治、運動與休閒、生涯與職業、戲劇與藝術，甚至實習工作與社區服務等，將學生會在未來生活中面臨而現在「學校沒教的事」減到最少。使教育的內涵能充分反映現在與未來生活的內容，使學生能學到生活中真正有用的知識。這些多樣性的學習經驗，因目標在於激發學生的潛能、提昇自我肯定，其學習成果將由多元化的工具與方式來評量。避免使學生以成敗論英雄，扭曲了自我概念。

促成家長與社區的積極參與

　　由於家庭的功能不健全是造成青少年產生偏差行為或違法犯罪的一大根源，在以寄宿式學校形式隔離家庭危險因子的同時，亦要求家長須擔負起基本的親職責任，與學生共同參加「家庭與親職教育」課程或接受家庭諮商，並鼓勵家長積極參與學校教學或學習活動。使家長能瞭解子女在成長發展中的難題，並學習與子女建立良好的親子關係。

提供諮商與其他支援服務

　　選替性教育方案可要求學生皆須接受諮商服務，並視為正式課程之一。由於學生平日將寄宿於學校中，有較多時間可接受學校諮商師所提供的個別或家庭諮商，並參與自我探索、潛能開發、情緒管理、社會技巧學習、道德推理、生涯規劃、家庭重塑、藥物戒治、行為改變等諮商團體活動。學

校社工師則進行家庭訪視，提供重建家庭功能所需之援助服務。

致力科際整合與團隊合作

選替性教育方案的工作人員除合格中等學校教師外，須網羅跨學科領域的專業人員，提供教學外的其他專業協助與輔導服務。期能以多元化的角色楷模，為學生提供日常生活中所需的正向學習經驗，並示範彼此尊重的團隊合作努力。

近年來，國內各縣市已有專為收容因家庭變故或父母離異而瀕臨中途輟學學生的「慈輝分校」之設立，以關懷、尊重、信賴的積極教育理念，協助那些因種種不利因素而自暴自棄的孩子，重新在各類技藝訓練中充分地體認到自己的能力和存在的價值，重拾對人生的璀璨夢想。然而，目前的「慈輝分校」並未能同時關照到因父母或教師管教困難而有嚴重偏差行為的中輟學生之教育與輔導需求，以至於此類嚴重偏差行為的青少年仍隱身在一般校園或社會陰暗角落，成為校園暴力或社會治安的不定時炸彈。有鑑於此，我們亟需將「把中輟學生找回來」化為更積極更具體的教育改革行動，籌設專門收容所有不適應於現有教育體系之中輟學生的「選替性學校」，設計學業、生活、技藝、諮商服務等多元化的課程或方案，規劃適切的教育及輔導策略，建構最理想的教育及輔導服務網絡，為這些學生創造愉快的學習經驗，以協助他們發展自我潛能、提昇自我肯定、達成自我實現。

參考書目

中文部分

吳芝儀（民87），中輟學生的另類選擇學校，《職教園地》，
　　第22期，11-15頁。
商嘉昌（民84），《中途輟學與青少年犯罪：以新竹少年監獄
　　爲例》。國立政治大學社會學研究所碩士論文。
蔡德輝等（民88），《青少年暴力犯罪成因與矯正處遇對策之
　　研究》。國科會研究報告。編印中。

英文部分

Aronson, S. R. (1995). Alternative Learning Environments. *Insights*, 6.

Barr, R. D. (1975). The growth of alternative public schools: The 1975 ICOPE report. *Changing Schools*, 12, 9.

Butchart, R. E. (1986). Dropout prevention through alternative high schools: A study of the national experience. New York: Elmira Board of Cooperative Educational Services. *ERIC Document Reproduction Service* No. ED 273 872.

Featherstone, J. (1967a). How children learn. *The New Republic*, 157 (10), 17-21.

Featherstone, J. (1967b). Schools for children. *The New Republic*, 157 (8&9), 17-21.

Featherstone, J. (1967c). Teaching children to think. *The New Republic*, 157 (11), 15-19.

Finn, J. D. (1989). Withdrawing from school. *Review of Educational Research*, 59, 117-42.

Friedenberg, E. Z. (1959). *The vanishing adolescent.* New York: Dell.

Goodman, P. (1964a). *Compulsory mis-education and the community of scholars.* New York: Vintage

Goodman, P. (1964b). *Growing up absurd.* New York : Random House.

Heger, H. K. (1992). *Retaining Hispanic Youth in School: An Evaluation of a Counseling-Based Alternative School Program.* Paper presented at the Annual Conference of the Rocky Mountain Educational Research Association.

Holt, J. C. (1964). *How children fail.* New York: Delta

Holt, J. C. (1967). *How children learn.* New York:Dell

Jacobs, B. G. (1995). Summary for recommendations for alternative education. *Texas Study of Secondary Education*, Vol. IV.

Kershaw, C. A., & Blank, M. A. (1993). *Student and educator perceptions of the impact of an alternative school structure.* Paper presented at the Annual Meeting of the American Educational Research Association, Atlanta, GA.

Kunisawa, B. (1988). A nation in crisis: The dropout dilemma. *NEA Today*, 6(6), 61-65.

Morley, R. E. (1991). Alternative education. Dropout prevention research reports. Clemson, S. C.: National

Dropout Prevention Center. *ERIC Document Reproduction Service* No. 349 652.

Neil, A. S. (1960). *Summerhill*. （夏山學校） New York: Hart.

Raywid, M. A. (1981). The first decade of public school alternatives. *Phi Delta Kappan*, 62(8), 551-557.

Raywid, M. A. (1990). Alternative education: The definition problem. *Changing Schools*, 18, 4-5.

Raywid, M. A. (1994). The research record. In J. Mintz, R. Solomon, & S. Solomon (Eds.), *The Handbook of Alternative Education* (pp. 7-11). New York: Macmillan.

Raywid, M. A. (1998). *History and Issues of Alternative Schools*. The High School Magazine, 6, 10-14.

Riessman, F. (1962). *The culturally deprived child*. New York: Harper & Row.

Varner, W. (1998). *A Legislative Tour of the States*. Maryland Department of Education.
http://www.dropoutprevention.org/edpol/edpolicy.htm.

Weinstein, G., & Fantini, M. (1970). *Toward humanistic education: A curriculum of affect*. New York: Praeger.

Young, T. W. (1988). Survey of public alternative schools in Washington. *Options in Education*, 3(4), 11.

Young, T. W. (1990). *Public Alternative Education: Options and Choice for Today's Schools*. New York: Teachers College.

美國教育改革運動中的「參與」策略及其對我國教育改革的啓示

◇林明地◇
國立中正大學教育學研究所副教授

Abstract

The strategy of participation is central to current educational reforms in the U.S. However, it becomes clear that much participatory reform in education is spurious, superficial, or ineffective. This paper analyzed and reflected on the purposes (functions), subjects, areas, and forms of participation in the U.S. participatory reforms in education. Also, it explored the participation strategy used in the recent reform initiatives in Taiwan, ROC. Several recommendations have been made by the author for pursuing authentic participation.

Key words: participation, educational reforms, participatory reforms in education

摘要

　　美國近來的教育改革強調參與的策略。然而，越來越多的證據顯示，許多參與式的教育改革不是僅具表面的，就是不具效能。本文針對美國教育改革所採用參與策略的目的、對象、範圍，以及形式進行分析與反省，並以內容分析探討我國近來教育改革所具有的參與策略成分，最後根據分析結果，提出多項建議，以供追求真實參與之參考。

關鍵字：參與、教育改革、參與式的教育改革

美國近來的教育改革強調分權化（decentralization）與分享式作決定（shared decision-making），認爲教育的最前線是那些分散在各地的學校，而不是那些遙不可及、具科層體制成分的政府機構；而且就是在那些個別的學校及其教室的最前線，教育問題可以最適切地被加以辨認、思索，以及設法有效解決（Owens, 1998）。我國近來教育改革的大方向亦是如此。因此，教育應該鬆綁、教育行政體系宜作適當調整、學校行政與教學專業應適度釐清、學校應追求自主經營、家長的參與權應予維護，以及教師專業自主權不可剝奪，校長、教師、家長、學生、社區人士，以及其他學校教育的相關人員（stakeholders）應該（而且有權利）參與教育改革與學校革新的行列（行政院教育改革審議委員會，民85），以提高對所作決定的所有權（ownership）與承諾感，增進教育改革的成效，其最終目的在促進學生的學習與發展。

　　這些主張所討論的議題範圍不同，涉及的對象亦不一樣，但都有一個共同的特色，那就是，隱約或明顯地，採用一種參與（participation）的策略，希能透過多元參與，協助學校內部正常運作，建立學校內外部良好關係，達成教育改革的目標。

　　然而，教育改革所採用的參與策略眞正的目的爲何？是作決定，或是只給予發言的機會？參與是建立公共關係，爭取合法性的一種手段嗎？參與式的教育改革是否眞的改善了現有權力不平等的弊病，或是反而助長了現有權力不平等的現象？參與的成效如何？誰應該參與？每個相關的人嗎？如

何取捨呢？從性別、社會與地位等實際的角度而言，在各項學校革新方案中，真正參與教育改革的人又都是哪些？參與的議題範圍與程度如何拿捏？成員參與的形式有哪些？如何達成「真實參與」（authentic participation）（Anderson, 1998, p.571）？等等問題都值得深入探討。

本文分析美國教育改革運動中，有關參與策略的運用情形，亦即探討「參與式教育改革」（participatory reforms in education）（Anderson, 1998, p.571）的相關議題，並指出其對我國教育改革的啓示。作者的一個基本假定是，我國這一波的教育改革亦強調「多元參與」（行政院教育改革審議委員會，民85，頁28），若能分析美國教育改革運動中使用已久的參與策略之成效，提出其反省的結果，參酌我國特殊的教育環境，對我國的教育改革將具啓示作用。

在結構上本文首先針對美國教育改革運動參與策略的相關議題進行分析與反省；其次探討我國近來教育改革的參與策略成分；最後指出美國教育改革運動的參與策略對我國教育改革的啓示。

美國教育改革運動中「參與」策略的分析與反省

在第一波教育改革〔強調由上而下的科層體制改革模式，著重修護（repair）的隱喻〕失敗後，美國乃嘗試轉向由

下而上的改革模式，強調學校重組（restructuring）及重建（redesigning）（Murphy, 1990）。於是在遣詞用字上出現了同心協力、授權予能（empowerment）、聲音（voice）等的對話。所倡導的各種理念及措施包括：行政分權化、社區與家長參與、透過參與式的作決定方式，達成教師授權予能、教學專業化、以學校為基礎的管理（school-based management），以及學校選擇（school choice）等（Anderson, 1998）。

　　與層級節制、強調命令規定、嚴謹分工等科層體制觀念相比，參與似乎攫獲了各式各樣人們的認同，不管其立場如何，亦對它極具信心。Shedd與Bacharach（1991）曾指出這種廣被支持的現象：

> 全國州長協會（the National Governors' Association）的任務小組呼籲應給予教師「（作決定）的一種真正的聲音」，並發展以學校為基礎的管理，尊重教師的專業判斷…，州際教育委員會（the Education Commission of the States）…、卡內基基金會教學專業任務小組（the Carnegie Corporation's Task Force on Teaching as a Profession）…、由教育學院教務長所組成的一個任務小組…，以及加州一個重要的委員會都發出同樣的呼籲。全美教師協會（the National Education Association）及美國中等學校校長協會（the National Association of Secondary School Principals（共同發展並出版一種「追求成功之中學的合作模式」，特別強調老師參與於學校層級的作決定行列…，美國教師聯合會（the American

Federation of Teachers）亦一再地呼籲重組學校系統，讓老師們對影響其工作之決定具有（作決定）的權威…。（p.129）

　　但是，強調學校相關人員參與的教育改革實施一段時間後，竟然有越來越多的證據顯示，許多參與式的改革不是假的（bogus）、僅具表面的、就是不具效能（Beare, 1993; Smyth, 1993）。Shedd與Bacharach（1991）更指出，名為第二波教育改革的各項措施，在實施多年之後，所面對的共同問題有：第一、教師並未被視為專業；第二、學校仍是頭重腳輕的科層體制（top-heavy bureaucracies）；第三、除非學校能根本地重組，否則美國的公立學校教育系統很難有顯著的改變。許多學者亦提出，以學校為基礎的管理與其預期的重要目標：提昇學生學業成就，彼此的關聯仍不高（林明地，民88；Malen, et al., 1990; Wohlstetter & Odden, 1992; Wohlstetter, et al., 1994）。因此乃有學者開始反省教育改革中的參與策略，其目的不在反對參與策略的運用，而是希望能夠朝向真實參與的理想邁進。

　　在這些反省中，Anderson（1998）曾以一系列的重要問題與微觀與鉅觀的觀點結合，建構出一個朝向真實參與的架構（a framework for moving toward authentic participation），茲呈現如圖1所示。

　　根據圖1的資料可以發現，Anderson認為，參與的真實性（authenticity）可以透過參與的包含性、相關切題程度、目的－手段連慣性，以及參與的微觀與鉅觀條件與過程的考慮而達成。而誰參與、參與的議題或領域、參與的目的或功能，

圖1　朝向真實參與的架構

微觀政治學的考量	
眞實性爲： 較廣泛的包含 相關的、切題的參與 眞實的地方（指學校情境） 條件與過程	主要問題： 誰參與？ 參與於何種領域？ 在地方（指學校情境）上，何種條件與過程必須存在呢？
鉅觀政治學的考量	
參與的手段與目的之間的條理連貫性 著重於較廣泛的結構不平等	參與追求何種目的？ 在較廣泛的機構與社會層次，何種條件與過程必須存在呢？

資料來源：Gray Anderson,1998, p.587.

以及參與的微觀與鉅觀條件，是反省參與式教育改革所應考慮的方向。限於篇幅，以下僅針對參與的目的或功能、參與的對象、參與的層面或議題（或領域），以及參與的形式進行分析與反省，至於有關參與情境的微觀與鉅觀條件之分析，則併入本文第三部分（啓示部分）再予呈現。

參與的目的或功能之分析與反省

綜合文獻所得，邀請成員參與教育改革的目的或功能主要包括（Schuler, 1990; Shedd and Bacharach, 1991; Taylor and Bogotch, 1994; White, 1989）：

作成較佳的決定：以教師為例，因為他們每天面對學生，最能瞭解學生的需求，也最瞭解手段與目的之間的聯結，邀請他們參與作決定，可以使決定的品質提昇。

提昇學校對變遷環境的回應能力：學校屬於一種反應性的組織（reactive organizations），深受外在環境的影響，唯有保持組織的開放性、彈性，以及良好的溝通，才能有效偵測環境的變化，而教師、家長等相關人員的參與，可以使組織的觸角增加，進而提高因應環境變遷的能力。

降低教師教學的隔離（isolation）特性：就教師參與作決定而言，參與可以增加平行互動的機會。長期以來，受到不正確的教學專業自主概念的影響（認為教師對於各自班級的事務，應本專業的角度，自行有效解決），再加上一種平等主義規範（an egalitarian norm）的誤導（認為提供忠告給同僚，是優於他人的象徵）所致，教師平常涉入資訊交換的機會並不多，甚至連教師所熟悉的教學知識與技巧，彼此對話的情形亦不多。增加參與作決定的機會，可以降低教師教學隔離的現象。

提高工作滿足、工作士氣、信任感與所有權：當成員對於所作決定具有影響力時，其工作滿意的程度會提高。另外，讓成員參與亦有助於成員的工作士氣，以及成員與成員之間、成員與管理人員之間的信任感。Schuler（1990）指出，市民對教育的參與可以感受到一種對學校的所有權的感覺。

提昇學生的學習與成就：事實上，這是主張參與式教育

改革的學者與實務工作者最重視的一個目的。不管是有效能學校運動或以學校爲本位管理的理念與實際，其最終目的都希望提昇學生的學習與成就。

另外，增加相關成員參與的其他目的或功能包括增加成員的自尊心、改善溝通品質、降低工作衝突、提昇效能感與表現等，皆屬正面的期望。

但是原本希望有正面功能的參與策略常被誤用（甚至出於善意，只是不自覺而已），反而成爲達到下列目的的手段（Anderson，1998; Elmore, 1993; Lipman, 1997; Malen, 1994; Schuler, 1990）：

參與成為建立公共關係的手段，並成為學校對於合法性危機的回應方式而已：所以邀請家長或教師參與，主要目的乃在增加其對政策的支持，提昇政策的民意基礎，如Anderson（1998）引述了Mann（1976）對於社區參與成爲公共關係的觀察，指出社區參與的主要假定在於達成對現有政策的支持、認定社區居民爲依賴的一群，而教育工作者則是自主的專業人員。另一方面，Schuler（1990）則指出，市民對於參與亦「缺乏一種誠摯的、或負責任的努力」（p.99）。因爲有了參與的機制，所以學校具有合法性，而社區民衆會（且應該）支持學校所作決定。

參與成為複雜的控制技術：Malen（1994）指出，講求參與的民主式管理方式常常複製（而不是挑戰）現狀（status quo）。Anderson（1998）指出，現行的改革常透過法令控制（regulatory control）、專業控制（professional control），以及

民主控制（democratic control）的混合而達成控制的目的，一般講求參與的改革不太會表明地強調第一種控制，但是Anderson指出，過度的專業控制與民主控制，卻常常造成自我規範，而非授權予能，所以參與若未慎重反省其目的與層面，常會不自覺地成為複雜的控制技術。

參與微妙地助長了現狀：常發生的現象是，強調參與形式的教育改革，不但未能改變不平等的現象，反而如Lipman（1997）所指出的，成為既得權力者主宰參與作決定的藉口。舉例而言，學校若只邀請中上階級的家長參與作決定，或事實上中上階級的家長比較有空、有能力、也較知道門路參與，就會使得家長參與成為助長權力不平等的微妙工具。

參與以一種競爭的形式出現：擴大參與的一個重要方向是加入教育選擇給家長，提供教育卷讓那些對公立學校教育不滿意的家長能有表達意見，做出選擇的機會。然而有關研究指出，增加教育選擇反而助長了社會階級及文化背景上的隔離（Fuller and Elmore, 1996）。

以上對於參與目的或功能的分析與反省發現，參與所發揮的功能有時會與原本預期的目的有所出入，值得注意。

參與的對象之分析與反省

當提到分權化給誰（decentralization to whom？）時，Elmore（1993）指出這樣的陳述事實上是相當含糊的。因為當與政治壓力，以及參與的層面（例如，預算、聘人、課

程、與組織管理）結合在一起時，誰參與是一個需要深思的問題（Anderson, 1998）。

從以學校為基礎的管理、學校選擇、參與式或分享式作決定等措施的文獻而言，教師、家長、校長、行政人員、社區人士（或居民）、學生，以及社會大眾（特別是企業界）等，是最常被提到想要在改革過程中邀請參與的對象。但是下列二項議題值得考慮。

這些常被想到要邀請參與的對象，誰是主角？誰是配角？ 考慮不同參與議題或層面時，其比例應如何決定？舉例而言，Wohlstetter及其同僚（1994）曾研究發現，若將參與狹隘地限制給教師時，可以提昇教師的效能感，因而導致較高層次的學生成就。然而這樣限制參與（或排除某些人參與）的結果是否忽略了什麼，必須加以深思（Anderson, 1998）。

同一類型的參與對象，在背景的考量下，其比例如何決定？ 例如，從性別、社經背景之不同而言，那一類的家長應多參與呢？同為教師，科任或級任誰參與較多？亦值得考慮。

事實上，可以看到的是，低社經地位的家長參與學校活動與事務顯著低於高社經地位的家長。另一方面，Henry（1996）指出，雖然在理想的情形下，學校校長會考慮應該同時授權予能給教師及家長，但當難以取捨時，受到保守主義的行政文化影響，校長通常會將比較多的決定權力給學校老師，而不放心交給家長，因為「是那些教職員（而非家長），校長必須每天工作在一起」（p.56）。可見參與式的教育改

革，就參與對象而言仍有許多變數。

參與的層面或議題之分析與反省

參與就像其他社會科學的構念一樣，是多面向且難以定義的（Taylor and Bogotch, 1994）。就教師參與而言，在早期，Alutto與Belasco（1972）曾以一種差距（discrepancy）的取向來瞭解教師參與作決定的期望與實際之間的差距（先問老師實際參與作決定的情形，再請老師指出其期望參與作決定的程度）。並發展出參與決定的三種分類：亦即「決定的飽和」（decisional saturation）：指比期望中參與更多；「決定的均衡」（decisional equilibrium）：即期望與實際參與匹配；以及「決定的剝奪」（decisional deprivation）：指實際參與比期望來得少（p.117）。事實上Alutto與Belasco並未真正區分出參與的層面，僅將參與視為是一個普遍的概念而已。

之後許多學者嘗試區分出教師參與的可能層面。例如，有的學者將其區分為教學技術核心、與全校性的管理議題二個層面（Schneider, 1985）；亦有學者區分為操作的─個人的層面（operational-personal dimension）、操作的─組織的層面（operational-organizational dimension）、策略的─組織的層面（strategic-organizational dimension），以及策略的─個人的層面（strategic-personal dimension）四個層面（Bacharach, et al., 1990）；也有人區分為「相關技術層面」（associated technology dimension），包括：有關學生權利、標準化測驗政策、學生訓育規章、學生成就報告、評分政策、教師表現的

評鑑、專業發展，以及學生分班等有關決定的參與；「管理層面」（managerial dimension），包括：預算的發展、經費使用、教職員雇用、教師學校分派，以及特殊教育的去除等決定的參與；「教學事務層面」（instructional materials dimension），包括：所使用教科書決定之參與；以及「核心技術層面」（core technology dimension），包括：如何教、教什麼、教師分派年級等決定的參與（Taylor and Bogotch, 1994, p.314）。其中以Taylor與Bogotch（1994）的分類是經過因素分析轉軸之後所獲得的結果，可作爲教師參與層面分類的參考。

Taylor與Bogotch（1994）發現，教師在「核心技術層面」的參與最多，在「管理層面」的參與最少。但在核心技術層面的參與與學生學業成就的相關並不高，因為，就像Taylor與Bogotch（1994）引用Taylor 與 Teddlie 的研究指出：「學區中的教師並未因其參與作決定的程度較高，而改變其教學方法。」（p.314）

至於家長或社區參與，爭議亦不少。雖然有學者（Anderson, 1998）引述指出，家長的眞實參與應超越表面的、僅提供金錢的參與，追求參與學校管理與決定、課程與課程實施，以及在家中的教育支持等，但是這些牽涉到學校行政與教學實際的領域卻是家長參與最少的層面，而有些學校行政人員在態度上亦相對較不支持類似層面的參與（林明地，民87；Brittle, 1994）。總之，不管家長或教師參與，從其參與的層面或類型而言，仍具多樣性的變化。

參與的形式之分析與反省

參與可以從非正式的諮詢意見、給予發言的機會到正式地加入作決定的委員會組織。由於對參與概念認知的差異，造成參與形式（forms of participation）的多樣化。Shedd與Bacharach（1991）曾舉Organizational Analysis and Practice這個組織所作的一項研究結果，說明校長與教師對參與合作概念的差異。在該研究中有90%的校長認為其學校的作決定方式是一個同心協力的過程，但卻只有32%的教師有同樣的知覺。經分析結果發現，校長認為只要教師有機會說出其對特定決定的意見即是參與；而教師則認為，當他們有權利在事先不必受到批准而可以作下決定的情形才算是參與。可見參與的形式會隨著對參與的認知不同而有所差異。

Shedd與Bacharach（1991）指出成員參與作決定的方式主要有二種，包括直接（參與）作決定（亦即真正行使權威，參與作決定），以及參與他人所作的決定（亦即行使影響力，委請他人代為參與）。而成員亦可以以個人、小組、或代表組織的方式，直接行使權威，或授權他人而達成參與的目的。另外，如前所述，Anderson（1998）指出，民眾參與教育可以以選擇學校，或提供各種類型的教育供民眾選擇的方式出現。

參與的型式雖然很多，但是，成員比較喜歡的形式是什麼呢？哪一種形式的參與最能達成既定目的？這是極為複雜的問題。雖然Shedd與Bacharach（1991）指出，在所有的條件都相等的情況下，成員直接參與作決定時，其表達意見的

機會比較多，成員亦比較喜歡；但是許多實施以學校為基礎的管理之學校老師亦常抱怨浪費時間開會、延誤作決定的時機（Beare, 1993）、且增加原本就已飽和的工作負擔。雖然如此，有關參與的形式及其相關議題仍有許多問題尚未有確切的答案（Epstein et al., 1997）。

我國近來教育改革的「參與」策略分析

　　為釐清我國近來教育改革所呈現的參與策略成分，作者乃選取多項資料作為分析的依據。第一項資料是教育部（民84）所發布的「中華民國教育報告書：邁向二十一世紀的教育遠景」；第二是行政院教育改革審議委員會（民85）所發布的「教育改革總諮議報告書」；第三是教育部（民87）所發布的「邁向學習社會：推展終身教育，建立學習社會」白皮書；其次是行政院（民87）核定的「教育改革行動方案」；最後則是與教育改革及學校教育比較有關的法令，包括：「教育基本法」、「教師法」及其施行細則、「師資培育法」及其施行細則、「國民教育法」及其施行細則、「教師輔導與管教學生辦法」、「高級中等以下學校教師評審委員會設置辦法」、「高級中等以下學校及幼稚園教師在職進修辦法」，以及「教師進修獎勵辦法」等。因為這些項資料最能顯示近來教育改革的重點。

　　在分析上，作者所採用的方法比較傾向於是使用質的內容分析法。作者不斷反覆詳細閱讀上述資料，分析其所涉及

的參與概念，隨著主題（themes）不斷出現，歸納出分析的類別。經過數次的閱讀分析，作者發現可以參照上述的分析方向，以參與的目的、參與的形式、參與的層面或範圍、以及參與的對象加以分析。必須說明的是，作者在分析時比較強調內容的意義分析，而比較不注重出現次數的統計呈現。

在分析時作者發現，教育改革總諮議報告書、中華民國教育報告書所涉及的參與範圍比較廣泛，而有關的法令的參與理念與實際比較狹窄。其中一個合理的解釋是，「報告書」所提的意見有些仍未完全落實在法令型式上。但作者認為其均屬近來教育改革的理念，故乃一併討論如下。但必須注意的是，有些仍屬於理念推動層次，並未真正落實。

參與的目的與功能

根據上述的資料分析，近來教育改革所強調的參與主要目的包括：

1.透過參與，符應社會各界要求更多、更廣泛的參與。
2.落實民主憲政精神，及地方自治原則。
3.提供選擇機會。
4.保障學習權，追求終身學習。
5.激發學校內在自生力量。
6.教師專業自主的維護，以及教師專業規範的建立。
7.教師、家長、學生等對象主體性的追求。

參與的形式

我國近來教育改革所強調的參與形式，從上述資料內容所呈現的意義而言，主要包括：

1. 加入各種委員會、組織：在所提到的委員會主要包括教師評審委員會、高等教育審議委員會、中小學學校審議委員會、教師組織、終身教育推動委員會，以及遴選校長的委員會等。
2. 提供其他類型學校供民眾選擇的機會：包括促進教育自由化、私人興學、開放私立學校的設立、進行教育實驗（學校型態與非學校型態的教育實驗）、非正規、非正式教育。
3. 鼓勵民間參與，投入資源，參與教育改革活動。開放民間編輯教科書。
4. 教育選擇：家長的教育選擇權應予保障，研究採用教育卷，在家自行教育、就讀私塾、講堂等。
5. 明白指出以學校為主的經營方式，強調分權化，所以與學校有關的成員參與的機會自然比較多。
6. 參與義工，例如，加入訓輔工作義工行列。
7. 參與會議、發表意見：政府應聽取社會大眾的意見、參與修訂有關法令的公聽會、校務會議等。

其他的參與方式較難歸類者，包括：宣示權力下放、相關人員權利的保障、學習權利的保障、追求民主精神、明白指出（家長）協助輔導負責管教、各級學校入學管道多元化，以及參加有關會議，可見參與的型式極多樣化。

參與的層面與範圍

我國近來教育改革所包括的參與層面包括：

1. 普遍參與，未指出明確的參與項目：強調應多元參與、鼓勵全民參與。
2. 專業自主層面：包括教學活動的安排、教師們共同進行課程（課程設計改採民主參與的模式）、教材、教法、評量的規劃、在職進修等，且應接受專業團體的規範。
3. 預算層面各校在以學校為基礎的經營之下，經費得以留用。
4. 組織調整：各校在以學校為基礎的經營之下，可以透過各種委員會參與組織的調整。
5. 人事層面：例如，教師與家長可以參與新進教師與校長的遴選。

可見教育改革所涉及的參與層面主要涉及上述文獻所指出的教學事務層面（例如，教科書的決定）、核心技術層面（例如，如何教、教什麼、教法、教材、評量，以及進修等），以及些許管理層面（例如，人事與經費使用等），而較少涉及相關技術層面（例如，學生管教政策、學生訓育、學生權利、測驗評分等）的參與。

參與的對象

參與的對象主要包括：家長、教師、社區、教育行政與

學校行政人員、（教育）學者、學生、校長、企業界等。其他亦包括：文教、教保機構、公益團體、內政、勞工單位、社會資源、大學生、退休教師、資訊業者、社會輔導單位、醫療機構、學校職工、弱勢族群等。可見參與的對象廣泛。

美國教育改革運動中的參與策略對我國教育改革的啓示：追求眞實參與的建議

綜合以上對於美國教育改革運動中參與策略的分析與反省，並分析我國教育改革運動中所具有的參與特性，作者認爲，我國近來教育改革運動所採用的參與策略相當明顯，值得參酌美國參與策略運用的利弊，從中獲得啓示，以追求眞實參與。茲敘述其對我國教育改革的啓示如下：

釐清參與的目的何在

假如成員對參與目的的認知不同，會導致其參與意願、成效、與心理感受的不一致。因此，究竟近來教育改革所強調的多元參與之目的何在（當然可以不只一種），應先加以釐清，並取得認同。根據文獻分析及國內相關報告資料的分析結果可以得知，我國這一波教育改革強調參與的目的包括：希望符應社會各界要求更多、更廣泛的參與；落實民主憲政精神，及地方自治原則；提供選擇機會；保障學習權，追求

終身學習；激發學校內在自生力量；教師專業自主的維護，以及教師專業規範的建立；以及教師、家長、學生等對象主體性的追求等。作者建議除應多多發揮積極的功能（例如，保障學習權），而儘量不要太過強調容易造成負面效果之功能（例如，僅符應社會擴大參與的要求、過度重視教育選擇、或過度競爭等）外，更應取得相關人員的共識。

瞭解不同成員對不同議題的參與期望

　　根據以往的研究，假定參與作決定具有普遍性的意願是有瑕疵的（Alutto and Belasco, 1972），換言之，假定每一位成員都同樣熱心，想要花同樣的時間、同樣的精力參與學校事務，這樣的說法或假定是需要仔細思索的。更複雜的說法是，針對不同議題，不同的成員想要參與的期望都相同嗎？所以作者建議應從事持續性的研究，以瞭解成員對於不同議題的參與意願，並分析成員的參與意願對於達成既定目標的助力與阻力何在。

定期研究在不同議題中，不同成員的參與實際及其阻礙

　　另一項同樣重要的研究是，針對不同議題探討真正參與成員有哪些？持續性地探討下列問題，是使參與式教育改革成功的必要條件：1.成員真正參與的實際為何？其背景如何？參與哪些議題？2.針對不同議題，成員參與的期望與實際的差異情形；3.參與的形式如何？多元嗎？4.成員參與與達

成既定目的的關聯性；5.哪些人都未曾參與？為什麼？等等，就好像Anderson（1998）所指出的，未曾嘗試瞭解成員對於參與的期望、參與的實際情形，以及其彼此的差異情形，而想追求真實參與是不可能的。

至於研究的方式可以包括：大規模、地區性、與學校性的調查，以及真正的實地研究（觀察、訪問）。分析成員參與的期望與實際及其差異情形時，可以參考的變項包括：議題或層面、性別、社經地位、職位，以及身份等。

教育行政與學校行政單位可先進行的研究是，瞭解目前教育相關人員在不同議題的參與實際、參與期望、參與障礙、參與成效，不同成員所知覺的參與目的、不同成員對真實參與的見解，以及其彼此的關係，以作為基準線，追求真正、真實的參與。

落實多種參與形式

從家長參與的研究顯示，當以多種形式參與於學校事務時，其成效最高（Epstein, et al., 1997）。所以，參酌本文所提的各種參與形式，應落實多元的參與形式。例如，代表制或參與委員會之外，仍應提供發表意見的管道與機會；鼓勵私人興學以及教育選擇之外，亦應加強民眾參與公立學校的教育等。

結合參與、授權予能與願景

　　學校組織與其他組織一樣，必須做好分工與協調。在學校常出現的現象是不同委員會或小組彼此之間不是功能重疊，就是各自為政未見協調，碰到事情不是搶著管，就是互推皮球。所以，各種形式的參與若不加以協調統整的話，則會出現目標不一致、互相拉扯的現象。同樣的，參與式教育改革常用的授權予能理念，強調授權讓成員有作決定的權威，以及培養成員作決定的技巧與能力，也常出現目標不一致的現象。因此，解決的方法除了增加溝通的機會、設計具雙重身份的代表、加上監督的機制之外，就是建立彼此認同的願景，使得所有形式的參與、授權、分工，以及訓練，其最終目的都在於達成共同追求的目標。

建構並追求理想的真實參與情境

　　「真實參與」這個名詞可能是新的，但是它的觀念並不新，Schuler（1990）指出，它可以植基於杜威（John Dewey）的真實民主主義的觀念。她亦歸納文獻中對真實參與的定義，指出當下列特徵出現時，真實參與才會出現：包括對所有有關議題與其脈絡詳細審慎的檢視；所有參與者基於自我反省與互相體讓而進行的理性對話；瞭解到大多數人的利益優先於特殊利益或少數人的利益；以及理性決定過程導致開明的行動。與本文前述Anderson（1998）對參與真實性的看法比較起來，範圍更廣。

　　根據這樣的文獻探討結果，她曾訪問22組（每組包括一

位教師、一位行政人員，以及二位市民）共88位受訪者，瞭解他們心目中對於眞實參與的定義，結果發現可以將意見區分成爲與文獻中相對應的特徵，以及有效能，但不一定是眞實參與的特徵，值得參考。

首先，可以與文獻相對應的眞實參與特徵包括：追求消息流通的、完全的、理性的、無偏見的，以及客觀對話的一種願望；關懷一種整體的好（the overall good）而非只是自私的好；以及願意花時間以便完全被告知的意願（Schuler, 1990, p.77）。另外，有一些在某些情境是有效能的，但並未完全符合眞實參與的觀念，包括：表達一種興趣或關懷；協助作決定的過程；對所作所爲具信心；感覺它是眞正的或眞實的參與；支持教師或學校董事會；投入時間與努力；以及表現同理心。（p.80）

與理想的眞實參與情境類似的觀念是哈伯瑪斯的理想的言談情境，廖春文（民84）曾引述理想言談情境的基本內涵，強調在溝通行動過程中，所有參與者均有相等之機會從事言談行動，並應避免僅對某一方具有約束力之規範與特權，值得參考。

最後在建立與追求理想的眞實參與情境時，應考慮到微觀（與學校有關的）與鉅觀（關係到整體社會）情境與條件的改善（Anderson, 1998; Shedd and Bacharach, 1991）。這些包括：兼顧學校相關成員諮詢（提供意見）與（直接）行使作決定權威，及加以實施的參與方式；提供有關如何參與的訓練，增加民主經驗；去除麻煩製造者（troublemakers）的標記；瞭解學校參與的微觀政治學；追求社會正義；以及來

自上層（行政）組織的支持。當然學校領導者的領導方式亦與眞實參與有關，被知覺爲誠實的、願意溝通的、同僚式的，以及具支持性的校長，對於成員的眞實參與頗有助益。

參與的概念受到組織理論以及學校效能研究的影響，而被引入美國學校重組的運動中，爲了提高組織的表現與學校效能，學校管理人員應給予相關人員參與作決定的機會，是學校管理人員「給予」成員參與機會的概念；然而，漸漸地人們發現，學校卻反過來依賴成員的參與，因爲成員的知識、能力，以及合作的意願，是學校面對變遷環境不可或缺的事物，參與乃成爲學校組織從成員身上「獲得」某些東西的概念。換言之，在學校重組的教育改革推動過程中，成員參與已從僅爲「一種偶見的有用技巧」（an occasionally helpful tactic），成爲「一種必要的策略」（a necessary strategy）（Shedd and Bacharach, 1991, p.136）。察覺、接受、並實踐這種參與觀念的改變是建構眞實參與情境的先決條件。

參考書目

中文部分

行政院（民87），《教育改革行動方案》87年5月29日核定。
行政院教育改革審議委員會（民85），《教育改革總諮議報告

書》。台北：行政院教育改革審議委員會。

林明地（民87），國民中學校長對家長參與之態度研究。《國立中正大學學報（社會科學分冊）》，9(1)，93-136。

林明地（民88），以學校爲基礎的管理：一個學習的行旅，《師友》，382，9-14。

教育部（民84），《中華民國教育報告書：邁向二十一世紀的教育遠景》。台北：教育部。

教育部（民87），《邁向學習社會：推展終身教育，建立學習社會》。台北：教育部。

廖春文（民84），《二十一世紀教育行政領導理念》。台北：師大書苑。

英文部分

Alutto, J. A., & Belasco, J. A. (1972). A typology for participation in organizational decision making. *Administrative Science Quarterly*, 17, 117-125.

Anderson, G. L. (1998). Toward authentic participation: Deconstructing the discourses of participatory reforms in education. *American Educational Research Journal*, 35(4). 571-603.

Bacharach, S. B., Bamberger, P., Conley, S. C., & Bauer, S. (1990). The dimensionality of decision participation in educational organizations: The value of a multi-domain evaluations: The value of a multi-domain evaluation approach. *Educational Administration Quarterly*, 26, 126-167.

Beare, H. (1993). Different ways of viewing school-site councils: Whose paradigm is in use here? In H. Beare & W.L. Boyd (Eds.), *Restructuring schools: An international perspective on the movement to transform the control and performance of schools* (pp. 200-217). London: Falmer Press.

Brittle, L. V. (1994). *Attitudes of elementary principals toward parent involvement in schools in the Commonwealth of Virginia*. Unpublished Doctoral Dissertation, East Tennessee State University.

Elmore, R. F. (1993). School decentralization: Who gains? Who loses? In J. Hannaway & M. Carnoy (Eds.), *Decentralization and school improvement: Can we fulfill the promise?* (pp. 33-54). San Francisco, CA: Jossey Bass.

Epstein, J. L., Coates, L., Salinas, K. C., Sanders, M. G., and Simon, B. S. (1997). *School, family, and community partnerships: Your handbook for action.* Thousands Oaks, CA: Corwin Press.

Fuller, B., and Elmore, R. F. (Eds.). (1996). *Who chooses? Who Loses? Culture, institutions, and the unequal effects of school choice.* Ney York, NY: Teachers College Press.

Henry, M. (1996). *Parent-school collaboration: Feminist organizational structures and school leadership.* Albany, NY: SUNY.

Lipman, P. (1997). Restructuring in context: A case study of teacher participation and the dynamics of ideology, race, and power. *American Educational Research Journal, 34,*

3-37.

Malen, B. (1994). Enacting site-based management: A political utilities analysis. *Educational Evaluation and Policy Analysis*, 16(3), 249-267.

Malen, B., Ogawa, R., & Kranz, J. (1990). Unfulfilled promises: Evidence says school-based management hindered by many factors. *The School Administrator, February*, 30, 32, 53-59.

Murphy, J. (1990). The educational reform movement of the 1980s: A comprehensive analysis. In Joseph Murphy (Ed)., *The educational reform movement of the 1980s: Perspectives and cases* (pp.3-55). Berkeley, CA: McCutchan Publishing Corporation.

Owens, R. G. (1998). *Organizational behavior in education* (6th.). Boston: Allyn and Bacon.

Schneider, G. T. (1985). *The myth of curvilinearity: An analysis of decision-making involvement and job satisfaction*. Paper presented at the Annual Meeting of AERA, Chicago. (ED 252 980).

Schuler, B. L. H. (1990). *Citizen participation in educational decision-making*. Unpublished doctoral dissertation, University of Minnesota, Minneapolis.

Shedd, J. B., & Bacharach, S. B. (1991). *Tangled hierarchies: Teachers as professionals and the management of schools*. San Francisco, CA: Jossey-Bass Publishers.

Smyth, J. (Ed.). (1993). *A socially critical view of the self-managing school*. London: Falmer Press.

Taylor, D. L., & Bogotch, I. E. (1994). School-level effects of teachers' participation in decision making. *Educational Evaluation and Policy Analysis*, 16(3), 302-319.

White, P. A. (1989). An overview of school-based management: What does the research say? *NASSP Bulletin*, 73, September, 1-8.

Wohlstetter, P., & Odden. A. (1992). Rethinking school-based management policy and research. *Educational Administration Quarterly*, 28(4), 529-549.

Wohlstetter, P., Smyer, R., & Mohrman, S. A. (1994). New boundaries for school-based management: The high involvement model. *Educational Evaluation and Policy Analysis*, 16(3), 268-286.

美國大學通識教育近年的變革：參考與借鏡

◇鄧志松◇

國立臺灣大學三民主義研究所助教授

Abstract

This article aims to examine the recent curriculum reform of general education of universities in USA. Since the late 1970s, American became increasingly concerned with the quality of their higher education. Affected by some influential researches, people believe that the decline of general education started since 1960s must take responsibility, and the reform of core curriculum has been seriously taken into considerations in most universities. The current trends of the reform include emphasizing "basic skills" rather than "subjects", methods rather than just knowing facts, and the ability of critical thinking, problem solving, moral reasoning, expression and communication, etc. The courses are designed more coherent, and the opportunity of students to select is limited in order to correct the problem of fragmentation and incoherent. Multi-culturalism, global aspects, interdisciplinary studies are among the priorities. Traditional Great Books reading is improved by incorporating various sources and different interpreting aspects. Same as the United States, in Taiwan universities have recently been undergoing curriculum reforms; it is worth paying attention to their reform experiences.

Key words: core curriculum, general education, liberal art, basic skills, university

摘要

　　本文旨在探討美國大學 （學院）通識教育自1970年代以來的變革。七〇年代末期開始，美國掀起一股檢討高等教育的熱潮。大學核心課程首當其衝，批評者認爲其課程目標模糊，背離通識教育原旨，教學品質不良；因此，重振通識教育乃成爲課程改革的重點。各校重新檢討核心課程的目標、內容與教學方式。主要變革趨勢有強調基本能力（basic skills）、著重方法 （methods）甚於主題 （subjects）、科際整合、多元文化、全球的觀點，以及教學方法的翻新。以往自由選修的課程設計，逐漸爲結構化、強調整合的課程所取代。二〇年代以來極爲普遍的「經典」（Great Books）閱讀引起廣泛的論辯。這些變化與論爭有些是延續六〇年代以來課程自由化、多元化的趨勢；有些則是傳統通識教育的重新詮釋，大學通識教育再度成爲輿論關心的焦點，則是不爭的事實。值得注意的是，美國大學種類繁多，各校差異頗大，所謂的改革趨勢，並非眾志一同；相反地，它經常代表論爭的焦點。然而，從這些改變與論爭當中，仍有不少值得我國借鏡之處。

關鍵字：核心課程、通識教育、博雅教育、基本能力、大學

前言

　　美國大學（學院）「博雅教育」（liberal art）的傳統極爲久遠。由於受到蘇格蘭學院教育的影響，殖民時期主要的授課內容爲培養學生寫作能力、文學素養、高尙道德，帶有濃厚宗教色彩，爲數不少的學生畢業後到教會工作（Rothblatt, 1988: 11）。當時接受高等教育是上流社會的特權[1]，教學目標與職業訓練甚少相關。十八世紀後，課程稍稍「現代化」，融進工業革命後的最新發展，不過，主要的課程仍以希臘文、希伯來文，修辭學、邏輯和神學爲主，只有百分之十五的課程與數學和科學有關，課程多係必修，沒什麼彈性。此種現象一直要到十九世紀後半方有根本的改變，（Casement, 1998）由於市場競爭的需要，以及德國學制的影響，大學課程逐漸多樣化和專業化。（Rothblatt, 1988: 13-4）

　　本文所關心的「通識教育」（general education）是大學專業化趨勢的反動，乃二十世紀初期的產物，然其精神可追溯至殖民時期的博雅教育。[2] 一次大戰後哥倫比亞大學的「當代文明」（Contemporary Civilization）以及「人文經典」（Literature Humanities）課程是通識教育的濫觴。[3] 隨後，各大學陸續仿效[4]，歷經長期演變，逐漸形成特色，各大學以其通識課程自豪。通識教育標榜與專業教育不同，它的重點不在教導學生專業技術或知識，而是培養學生具備完整的人格與正確的知識態度，以面對將來可能遭遇的各種挑戰，此種通識教育與殖民時期的博雅教育最大的不同在它融合近代學術的精神與成果。強調「經典」閱讀的爲其特色，它可以讓

學生深入歷史上偉大思想家的心靈世界，不僅有助於瞭解自己所立基的文化（西方文化），同時也是學習科學方法、態度、運用分析概念的不二法門。通識課程通常分為三大部分，自然科學（Nature Sciences）、社會科學（Social Sciences）與人文藝術（Humanity）。這些課程對不同主修的學生均同樣重要，通常大一、大二以這些課程作為學習的重點（稱為「核心課程」core curriculum），到大三、大四才有主修（major 或 concentration）。而真正的職業教育恐怕要到研究所或出社會以後才開始。[5] 如果說美國大學以通識教育為主並不為過。這套課程體系從二〇年代開始，五〇年代達到高峰，然而，六〇年代以後，在自由化、多元化的呼聲中，逐漸式微。八〇年代，又有復興的跡象。

本文主要探討美國大學通識教育八〇年代以來的變革。通識教育歷經半個世紀的發展，課程目標逐漸模糊，教學成效下降，愈來愈多的人為之擔憂。大學通識教育有通盤檢討的必要，八〇年代的變革正是此種要求的反應。課程目的、課程結構、策略、教材、教學方式，都有深刻的反省。本文即從「變」的角度出發，觀察美國通識教育如何反應社會文化變遷、自我調適。國內學者提倡通識教育時經常以美國大學為藍本，殊不知美國大學通識教育雖然饒富特色，然有其文化、時空的特殊性，他國遽難仿效。因此，本文重點不在闡述通識理念，而是探討美國通識教育在實際運作上的困難與各種解決的嘗試。從美國人自己的觀念，看看他們如何檢視自己的通識教育，或許可以增加我們對美國教育的瞭解，進而思考我國通識教育的前景。文章分四大部分，第一部分探討美國通識教育的緣起與八〇年代以前的發展；第二部分

探討八〇年代以降的各種改革嘗試；第三部分，檢討改革的
困境與成效；第四部分，回到國內談美國經驗給我們的啓
示，並就當前大學通識教育的發展提出建議。

美國通識教育的緣起與發展

通識教育的基本精神

　　通識教育是專業教育的反動。科學發展的結果，知識體
系愈來愈專業，愈來愈細分。大學生接受訓練成爲技術專
家，這些專家以工具的觀點看待知識，「效用」（utility）是
唯一考量，在特定領域內或許游刃有餘；但是經常缺乏思考
或綜合判斷的能力以處理日常生活中必須面對的問題。二十
世紀初，在世界大戰的衝擊下，學者們開始思考教育是否應
該少一點功利主義、少一點學科間的壁壘、多一點人性潛能
的啓發、多一點人文關懷、多一份傳統文化的瞭解，以及多
一些思考和綜合判斷的訓練。（Pring, 1993: 55-62）誠如
Clarence Faust 在解釋芝加哥大學通識教育的緣起時指出：

　　美國學生在小學、中學階段，學習的主要內容是語言、
　　表達，以及基礎知識。進入大學或學院後，接受的是專
　　業訓練，成為醫生、工程師或科學家。然而，這兩者的
　　銜接有很大的落差。欠缺的部分是思考與智慧的訓練，
　　他們沒有足夠的知識素養以處理現代社會中經常碰到的

問題。我們不是經常埋怨選民素質低落嗎？選舉過程充滿盲目與非理性，群眾品味低俗，沒有文化教養嗎？⋯專業教育無助於解決這些現象，我們需要實際解決問題的能力，這需要發展個人智慧、思考與綜合判斷的能力，這點在民主社會中尤其重要，因為民主強調的正是人民當主人，民意至上。（Faust, [1950] 1992: 4）

簡單地說，「通識教育」與「職業教育」是教育的兩種不同向度。前者強調智慧、思考、激發潛能、瞭解自己以及自己所處的世界。它本身即為目的，不須為某個目的而存在。[6] 後者則是工具的觀點，重點擺在知識的實用性，它是為完成某個外在的目的（例如，經濟發展或解決某個技術問題）而存在，旨在訓練專家。通識教育不從功利的觀點出發，它強調知識的內在邏輯以及學習過程的自主性，不相干因素應儘量避免，過度細分、割裂、以實用為導向的職業訓練有違教育本旨。不過，通識教育雖然不應依附於其他目的，但是它卻有助於解決目前的社會問題，或許這麼說，當今困擾我們的諸多問題就是因為知識過度細分、割裂而造成的。Charles Frankel 說：「通識教育如果成功的話⋯你會有不同的生活層次。你不會被動、機械地處理事情，你也不會僅從個人的角度出發。至少，有時候你會將自己的遭遇，視為人的生活情境，或人的命運的一種說明或展現。」（轉引 Boyer, 1987: 101）Richard Pring 對通識教育與職業教育（vocational education）的二分有清楚的說明，整理如表1。

表1 通識教育與職業教育的對比

類別	通識教育	職業教育
目的與價值	教育 （知識）本身就是目的，它不是為了達成另一個目的的工具。	教育的目的在滿足個人或社會的福址，它通常有外在的目的。
內容與目標	教育植基於自身傳統之中。接受教育就是要引導人們走進這個知識傳統。用意在使人們能夠靈活運用概念、思辨，與歷史傳統對話，掌握探究世界的智慧之鑰。	課程設計通常有清楚明確的目標。這個目標是為了因應外在的要求，例如，某項技能以符合生產的目的。
企業精神	教育是心智啓發的過程，這相當的困難，因此應該儘量減少不相關因素的干擾，例如，功效或商業的考慮會影響教育的進行。	教育的目標與工、商業的發展有關。企業精神的培養是重要的，學習的過程必須儘可能建立經濟式的指標，例如，成本效益等。
發展與監督	學術的發展與監督必須由內部權威，依其自身邏輯運作，外界、非學術力量的干預應該避免。	由於教育具有高度的社會性，外界（非教育部門）應該參與教育宗旨的擬定、執行與評估。

（整理自 Pring, 1993: 55-77）

「廣博」與「統整」

　　簡單地說，通識教育企圖兼具「廣博」（breadth）與「統整」（coherence）兩個價值。（Rothblatt, 1988: 10）「廣博」的意義在打破學科壁壘，不侷限於單一角度或視野；「統整」是整合知識體系，這有助於深入問題，邏輯、結構地分析。然而，這兩個價值經常是相衝突的。「廣博」了以後，經常會迷失在各種分歧當中，無法統整。強調「統整」建立知識

體系以後，經常會失之偏狹（不夠廣博）。如何能夠既「廣博」又「統整」？這是通識教育首先要面對的問題。

　　知識體系過於龐雜，我們不可能為了「廣博」，窮盡所有知識。而且，知識日新月異，新的理論取代舊的理論，沒有人有把握今天教給學生的「廣博」知識，二十年後仍然有用！通識教育要教給學生的必然是某些最重要、最根本、亙古不變的東西。這是指什麼呢？關鍵不在知識體系本身，而是對知識本質的瞭解與探究方法的掌握。人類文化、藝術、學術歷經長期的發展，各種學派、理論推陳出新，但是思想家們探究問題的基本方法和態度是共通的，我們要學習的毋寧是他們面對問題的方法和態度，這才是最重要的。「經典」之所以重要正因為它直接深入歷史上最偉大思想家的心靈世界，和他們共同思索、對話，這不但是文化傳承所必須，更是接近真理，學習解決問題技巧的不二法門。總而言之，教學生知識，不如教學生獲得知識的方法。在此，「廣博」與「統整」間的緊張關係獲得某種程度的舒緩。

　　芝加哥大學設計其通識教育時將此一觀念發揮得淋漓盡致。自然科學的通識教育，重點不在理論的介紹，也不是定理、定律的靈活運用與解題技巧，而是探討科學家為什麼會這樣子想問題？為什麼會提出這樣子的模型與理論？他們嘗試解決怎樣的問題？以及解決了怎樣的問題？又引發了怎樣的問題？科學家或不同學派間是如何論辯互動等等。為了回答這些問題，必須回到科學家當初面對問題的情境，順著他的邏輯，學習他分析問題的技巧與創意。因此閱讀科學家的原始論文是必要的，如此方能瞭解科學家面對和思考問題的

方式，並明瞭知識的本質與侷限。同樣的道理，社會科學的
通識教育也不是教導學生目前最新的研究發現，而是引導學
生思索人類社會諸多問題的起源。思想家在面對問題的時
候，如何嘗試解答？爲什麼會提出這樣子的答案？這些解答
有怎樣的價值預設？受到怎樣的時空限制等等。這種探討是
多元的、開放的，僅提供學生分析問題的架構與方法，引導
學生自己去找答案。藝術與人文也是一樣，強調的是瞭解、
欣賞與感受藝術品以及藝術家的心靈世界。因此重點不會是
藝術流派的統計、分析、調查或詳細比對，也不會嘗試編年
史般地介紹演進。重點在瞭解、感受，欣賞；因此，閱讀原
典或是仔細討論某些偉大作品是必要的，教科書式的說明反
而有害。（參考 Chicago, University of, [1950], 1992）

　　簡單地說，專業教育主要的目的在訓練學生快速、系
統、正確地接受、熟練一套知識、信念或學術規範作爲進一
步研究或應用的基礎。通識教育主旨在培養正確的知識態度
與方法，如此方能獨立思考、綜合判斷。通識教育重點不在
灌輸學生知識，而是給學生獲得知識的方法。這種教育理想
1920年代哥倫比亞大學開始試行，芝加哥大學繼起，其後陸
續推廣至其他大學。雖然，各校在具體的課程設計、課程結
構與規定上有些不同，然而基本精神相當一致。1950年代隨
著芝加哥大學將歷代經典編輯出版，通識教育達到高峰。
（Tomcho, Norcross & Correia, 1994: 90）

六〇年代通識課程的質變

　　通識教育的發展到了六〇年代面臨嚴厲的考驗。這時期

接受高等教育的學生大幅擴增，傳統的通識教育難以滿足各種學生的需要，例如，少數族裔、女性、成年學生等。首先，難以回答的問題是，為什麼這些課程「那麼地」重要？重要到每個學生，不論主修為何，都要修習，而且這些課程高達全部學分的二分之一！甚至，通識課程被批評為充滿西方、白人、男性的偏見。六〇年代校園瀰漫自由主義的氣氛，如果無法證明這些課程的重要性，何不開放讓同學自由選修？1920-1960年是通識教育的統合時期，經過謹慎規劃的核心課程是大學教育的重點，六〇年以後，這些課程在自由化的要求下逐漸瓦解 （Cohen, 1990: 129）。

絕大多數學校採「分配選修」（distribution requirements）的方式，亦即學生分別在不同領域內選擇一定數量的課程，如此修課變得自由而彈性。然而，通識課程卻割裂（fragmented）、欠缺內部整合而膚淺化（superficial）。學生是修了一堆博雜的東西，但這是我們要的通識教育嗎？而且，這種安排通常政治性的考量大於教育目的考量：既然無法決定哪些課程比較重要，倒不如由學生決定通識課程這塊「大餅」比較沒爭議。（Gaff, 1988: 10）芝加哥大學教授 Jerry Gaff 從各個角度分析六〇年代通識教育的質變。首先，歷史的潮流已走到不同的方向。學術日趨專業、分工，學生修課彈性增加勢所必然。兩次大戰期間，由於時局緊張，通識教育曾扮演增強社會聯結的作用，然而六〇年代以後，這種情況不復存在；第二是學術環境使然。研究和出版是評定教師資格最重要的指標，教學只是次要，通識教育成為教師的負擔；另外；學術界不願意碰觸價值的問題，通識教育經常涉及價值，有「灌輸」之嫌；同時，隨著對新進教師專業性要

求愈來愈高，通識師資也愈來愈不足；第三、六○年代學生大量增加，學生運動的解放要求雖然不能說直接促成核心課程的瓦解，至少認可了此種趨勢；成年學生、婦女、少數族裔學生大量增加亦有同樣效果；第四、公立大學、研究爲導向的大學、社區學院大量增加，傳統重視通識教育的私立學院已成少數。大學裡自由風氣瀰漫，社區學院偏重實用知識，這些都使得通識教育難以爲繼。最後，社會環境也不利於通識教育的推廣。大學規模愈來愈龐大，吸納大量社會資源，人們關心學校經營的效率、成本、品質等，學校朝規格化、制度化的方向發展。專業（應用）學門遠較人文、基礎科學受歡迎，這是時代價值使然。核心課程選修化以後，專業課程或前專業課程（pre-professional）順應擴充，通識的理想遂逐漸萎縮。（Gaff, 1988: 194; DeBary, 1975）

八○年代以降的改革趨勢

通識教育的重新反省

　　1970年代後期開始，美國掀起一股高等教育的反省風潮。Gaff 指出其強度是1950年代以來所少見。（Gaff, 1991: 5）五○年代美國人對教育的重視是受到蘇聯發射人造衛星的刺激，八○年代的壓力來自日本，東亞，以及歐洲的經濟競爭。（Gaff, 1991: 5-6）。社會大眾對大學程度低落的批評此起彼落，提昇大學品質的呼籲不斷。（White, 1994: 170）就

在這個撻伐聲中，通識教育、核心課程再次被重視。
（Cohen, 1990: 130）

　　早在1971年耶魯大學組織一個委員會討論「整合的、目標明確的大學教育」。不過，研究結果未被校方採納，也未引起重視。七〇年代末期發生幾件影響深遠的事情。首先，1977年「卡內基教育促進基金會」（The Carnegie Foundation for the Advancement of Teaching, CFAT）發表報告，稱美國的通識教育是個「災難」（a disaster area）；「美國教育委員會」（The U.S. commissioner of education）在 Ernest L. Boyer 和 Martin Kaplan 的領導下，要求成立統一的核心課程，以挽救逐漸沈淪的人類。（Boyer & Kaplan, 1977）；同時，哈佛大學開始發動通識教育改革，具有標竿的作用。
（Gaff, 1991: 14）

　　1983年 Terrel H. Bell 發表措辭激烈的教育改革聲明 （A Nation at Risk），引起廣泛的重視。不久，三篇討論通識教育的報告將課程改革推向高峰。第一份是1984年 National Institute Education 支助的一份研究報告 *Involvement in Learning: Realizing the Potential of American Higher Education*。它以數字證明美國高等教育的確品質不良，接著建議大學應該至少提供兩年完整的通識教育。通識教育除了要注意課程的主題外，更要注意分析問題、解決問題、溝通和綜合的能力，整合不同的學術傳統，建立評鑑制度以落實學習成效。第二份報告是 William J. Bennett （1984）發表的 *To Reclaim a Legacy: A Report on the Humanities in Higher Education*。基本上，他對日漸瓦解的核心課程深表不滿，

「廣泛修課、多元價值、面面俱到、批判式思考、懷疑精神，這還不夠！」更重要的是瞭解、學習那些「眞正定義西方心靈發展」（virtually define the development of the Western mind）的偉大著作，一個好的人文課程必須兼具廣度和深度，尊重學術，反映人文教育的精神內涵。顯然，他要求重返1920年代以來帶有「博雅」精神的傳統。第三份報告是1985年的 *Integrity in the College Curriculum: A Report to the Academic Community* 由 the Association of American Colleges（AAC）出版。本研究建議課程應該建立在，第一、「能力獲得」（skills acquisition）包括：探索、抽象的邏輯思考、批判地分析、文學素養，例如，寫、讀、說、聽，以及瞭解數字的意義等；第二、成長和思考方法（ways of growing and thinking）包括：歷史意識、科學、價值、藝術、國際和多元文化的經驗；以及第三、深度學習（study in depth），（AAC, 1985: 15-23）而現行的教育均有不足。其批評是嚴厲的，引起的爭論也大。（Franklin, 1988: 207）

　　這些研究報告從不同的角度出發，共同的觀點是美國大學課程品質低落，其負面影響正逐漸顯現中。（Gaff, 1988: 2）其實也有些肯定高等教育的報告，但在一片撻伐聲中未獲重視。[7]根據 Bonham 的說法，1979年數以百計的大學開始反省他們的核心課程。（Bonham, 1979: 4）1984年春天 American Council on Education's（ACE）調查顯示，超過一半的大學已進行某種程度的變革。（Suniewick & El-Khawas, 1985: 9-10）1986年據調查有百分之八十六的學校已進行或即將進行課程改革。（El-Khawas, 1986: 2; White, 1994: 170）改革的基調是，學生欠缺的不是專業知識，而是作爲一個受教育的

人（educated person）的某些基本知識 （knowledge）、技能（skill）與人格（personal qualities）（Gaff, 1991: 13）而這是通識教育的責任。通識教育無法被專業訓練取代的理由卡內基教育促進基金會整理如下，堪稱代表：

第一、人們需要一些基本的學習技能，作為探索未知，以及終身學習的基礎，就此而言，專業訓練是不夠的。

第二、我們必須為未來的不確定性預作準備，這包括：各種生存的能力、人際關係的處理，以及新方向的找尋等，其範圍遠較專業訓練廣泛。

第三、人們受到更廣泛的世界問題所困擾及影響。為了維持和平，消解不同價值衝突，維持文明品質，確保自己和別人的安全和自由，這些都有賴通識教育。

第四、人類對生命整體品質的要求比以前更高，需要更多的理智資源以發展生活哲學，並建構自己的生活方式。

第五、參與世界，成為世界公民的重要性日趨重要，我們必須有更開闊的視野與胸襟方能瞭解自身所處的地位。這些都不是狹隘的專業訓練可辦到的。（CFAT, 1979: 165-166）

經過六○、七○年代和八○年代初期的低迷，人們再度肯定歷史與文化知識、邏輯與批判思考、清楚的表達，以及瞭解人類行為動機的重要性。人們再次認真思考，一個受過高等教育的人應該具有怎樣的品質？學校應如何組織課程，

以達成此目標？我們應該以什麼標準來要求學生？我們如何評估或確保學生的確是在「學習」？（Gaff, 1991: 12）這裡要指出的是，這個「重返核心課程」的運動與1920年代以來的傳統通識教育已有不同，以下嘗試歸納出幾個趨勢，以作爲進一步討論的基礎。

從「主題」到「基本能力」的轉向

　　過去人們在討論通識教育時，經常關心的問題是，哪些「知識」（knowledge）是受教育的人（educated person）所必須的？這涉及通識教育的具體內容。主張經典閱讀的人，肯定「經典」的時代性，以及它在掌握西方精神與文化傳承上的重要性。我們要學生學習「歷史上哪些曾經被最好地說過、想過、寫過，或表達過的人類經驗」。（Bennett, 1989: 3）這種觀點直到今日仍有不少支持者。E. D. Hirsch 將通識教育界定在培養「文化素養」（cultural literacy）之上。他對文化素養的定義是：「社會中能力強的讀者所應具有的資訊網絡」（the network of information that all competent readers possess）。它代表一套潛藏在心裡的知識體系，藉由它人們得以閱讀報紙、掌握重點，並將其置於合宜脈絡中，加以瞭解，產生意義。（Gaff, 1991: 18）這套知識體系雖非無所不包，但是廣泛而深入，涉及社會中人們所共同關心的部分，個人與社會藉以建立可靠的有機聯結。這種觀點最大的問題在，我們如何知道「哪些知識是最重要、最珍貴，每個人都應該具備」？論者指出風行一時的「經典」閱讀，其實隱含著深刻的文化偏見。據統計這些所謂的「經典」極少包含非西方經典、少數種族或女性的作品。（Tomcho, Norcross &

Correia: 1994: 99）典型的例子如史丹佛大學的柏拉圖風波。柏拉圖的《理想國》是否應列入共同閱讀書單中？反對者認為《理想國》帶有反民主、男性中心、不寬容的特質，不應作為學生的共同教材。贊成者則強調其歷史性、時代性與批判性。（Avery, 1995）主張傳統經典教育的 William Bennett 說：西方文化在多元文化的祭壇下被犧牲了；與其對立的學者則指出「核心課程」的概念邏輯上已經隱含了「中心」（centers）與「邊陲」（marginalizes）的歧視。（Rhoads, 1995: 259）「什麼知識最重要」是個永無止境的爭論，時空環境、個人經驗、偏好、職業，以及政治觀點都影響我們對這個問題的看法。（Gaff, 1991: 4）哥倫比亞大學教育學院院長 Arthur Levine 說，現在正陷入一個我們不知道到底應該教些什麼給一般學生的困惑。（US News & World Report, March 25, 1996）更根本的爭議是，我們是否有權要求學生接受（或陶冶）一套「東西」，只因為我們主觀認定它是永恆的；還是說，應該承認知識的相對性，根本放棄類似的企圖？

八○年代對通識課程的思考，最有趣的或許是思考的轉向，人們從「學生應該學什麼主題（subjects）或內容（content）」轉為「學生應該具備怎樣的基本能力（basic skills）」。（White, 1994: 174）問題的提法不同，得到的答案就不同，巧妙地迴避「應該教些什麼」的爭議。什麼是所謂的「基本能力」？它主要包括了：語言文字表達、溝通的能力；批判思考、邏輯推演的能力，以及數學和電腦素養等能力。（Gaff, 1991: 16）同時，還包括某些重要的個人特質（personal qualities），亦即我們希望大學生除了有知識和能力以外，還要有清楚的自我意識（self-consciousness）、具同理

心、好奇心，以及明瞭作爲公民的責任，因爲，知識與能力可以爲善，也可以爲惡，價值的問題不能忽視。這種思考轉向代表的意義是，知識本身不是學習的重點，更重要的是訓練心智，使能抓住問題的關鍵，找出基本假設，從複雜的問題中理出頭緒，尋找證據，建構論證，評估不同的可能解釋，再作出理性的決定。這是面對問題乃至於終身學習的基礎。如同 Wayne Booth 所說，教育的目標不是建立「知道者的國度」（a nation of knowers）讓他們彼此就其所知，交換心得；更重要的應該是「學習者的國度」（a nation of learners），在這裡老師、學生、家長、社會大眾都參與自我教育的過程，每個人積極地閱讀、討論他們認爲重要的東西。（Gaff, 1991: 19）如同 Portland 州立大學通識教育所揭櫫的目標：開發學生獲得知識、能力和態度的潛力，以作爲終身學習的基礎。（White, 1994: 177）其實這些理想在1920年代的通識教育理論中亦不陌生，只不過現在以更爲清楚的方式陳述，試圖重振六〇年代以來日漸式微的通識教育。

新的統整趨勢

　　七〇年代通識教育最爲人所詬病的就是課程割裂化（fragmentation）、缺乏統整（not coherence）。通識課程好似餐館裡的菜單，學生點喜歡的菜，但菜與菜間的聯結不清楚。通識教育目標不明、欠缺深度、學生、教師教學意願不高，學習效果低落。（Gaff, 1988: 77, 22-5）這個問題很早就被注意到了。事實上，各校也嘗試思考課程的整合模式。愈來愈多的學校思索作爲一個知識分子必須具備的特質，然後依此目標設計課程。早在1969年布朗大學就開始一個試驗，

選修的前提下，希望能夠將課程整合。它規劃「思維模式」（modes-of-thought）與「領域探究」（field of inquiry）兩大類課程作為統合的基礎。前者強調思考方法、概念形成與價值體系在分析特定問題上扮演的角色；後者探討學術探究活動超越學科界線的一般性範疇（category）。校方相信這樣的課程能夠給學生較全面 （well-rounded）的基本瞭解。（CFAT, 1979: 171）

　　著名的哈佛大學自1978年開始課程改革，具有指標的意義。其通識教育設定的目標為增進「具有普遍、持久理智意義 （intellectual significance）的知識、能力和思考習慣」。它重訂課程標準，將原來約 2500 個選修課程，精簡合併成150個，歸屬五大領域：文學和藝術、歷史、社會和哲學分析、科學和數學、外國文化，學生選課的限制增加。 （Gaff, 1988: 53-57）布魯金學院（Brooklyn College）則更嚴格，它規定學生必須修習十個科際整合的課程：西方文化的古典起源；藝術與音樂導論；人民、權利和政治；現代社會的形成；數學推理和電腦程式設計；經典文學作品；物理與化學；生物與生態學；亞、非、拉美文化；及知識、存在和價值。各科目均由不同學術背景教師共同規劃授課。密西根大學（University of Michigan）則依「探究知識的途徑」（Approaches to Knowledge）規劃他們的通識課程。探究知識的途徑有四：第一、分析 （analytical）的途徑，例如，數學、哲學、構句法 （syntax）；第二、經驗 （empirical）的途徑，例如，社會和自然科學；第三、道德 （moral）的途徑，例如，哲學、宗教，古代經典研究；第四、美學的，例如，藝術史，音樂，文學和戲劇。（CFAT, 1979: 171-32）

打破學科界線，以問題或議題分析作為統合的基礎成為普遍的趨勢，例如，羅諾克學院（Roanoke College）依歷史分期開了三門課，結合文學、歷史與藝術；北卡羅來納大學（University of North Carolina）阿契維爾（Asheville）分校，提供一個十六小時的人文課程，包括：古代世界、歐洲文明的興起、現代世界，以及人類的未來等。內華達大學（University of Nevada）雷諾（Reno）分校提供三個有關西方傳統文化的課程。（Gaff, 1991: 36）瓦貝須學院（Wabash College）提供兩個學期的「文化與傳統」課程，探討古希臘、中國、希伯來，以及西方文明從中世紀到現代的發展與傳承，大約十五個人小班上課。不少學校起而仿效，但課程名稱稍有不同，例如，猶他谷社區學院（Utah Valley Community College）稱為「倫理與理想」（Ethics and Ideals）。北德州大學（University of North Texas）的經典學習課程，由來自九個不同科系的十五名老師負責。焦點集中在德性（virtue）、市民性（civility）和理性（reason）的探討。閱讀書目、討論議題，及學生學習過程均由教師群定期開會決定。[8] 自然科學的教學也有了變化，過去過於重視教科書、課堂講授，以及被動地實驗。現在則認為科學教育不只是單純技術的領域，它應該包括：歷史、哲學、社會、政治學，以及經濟學的向度。以議題、問題的方式組織起來，教學的重點在探討理論的建構過程，而非鉅細彌遺地敘述已知的「事實」。討論是開放的，每個問題未必有解答，小班上課為主。

為因應課程統合的趨勢，系列化的課程頗為常見，例如，費爾來迪金森大學（Fairleigh Dickinson University）要

求學生修習一個四階段的課程，從大一的第二學期到大三的第一學期。第一階段名為「個人觀點」（Perspectives on the Individual）反省有關個體性（individuality）的一些問題；第二階段為「美國經驗」（The American Experience）探討美國歷史中自由權和平等權的發展與演變；第三階段稱為「跨文化觀點」（Cross Cultural Perspectives）探討不同文化傳統對這些問題的獨特觀點；最後一個階段稱為「全球議題」（Global Issues）探討在科技主導的社會中，威脅人類命運的幾個議題，例如，戰爭、氣候變遷、傳染病等。（Grob & Kuehl, 1997）以議題貫串，前後脈絡一致。簡單地說，課程設計漸趨嚴謹、選修空間變小，增加非西方文化課程、以議題為核心，跨越學科的界線，強調學生探究問題應該具備的能力。

多元文化與全球化

多元文化、女性主義、少數族群等議題，六〇年代以來，即是大學校園的熱門話題。八〇年代仍然延續此種趨勢，甚至還擴大、深化（Gaff, 1988: 98），尤其是全球化議題的課程（global studies）更是各校所必備。過去有關國際議題的研究是專業系所的事，現在則納入核心課程成為學生的基本要求。Barrows，Clark 及 Klein 指出，全球化的教育至少包括三個層面，第一、對其他國家的瞭解；第二，對國際事務的積極態度；第三、對不同種族、文化的同情性瞭解。（Barrows, Clark & Klein, 1980）這三個原則成為各校設計課程的基本目標。基本做法是增加多元文化、性別或少數種族的課程，讓學生認知、比較不同的文化與價值觀，瞭解其複

雜性與衝突。有些學校更進一步要求學生至少要在非西方國家住一段時間親自體驗不同文化。[9]（Gaff, 1991: 49; 1988: 92）不同學校有不同的強調重點，聖十字學院（The College of Holy Cross）把焦點集中在中國，他們成立一個十人工作小組，安排課程、學習中文、到中國旅行、與中國人深度訪談。聖約瑟夫學院（St. Joseph's College）把焦點放在墨西哥，聖地牙哥大學（University of San Diego）則集中在拉丁美洲和泛太平洋地區。

最大的爭議是「經典」的地位，過去認為它是磨練心智、培養智慧、瞭解傳統不可或缺的途徑，現在不少人認為所謂「經典」有違多元文化的精神。改革者認為應該融合新的視野、多元化的歷史、文學和文化角度。（Gaff, 1991: 19）即使是經典閱讀，其方式也不同，改革者要求的是「詮釋」。從女性主義、精神分析、馬克思主義等觀點分析文本，突顯性別、種族、階級等議題浮現出來，重新詮釋後的「經典」顯示完全不同的面貌。（Gaff, 1991: 20）傳統的「經典」支持者認為此舉貶低經典的價值，並且擔心知識本身將會被個人特殊偏好及政治立場所主導，所謂的「政治正確」（political correctness）逐漸取代嚴肅和冷靜的理智學習。當然，這樣的論戰是永遠不會停止的。

價值問題重新被重視

道德、價值問題重新被重視。價值問題在大學校園內一向被認為是個人抉擇，課堂上很少談論。現在不同了，與價值有關的課程成為普遍的趨勢。例如，紐約州立大學石溪分

校（SUNY Stony Brook）的通識課程選擇十個主題：世界饑荒；城市、烏托邦和環境；生活規劃；科技、價值和社會；人性；公共認知的科學；以及生命科學中的社會和倫理議題。爭議的倫理議題，例如，試管嬰兒、生物複製、器官移殖、醫藥實驗、科技理性，以及法律案件等都拿出來討論。討論的目的不在灌輸（indoctrination）特定價值或行為模式；相反地，其目的在加強學生抵抗盲從的能力。主要的做法是澄清相關的價值、探索問題的本質、分析與議題有關的事實脈絡、檢視事實隱含的意義，討論各種可能的策略。強化學生思考、分析價值問題的能力，理智地討論，培養理性判斷的能力。（Gaff, 1991: 55; 1988: 101）

　　綜觀八〇年代大學核心課程的改革，基本上延續六〇年代多元化的趨勢；但是，久為人所詬病的課程割裂與欠缺整合，則獲得廣泛的重視。各校重新反省課程目標，重視學生基本能力的培養，設計科際整合課程，加強課程間的聯結，選修空間變小，課程設計更趨結構化，同時強調主動學習（active learning），創造一個學習環境。發問、探索重於記誦；思考、理解甚於機械式學習；主動參與而非被動觀察。小班討論課（seminar）不再是研究所的專利，甚多學校從一年級就開始進行。

通識教育變革的反省與檢討

變革與反省

　　通識教育自六〇年代以來的變革，一直有人對此不滿。如前所述，七〇、八〇年代主要的研究報告都對通識教育大加撻伐；因此，八〇年代大多數的美國高等院校或多或少進行通識教育改革，似乎也有一些成效。然而，1996年「全國學者協會」（National Association of Scholars, NAS）調查五十間主要的大學（學院）通識課程的發展，發表《通識教育的消失：一九一四到一九九三》（*The Dissolution of General Education: 1914-1993*）。選定1914、1939、1964、1993年四個時間點觀察大學通識教育的變化，發現通識教育正逐漸萎縮當中。六〇年代的校園騷動是分水嶺，課程結構主要的變化是選修課程大量增加。這份研究的結論是悲觀的，傳統的通識教育不被重視，嚴謹、結構的課程被散漫的選修課替代。課程宗旨不明，過於討好學生，標準下降，學生程度低落，教師沒有誘因，無意於落實通識理念。通識教育自二十世紀初期建立，快速發展之後，現在正逐漸崩解中。

　　不過，這份報告也引起部分學者的不滿。芝加哥大學教授 Jerry Gaff 說「他們似乎沒慮及近二十年來知識爆炸，知識的領域早已不同於以往了」（Magner, 1996: A17）布朗大學教授 Kenneth Sacks 說，這個世界變化太快了，我們不知道什麼知識是最重要的，「由某些人決定比較好」是「沒有根據

的懷鄉情結」（emotional nostalgia not based on reason）（US News & World Report, March 25, 1996）Levine 則從歷史演進的觀點說明通識的內容勢必改變。他說，通識教育在校園中的起伏長達一個世紀。十九世紀下半葉主要是以選修爲主，二十世紀才開始我們現在熟知的核心課程，此後它不斷發展，到了六○年核心課程盛極而衰，最近，又有東山再起的趨勢。各校有不少創新，培養學生批判式閱讀的能力、理解和分析數據的能力、對價值和理性的反省思考能力等。從傳統的觀點，這些安排還不夠嚴謹、結構化，但時勢所趨，傳統「經典」已不可能再像以前那樣被重視了。（US News & World Report, March 25, 1996）這份報告忽略近年來課程變革的意義，課程整合固然是重要問題，但是「懷鄉」式的情緒扭曲了事實。（Magner, 1996: A19）亦有學者認爲課程欠缺整合的問題被過度誇大。現代的大學組織複雜，學生來源多樣化，成年學生、兼職（part time）學生愈來愈多，各人需要不同。所謂的「整合」，只不過是以武斷的方式要求不同需要的學生接受一致的標準，這是走回頭路的做法。過去接受高等教育是精英階層的特權，課程具同質性，現在已不同了。（Gaff, 1991: 23）

基本困境

通識教育理想崇高，絕非廣泛修課或知識淵博就可以辦到。雖然，美國自八○年代以來，通識教育有明顯的改善；不少學者爲其辯護，但無可否認地，它仍面臨以下的發展困境：

價值衝突

價值的衝突仍然存在。雖然，大家有共識，通識教育可以彌補專業教育的偏頗，但是對於「通識教育」的理想型態則頗多紛歧。爭議的主軸包括：「內容」與「過程」、「主題」與「基本能力」、「主流文化」與「多元文化」的衝突、知識的「客觀」與「主觀」本質的爭議、「價值」議題處理的方式、「經典」扮演的角色與地位、對課程「實用性」的認知，乃至於結構化的核心課程，亦或選修爲主的課程都是爭議的焦點。這些衝突經常混雜著不同的利益衝突與政治角力，未必純粹是教育理想的爭辯，（Arnold & Civian, 1997）這或許可以部分說明，課程改革很少是全面的，主要是各種利益、意見難以整合。

缺乏誘因

更爲嚴重的問題恐怕是教師缺乏授課的誘因。大學教授主要的工作是研究，其聲望、地位端視研究成果而定。而通識教育不同於一般專業課程，授課教師必須付出更多的時間、精神，方能教得好。教師負擔加重，與專業研究衝突，吃力不討好，自然視爲畏途。（Weeks, 1996）Sheldon Cohen指出我們關心的是「教師寫了什麼東西」，而非「學生學得了什麼」，所謂「學校是個學習的地方」猶如國王的新衣是自欺欺人之談。（Cohen, 1990: 134-5）

專業掛帥

通識教育的重要性似乎是喊的人多，實際做的人少，還是專業教育較受青睞。對教師而言，專業課程與其學術訓練

吻合：對學生而言，專業訓練有實用價值，畢業後易於就業；學校招聘師資亦以學術聲望列爲優先，通識教育教師、學生授課與學習意願不高，自然日趨沒落。

組織上的困境

學校是水平式的組織，各系對重要決定具有相當的否決權，大規模的變動不太可能，就改革而言，稱這是「組織的無政府」（organized anarchy）。（Gaff, 1991: 25）Virginia Smith 發現，各系所最起碼都有個主任、工作同仁、穩定的預算，唯獨通識教育沒有。它必須仰賴各系在師資、課程、經費上的支援，這強化各系所的意見，通識課程被割裂化、欠缺統整性，一點也不意外。大規模、激進的課程改革當然不可能。（Gaff, 1991: 26）另一個不利因素是領導者未必有教育理想，學校高階主管、校長、副校長和主任通常由於管理長才、募款能力或關係良好而上任，並非由於教育理念。因此，首長樂於討好各系所、教師，放任的方式經常是最不會得罪人的方式。

這些困境並非無法突破，Gaff 教授對美國大學通識教育的發展還是樂觀的，他舉出足以樂觀的理由有三：第一、通識教育改革已在主要大學中進行，還頗具成效；第二、基於爭取學生的嚴酷競爭，學校勢必要改革課程；第三、教育界主要領導者已體認通識教育的重要，公開爲通識教育說項。（Gaff, 1988: 194）他的結論是：我們不敢說這波通識教育改革有多深或對教育體系衝擊有多大，然而可以肯定的是通識教育將會以不同的風貌出現，而且朝正確的方向前進。（Gaff, 1988: 196）

美國通識教育改革經驗的啓示

　　台灣推廣通識教育每每取法美國，固然美國大學通識教育有諸多優點；不過，我們也發現美國人對他們自己的通識教育並不滿意。這種不滿意可能有兩種意涵，第一，通識教育的問題仍然很多；第二，美國人勇於面對問題，求好心切，自然批評就多，這兩種可能都有。就台灣而言，值得我們關心的是，第一、美國通識教育遭遇的問題在台灣是否存在？台灣是否也有類似的問題發生；第二、除了中美共通的問題以外，台灣有哪些特殊性？有些問題或許困擾我國許久，但在美國卻從未發生；第三、美國的通識教育有哪些值得我們效法，他們解決問題的方法是否可供我們借鏡？由於環境、國情的不同，美國實行良好的制度在我國未必能適用；最後才是針對台灣的問題，提出建議。以下，我們即從這四個方向來分析：

　　首先，專業教育當道，功利主義盛行的現象台灣與美國同樣普遍；不過，台灣恐怕更爲嚴重。君不見選舉時亂象頻仍、民主素養不足、缺乏包容與尊重、公共意識無從建立，這些現象與學歷高低及教育普及與否無關，證明台灣教育存在嚴重的偏頗。關於「組織的無政府」台灣與美國無異。通識教學不受重視，授課老師缺乏誘因，不願投入，中美皆然。有關價值衝突方面，台灣顯現的問題恐怕更爲嚴重。直到今天，通識教育的精神、目的、本質、方法，國人的探討每每望文生義，妄加比附，不然，就是賦予過度期盼，彷彿它是解決當前問題的萬靈丹。就實際的課程言，宗旨不明、

水準不齊，與專業科目難以區隔；學生則盲目選課，學習意願不高，視為營養學分。不過，台灣中學生的水準較整齊，經過大專聯考洗禮，數、理、語文有起碼的基礎，美國中學生素質參差不齊，通識教育（核心課程）通常肩負彌補基礎知識不足的任務，台灣這方面的需求則較小。

另外有一些問題是台灣特有的，例如，普遍欠缺分析、獨立思考和批判的能力，這與我國學生學習一向被動，過於依賴課堂講授、教科書、記誦演練及考試。因此，改變學生的求學態度乃為通識教育的重要目標。同時，我國大學課程，由教育部統一規範，各大學在發展通識教育時不能違反教育部的授權，學分、課程內容、師資受到相當的限制，所幸近年已有改善。[10]不過，通識課程與原部訂共同必修課程 （國文、英文、中國通史、國父思想） 的轉型經常聯結在一起，而共同必修受到過多威權時代的不良影響，包袱沈重，經常成為推動通識教育的阻力。台灣的通識課程 （含共同必修）與美國相較，除了課程僵化、教法傳統之外，同時還欠缺國際、多元文化，以及全球化的觀照。如何提振台灣學生的國際視野，實在刻不容緩。

台灣學生在經典閱讀上面也有不得不然的困境。美國學生閱讀經典沒有語文障礙，因為主要經典，不管是柏拉圖的《理想國》、荷馬的史詩、但丁的《神曲》、康德的《純粹理性批判》、馬基維利的《君王論》，乃至於《聖經》、《可蘭經》、孔子的《論語》，閱讀起來都沒什麼問題，因為這些經典都是以現代英文改寫的。台灣學生則沒有這個福份，不但閱讀中國傳統經典有問題 （古文障礙），閱讀西方經典問題

更大（外文能力不足），這是主張經典閱讀者必須注意的問題。

　　最後，美國的大學 （學院）數量、種類繁多，各校高度自主，自行設計課程及招生政策；固然，政策相互影響，但基本上沒有官訂、一致的課程標準。（Gaff, 1991: 13）在自主的環境下，各校得以發展特色，配合時代需要因應調整，這是各大學推陳出新、不斷變革的重要原因。反觀，我國大學每有「教育部大學」之譏，解嚴後，雖稍有改善，與美國相較，差距仍大。

　　台灣的通識教育問題嚴重，但關心的人不多，迴響也不大。主要原因是台灣的大學歷來皆以專業教育為主，共同必修一直都是課程的邊陲，其良窳自然不被注意。反觀美國，他們通識課程比重甚高，大學階段仍以通識為主，專業訓練主要是學士後的事，[11] 通識教育的成敗自然為輿論所關注。不過，話雖如此，美國人對通識教育的反省仍然有頗多值得借鏡之處。例如，他們對課程宗旨、定位的反省，並以此作為課程設計、教學方法的準繩。明確的課程規範，不同專長、密切合作的工作團隊，定期討論，經驗交流，甚至共同開課。面對問題時，實事求是，嚴屬批評的精神亦令人佩服。同時，美國通識教育的發展趨勢，也值得我們注意，例如，多元文化、國際化、全球化、女性主義、少數族群議題的重視；基本能力問題的探討；以及教學方法、課程設計的翻新等。

　　基於以上討論，作者對台灣的通識教育建議如下：

重新反省課程宗旨，明訂課程規範。由於課程結構的關係，國內大學通識學分有限，因此宜妥為規劃。首先確立課程宗旨，思考課程預期達成的目標，調整課程內容，裁汰不適合者，尤其不應與各系所專業課程混淆，或相互抵免。

以基本能力為核心的課程設計。台灣學生普遍缺乏邏輯思考及表達的訓練，獨立思考、批判反省能力不足，為了擺脫過去僵化、被動的學習，與其再強調知識傳授、文化傳承，或價值灌輸，不如仿效美國以基本能力為核心，強調「過程」重於「內容」；兼顧社會科學、自然科學、人文與藝術三大領域，以跨越科際的議題為導向，如此當有助於培養學生獨立思考、綜合判斷，以及自我學習的能力。

建立論壇，提供經驗交流的管道。通識教育的精神與專業教育不同；因此，課程設計、教學方法與教材、乃至於考核方式均要多花心思。為了改變原有教學觀念，授課老師亟需經驗交流、共享教材，甚至共同開課。如果連美國這種深富通識教育傳統的國家，都積極提供此種交流、互動的機會，無疑地，我們就更需要了。

調整課程結構，善加利用共同必修學分。我國部訂共同必修課程固然飽受批評而面臨轉型壓力；然而它的轉型如果能與通識教育結合，未嘗不是一個發展的契機。通識教育一般說來包括：自然科學、社會科學、人文與藝術三個領域，共同必修的國文與外文師資，正可以提供「人文與藝術」領域的通識課程；國父思想 （憲法與立國精神）師資可提供「社會科學」領域的通識課程；「自然科學」領域師資只能從專業科系中遴選。當然，剛開始時課程難免不如人意，但只

表2 課程結構表

	專業共同必修課程	專業必修課程	專業選修課程	通識課程 （與原共同必修合併）
說明	目的在奠定進一步專業訓練前的基礎	各系所自行開授的專業課程。目的在建立基本專業素養	各系所自行開授，或經認可的其他系所專業課程。目的在加強專業訓練的深度與廣度	與原共同必修課程結合，一體設計
舉例	例如，理工學院的微積分、普通物理、普通化學；農、醫學院的生物、普通化學。	各系自行規定	各系自行規定	兼顧自然科學、社會科學、人文藝術三大領域，依規定分配選修
比重	約二十學分	約四十學分	約四十學分	約三十學分
課程性質	熟悉一套學術規範，精確掌握與運用各種理論及學者的研究發現，強調系統知識的建立與專業能力的培養。			培養獨立思考、反省批判、表達溝通的能力，強調對知識本質的思索，不同視野的挑戰與回應及價值的衝突與調合。

要課程宗旨清楚、加強考核與經驗交流，必能有所改善。通識教育與共同必修合併後的好處是通識課程與專業課程可以有良好的區隔，不會產生排擠效應，對現有科系衝擊最小，唯一要做的是輔導共同必修課程轉型，增聘教師時考慮其開授通識課程的能力與意願。經過調整後的課程結構如**表2**所

示，課程分為「專業共同必修課程」、「專業必修課程」、「專業選修課程」、「通識課程」四大類，配比適當，對原有課程結構衝擊不大，似可考慮。

選修為主，必修為輔。美國在討論核心課程時常陷入必修與選修的論爭。就我國而言，通識教育仍在發展階段，課程宗旨不明，合適的師資、課程不多，教學方法無甚創新，課程考核未見落實；在此情況下，必修課不如選修課，因為至少可以增加開課與選課的彈性，避免課程一致帶來的僵化。課程參差不齊的問題則有賴落實前面三個建議逐步改善。

結論

美國大學通識教育的傳統極為悠久，直至今日，殖民時期博雅教育的理想仍為人所稱道。美國著名大學（學院）標榜 liberal art，堅持大學教育不應以職業訓練為主，強調教育應賦予學生某種文化特質，精神、智識、身體的全面發展，以迎接未來的挑戰。（Harvard University, 1952: 243）。1920年代初期，一般認為是現代通識教育奠基的時期，爾後發展迅速；不過，1960年代，隨著校園騷動，傳統以「經典」閱讀為主的核心課程受到嚴厲批判，結果，學校對課程的規定放寬，學生選課彈性變大；七〇年代，經濟不景氣，通貨膨脹，不切實際的通識教育不受歡迎，通識理念有式微的趨勢。八〇年代，人們又逐漸反省到大學不該只是職業訓練

所，學生應該對自己所立基的文化傳統有所認識，具備最基本的知識能力，作為終身學習的基礎，而現在的通識課程則過於分割、欠缺連貫不符合需求。新一波課程改革重點在清楚的表達、溝通能力、邏輯和批判的思考，以及掌握分析問題的基本方法和概念工具。各校在課程設計、教學方法上相互較勁，屢有創新，通識教育似乎在復興當中。

反觀國內，通識教育推動有年，但是成效不彰，不過近年來，隨著大學自主、部訂共同必修的解放，通識教育的發展又有新契機，作者深深以為我們宜吸收美國通識教育改革的經驗，妥善規劃通識教育，具體的建議有：第一、重新反省課程宗旨，明訂課程規範。第二、課程設計以基本能力為核心。與其再強調系統知識的傳授、文化傳承，或價值灌輸，不如仿效美國以基本能力為核心，強調過程甚於內容，如此有助於學生培養獨立思考、綜合判斷，以及自我學習的能力。第三、建立論壇，經驗交流。為了改變原有教學觀念，推廣通識理念，授課老師間亟需經驗交流、共享教材，甚至共同開課。第四、調整課程結構，善加利用共同必修學分，減少改革阻力。最後，過渡時期以選修為主，必修為輔，以增加開課與選課的彈性，避免一致化帶來的僵硬。課程參差不齊的問題則有賴落實前面三個建議逐步改善。

註釋

1. 1770年代接受大學（college）生總數只有3,000人（約佔人口總數三百萬人的千分之一），到了1970年代，接受大學教育的達到七百三十萬人，百分之二十六的人至少在大學待過一年，學校的數目、規模，學生的年齡、結構均大大不同於往昔（CFAT, 1979: 19-23）。

2. 各校的發展方向有些差異，部分學校希望追隨殖民時期的傳統，寧願被稱爲「liberal art」，不願被稱爲「general education」。然大部分的學校則強調創造力、思考與表達等能力，與殖民時期最大的不同或許在「個人特性」（individuality）上的強調。（Rothblatt, 1988: 19）

3. 有趣的是，這些課程是從一個爲預備軍官（Student Army Training Corps）準備的課程「戰爭議題」（War Issues）發展而來，（Ben-David, 1981: 62）有點像台灣各大學普遍存在的「軍訓」課。

4. 1930年代芝加哥大學，1940年代的哈佛大學相繼開始類似的嘗試。

5. 值得注意的是美國大學體系非常複雜多元，基本上可區分爲研究大學（research university）、設有博士學位的大學（doctoral degree-granting university）、綜合大學或學院（comprehensive colleges and universities）、通識教育學院（liberal art college）、社區學院（community college）。社區學院有二年與四年之分，通識教育學院依入學許可以有寬嚴之分。不同學校依其特殊的需要有不同的課程設計。（CFAT, 1979: 129-164）

6.當然，我們也可以說啓發智慧，使能過更圓融的生活，也是一個外在的「目的」，因此沒有什麼本質上的目的（intrinsically worthwhile 或 for its own sake）存在（Peters, 1978: 5-14）。不過這種講法模糊了通識教育與專業教育兩者間的界線，其實就「目的」的內涵而言，兩者間仍有明顯的差別。

7.例如，Frank Newman（1985）的 *Higher Education and the American Resurgence*他認爲美國高等教育是當今世界最好的。

8.George Mason, Miami (Ohio), California State Polytechnic universities, Gustavus Adolphus 和 St. Olaf colleges 都有類似的做法。（Gaff, 1991: 55）

9.例如，Goshen, the Indiana Mennonite College。

10.民國八十四年五月二十六日大法官會議釋字三八〇號解釋，依學術自由之精神，課程設計當屬大學自治之範圍，教育部不得「邀集各大學共同研訂共同必修科目」。開啓各大學共同必修課程變動的序頁。

11.職業訓練主要在研究所階段，研究所的入學要求通常不考慮大學的主修，企管碩士（MBA）法律學院（law schools）、培養中小學師資的教育學院、醫師訓練、其他例如，文學、心理學、哲學、經濟的碩士課程亦然。研究所入學的要求標準通常是一般知識或某些基本的能力，例如，the GMAT，LSAT， GRE （general test），MAT，專業知識通常不是要求的重點。（Casement, 1998）

參考書目

英文部分

Association of American Colleges (AAC) (1985) *Integrity in the College Curriculum: A Report to the Academic Community*. Washington, DC: Association of American Colleges.

Arnold, Gordon & Civian, Janet T. (1997) *Change*, Jul/Aug 97, Vol.29 Issue 4, p.18-24.

Avery, John (1995) "Plato's Republic in the Core Curriculum: Multiculturalism and the Canon Debate," *The Journal of General Education*, Vol.44, No.4.

Barrows, T.S., Clark, J.L., & Klein, S.F. (1980) "What Students know About Their World." *Change*, May-June, pp.10-17.

Barnes, Stephen H. (ed.) (1990) *Points of view on American higher education: a selection of essays from The Chronicle of higher education*. Lewiston : E. Mellen Press.

Bell, Terrel H. (1983) *A Nation at Risk: The Imperative for Educational Reform*. A Report to the Nation and the Secretary of Education United States Department of Education by The National Commission on Excellence in Education.

Bennett, William J. (1984) *To Reclaim a Legacy: A Report on the Humanities in Higher Education*. Washington: National

Endowment for the Humanities.

Bonham, George W. (1979) *The Great Core Curriculum Debate: Education as a Mirror of Culture*. New Rochelle, N.Y.: Change Magazine Press.

Boyer, Ernest L (1987) *College: The Undergraduate Experience in America*. New York: Harper.

Boyer, Ernest. L. & Kaplan, M. (1977) *Educating for Survival. New Rochelle*. NewYork: Change Magazine Press.

Carnegie Foundation for the Advancement of Teaching (CFAT)(1979)*Missions of the college curriculum*. San Francisco: Jossey-Bass.

Casement, William (1998)"Do College Students Need A Major?" *Academic Questions* Summer 98, Vol. 11, Issue 3, p72.

Chicago, University of ([1950], 1992) *The Idea and practice of general education: an account of the College of the University of Chicago*. Chicago: University of Chicago Press.

Cohen, Sheldon (1990)"Introduction: Defining A Higher Education-The Curriculum Question", in *Points of View on American Higher Education*, edited by Stephen H. Barnes (Mellen Studies in Education, Vol. 6, 1990), pp. 129-136.

DeBary, Theodore (1975) "General Education and the University Crisis," in *The Philosophy of the Curriculum*, edited by Sidney Hook, Paul Kurtz, Miro Todorovich (Buffalo, N.Y.: Prometheus Books, 1975), pp.3-25.

El-Khawas, Elaine (1986) *Campus Trends 1986*. Washington,

D.C.: American Council on Education.

Faust, Clarence H. ([1950], 1992) "The Problem of General Education," in *The Idea and Practice of General Education*. The University of Chicago Press, pp.3-24.

Franklin, Phyllis (1988) "Curriculum Reform and its Problems", in *Cultural Literacy and The Idea of General Education*, edited by Ian Westbury & Alan C. Purves (The University of Chicago Press, 1988), pp. 198-210.

Gaff, Jerry G. (1988) *General Education Today: A Critical Analysis of Controversies, Practices, and Reforms*. San Francisco: Jossey-Bass.

Gaff, Jerry G. (1991)*New life for the college curriculum: assessing achievements and furthering progress in the reform of general education*. San Francisco : Jossey-Bass.

Grob, Leonard & Kuehl, James R. (1997) "Coherence & Assessment In A General Education Program," *Liberal Education*, Winter 97, Vol. 83 Issue 1, p34, 6p, 3bw

Harvard University (1952) *General Education in a Free Society: Report of the Harvard Committee*. Cambridge, Massachusetts: Harvard University Press.

Magner, Denise K. (1996) "Standards in a free-fall?" *Chronicle of Higher Education*, 3/29/96, Vol. 42 Issue 29.

National Association of Scholars (NAS)(1996) *The Dissolution of General Education: 1914-1993*. Princeton, N.J.

National Institute of Education, Study Group of the Conditions of Excellence in Higher Education. (1987) *Involvement in learning: Realizing the potential of American higher education*. Washington, DC: U.S. Department of Education.

Newman,Frank (1985) *Higher Education and the American Resurgence*. Princeton, NJ: Carnegie Foundation for the Advancement of Teaching.

Peters, R.S. (1978) "Ambiguities in Liberal Education and the Problem of its Content," in *Ethics and Educational Policy*, edited by Kenneth A. Strike & Kieran Egan, Boston: Routledge & Kegan Paul, 1978.

Pring, Richard (1993) "Liberal Education and Vocational Preparation," in *Beyond Liberal Education*, edited by Robin Barrow & Patricia White. London: Routledge.

Rhoads, Robert A. (1995) "Critical Multiculturalism, Border Knowledge, and the Canon: Implications for General Education and the Academy," *The Journal of General Education*, Vol.44, No.4.

Rothblatt, Sheldon (1988) "The Idea of General Education," in *Cultural Literacy and The Idea of General Education*, edited by Ian Westbury & Alan C. Purves (Chicago: The University of Chicago Press, 1988), pp. 9-28.

Suniewick, Nancy & El-Khawas, Elaine (1985) *General Education Requirements in the Humanities*. Washington, D.C.: American Council on Education.

Tomcho, Thomas J., Norcross, John C. & Correia, Christopher J. (1994) "Great Books Curricula: What is Being Read?" *The Journal of General Education*, Vol.43, No.2. *US News & World Report* (periodical)

Weeks, Richard (1996) "The Academic Major As A Model For General Education," *Liberal Education*, Winter 96, Vol. 82 Issue 1, p50, 4p, 2bw.

Westbury, Ian & Purves, Alan C. (ed.) (1987) *Cultural literacy and the idea of general education: eighty-seventh yearbook of the National Society for the Study of Education*, VIII. National Society for the Study of Education.

White, Charles R. (1994) "A Model for Comprehensive Reform in General Education: Portland State University," *The General of General Education*, Vol.43, No.3.

美日兩國教師組織運作方式之比較

◇沈春生◇

高雄縣林園鄉汕尾國小訓導主任

國立暨南國際大學比較教育研究所博士班研究生

Abstract

∙∙

The aims of this study were to compare America`s teacher organization with that of Japan to find out how those teacher organizations administer their collective bargaining, political, judicial, and education research activities. Furthermore, the study also intended to give some suggestions for the development of our teacher organization.

Some major suggestions for our teacher organization are stated as follows:

1.Providing the leaders at all levels and the member theskills of collective bargaining, and the collective bargaining should be administered on a wide range of topics.

2.Establishing a political action fund to coordinate political activities.

3.When administrative proceedings or acts are in violation of constitutional education rights, actively filing a suit against the Administration and the legislature.

4.Establishing a legal defense fund, which provides legal defense services to protect member rights on the job.

5.Paying attention to education research.

∙∙

Key words：teacher organization, the comparison of teacher organization

摘要

在邁入二十一世紀之際，教育改革成為全球共同關心的議題。「維護教師專業自主權」為我國重要的教育改革理念之一，所以教師專業化的提昇仍然是我國面對新世紀教育挑戰的重要課題。「專業組織」亦是構成專業化標準的要件之一，所以先進國家莫不有堅強、自主的教師組織。

美日兩國教師組織成立的主要目標都以「爭取保障會員的權益及福利」與「提昇教師的專業水準與地位」為主。為達成上述目標之實現，美日兩國教師組織之運作方式為勞動三權活動、政治活動、司法活動，以及教育活動，所以本文旨在分析比較上述之活動，然後歸納成結論，供我國教師組織發展改進之參考。本文之主要建議：第一、宜發展訓練組織幹部及會員的集體談判能力。第二、宜成立抗爭基金以補助會員因抗爭行動而遭受損失。第三、宜成立政治行動基金會統籌政治活動。第四、宜重視教育研究活動。第五、對於行政機關的行政措施或立法機關所通過的法案，如有違法之嫌，宜主動向法院提出訴訟。第六、宜成立法律訴訟基金，協助會員因執教所引發的法律訴訟。

關鍵詞：教師組織、美日教師組織比較、教師會

前言

　　近年來社會快速變遷，政治加速民主化，人民為爭取自身的權利，紛紛以團體結盟的方式為之，教師團體亦不例外。教師在爭取自身的權利當中，最感到切身之急的是希望能制定教師法，以法律的規定保障教師的權利及應盡的義務。經過多年的努力，教師法終於在民國八十四年八月公布。教師法中第一條明文規定教師權利義務，保障教師工作與生活，以提昇教師的專業地位。

　　另一方面，1990年代世界各先進國家為提昇其國家在國際上之競爭力，紛紛進行教育改革，我國也在此潮流衝擊下，於民國八十三年九月在行政院下成立教育改革審議委員會，進行教育改革。教改會於八十五年十二月功成身退，在其總諮議報告中，確立了「維護教師專業自主權」為重要的教育改革理念之一。其實在整個教改的過程中，教師實際上扮演著最重要的角色，因為任何教改理念的推動實行，最終仍需負責第一線工作的教師加以落實。

　　綜上所述，教師專業化的提昇仍然是我國面對新世紀教育挑戰的重要課題。一般人提及教育人員專業化的標準時，大體上以美國「全美教育協會」（National Education Association, NEA）的專業化標準界定，作為討論的依據。根據美國「全美教育協會」所謂專業化標準，應指：屬於高度心智活動；具特殊知識技能；受過長期專業訓練；要不斷在職進修；屬於永久性職業；以服務社會為目的；有健全的專

業組織：訂定可行的專業倫理（何福田，民85）。從上述專業化標準中可知，「專業組織」亦是構成專業化標準的要件之一，所以先進國家莫不有堅強、自主的教師組織。

我國早就有兩個教師組織—「教育會」和「教師人權促進會」，但根據張鈿富（民75）、傅瑜雯（民82），以及翁豐珍（民84）等的研究發現，二者皆未發揮教師專業組織之功能。民國八十四年教師法公布後，賦予教師組織教師會的權利，於是又燃起建立專業教師組織的新希望。

教師會成立後，教師人權促進會卻停止其活動，所以目前我國仍然有兩個教師組織—教師會和教育會。另據《中國時報》八十八年二月一日報導，全國教師會目前有近十萬名教師加入，是全國最龐大的人民團體之一。全國教師會希望以公元2000年時有二十萬教師參加教師會為發展目標（目前全國教師人數約二十三萬人）。在我國教師會正值發展之際，當我們希望我國教師組織能走出困境而健全發展時，美日兩國教師組織的因應策略可以提供我們思考的方向。

美國目前有兩個教師組織「全美教育協會」和「美國教師聯盟」（American Federation of Teachers, AFT），而日本有四個教師組織，但以「日本教職員組合」（簡稱「日教組」）規模較大，所以本文擬以上述三個教師組織為基準點，比較其運作方式，然後歸納成結論，供我國教師組織發展改進之參考。

美日教師組織之目標

　　目標是組織活動發展的指針，是用來規範組織活動發展的方向，教師組織之運作，無非是要達成組織之目標，以下分別介紹美日兩國教師組織之目標。

　　「全美教育協會」的組織目標，爲下列十項（NEA Handbook, 1997）：

　　1.擔任全國教育界的代言人。
　　2.爲每個人提昇教育的目標。
　　3.促進兒童或學生的健康及福利。
　　4.促進教育人員的專業能力。
　　5.使教師在學習過程中及其他致力於教育工作的雇員獲
　　　得基本能力。
　　6.維護教育人員的權利及增進他們的福利。
　　7.確保專業自主。
　　8.團結教育人員使成爲有效率的公民。
　　9.促進並維護人權及公民權。
　　10.爲其會員爭取獨立團結的教育專業的利益。

　　而「美國教師聯盟」的組織目標有十二項（Constitution of the American Federation of Teachers, 1997）

　　1.爭取談判的權利。
　　2.促進地方及州教師聯盟的互助合作。
　　3.爭取教師應得的權利。

4.提昇教育水準。

5.改善護理保育人員素質。

6.提昇教師素質並確保其良好的工作條件及工作環境。

7.改革教育。

8.增進學童福利。

9.促進社會福利。

10.促進民主。

11.鼓勵地方及州，成立退休教師組織。

12.反對因種族、性別、政治、經濟等因素，所受到的不平等的待遇。

另外，「日本教職員組合」於1947年（昭和22年）在奈良召開成立大會，會中並決定下列之組織目標（細谷俊夫，1990）：

1.吾等為完成重大的職責須獲得社會、政治，以及經濟的地位。

2.吾等為求教育民主化及獲得研究自由而努力。

3.吾等為愛好和平、自由並建設一民主國家而團結。

此外，「日教組」也在其章程第七條事業活動中提出下列目標（Ibid.）：

1.教職員待遇及勞動條件的維持及改善。

2.學術研究的民主化。

3.民主主義教育建設。

4.教職員的文化教養。

5.與其他團體的連絡及合作。

組織運作

　　承上所述，美日兩國教師組織之目標仍以「爭取保障會員的權益及福利」與「提昇教師的專業水準與地位」為最重要。為達成上述目標之實現，美日兩國教師組織之運作方式分別為勞動三權活動、政治活動、司法活動，以及教育研究活動，以下分別加以比較：

勞動三權活動

　　勞動三權原是勞工組織的用語，今已為美日兩國教師組織所應用。茲將勞動三權之意義以及美國教師組織如何解釋、運用在其活動上分述如下（陳文燦，民86）：

工會結社結權

　　係指為保障勞工得以自由結合組織工會（union）或其他勞工組織，並保障勞工團體的生存及其他活動而設的法定權利。對教師而言，是指教師得以由結合組成其所屬的組織（例如，教師會），以保障其權益和專業上的各種活動。

集體談判權

　　集體談判權（collective bargaining）係指勞資雙方代表為確定雇用條件而協商的過程。就教師而言，則指教師組織與行政機關（例如，教育董事會），就其共同關切的事務做有秩序的協商或談判，以便達成共同的協議，做為規範雙方行

為的準繩。

罷工權

罷工權（strike）係指工會為貫徹其對勞動條件的主張，而採取爭議行為之自由權利。簡言之，即受僱者集體拒絕在僱主所要求的條件下工作。對教師來說，係指集體罷教的作為。

勞動三權，雖名為三權，實際上三者密不可分。工會結社權是形成代表性的基礎，其目的是行使集體談判權，而集體談判權的後盾為罷工權（蔡炯墩，民81）。

美日兩國教師組織都將改善教師工作條件列為組織主要的目標之一，而且根據Mcdonell & Pascal（1988）的研究也顯示，美國教師組織的集體談判基本上都離不開教師的實際利益，例如，較高的薪資、較好的額外利益、改善工作條件和環境等。

美國教師組織是藉集體談判行動來和教育行政單位協商教師聘約內容，所以將集體談判程序及技術的訓練列為組織的重要工作。而因實施集體談判是屬於地方教師組織的事務，地方又常受限於人力及物力，總有技窮之時，所以總部常派嫻熟的談判人員協助地方或調訓地方幹部。

「美國教師聯盟」早在1960年代便開始使用集體談判和學區教育委員會談判，當時「全美教育協會」卻採取制裁（sanction）策略而反對集體談判（Johnson, 1994）。不過由於

集體談判確能為教師爭得較佳的工作條件，時至今日美國兩教師組織都使用集體談判來為教師爭取較佳的聘約。由於美國兩教師組織在地方並存，到底那一個教師組織代表教師和學區董事會進行談判呢？於是有所謂教師談判小組代表的產生，其產生方式通常有單一代表制及比例代表制兩種。所謂單一代表制（exclusive representation）係指由學區（美國地方教育行政機關所管轄的地區稱為學區）內的教師投票，以得票數最多的那一個教師專業組織來代表全體教師談判。譬如，某學區的教師分屬於「美國教師聯盟」及「全美教育協會」兩個教師組織，經教師投票結果前者得票較高，則「美國教師聯盟」為本區的教師談判代表；所謂比例代表制（proportional representation）係由各教師專業組織依會員多寡的比例各選出若干名代表來組成小組之意。譬如某學區教師屬美國教育協會成員的有三分之二，而屬「美國教師聯盟」只佔三分之一，而本區談判小組定為九人，則依上述比例分配其中六人選自「全美教育協會」而三人選自「美國教師聯盟」（謝文全，民73b）。當談判破裂時，教師組織便採取罷教手段來逼行政單位就範。雖然美國只有九個州允許教師罷教（Rich, 1992），但當談判破裂時，即使在禁止罷教的州中，罷教的例子仍到處可見（Shanker, 1992）。為了彌補會員因罷教而遭受的損失，美國教師組織成立抗爭基金會，例如，「美國教師聯盟」每月扣除會員部分會費成立抗爭基金（Militancy Fund），做為補助會員因罷教抗爭而遭受的損失（Constitution of the American Federation of Teachers, AFL-CIO, 1997）；而「全美教育協會」也成立集體談判和補償組（Collective Bargaining and Compensation）負責所有「全美教育協會」有關集體談判與補償的計畫、評估，以及實施

（NEA Handbook, 1997）。

日本的「日教組」而言，由於日本的國家及地方公務員法均規定「職員團體與當局之交涉，不包括團體協約之締結」（王家通，民84），所以「日教組」和日本政府之間有關改善教師工作條件的對談並非集體談判權的行使而是協議權的行使。不過「日教組」自成立以來，對於文部省的政策一直都採反對的立場，阻止不成，仍然不顧法律上禁止罷教的規定，發動大規模的罷教行動。與美國教師組織一樣，「日教組」也成立救援資金制度，給予因罷教被法院判刑或減薪的會員救援資金。

其實美日兩國教師組織長久以來在為會員爭取權益時，總希望能擁有勞動三權，但始終無法爭得完整的勞動三權。目前美國已有三十二州立法教師擁有集體談判的權利，十二個州默許，而只有六個州禁止，至於教師的罷教權只有九個州允許，但儘管罷工在大部分的州是非法活動，罷教仍然發生（Shanker, 1992）。相較下，日本教師就沒有美國教師幸運了，即使不斷的使用罷教策略，「日教組」從1966年到1988年所實施的罷教共計三十五次，參加人數高達六百八十二萬五千六百七十九人，但仍爭不到集體談判權及罷教權（《1996年教育委員會月報》，二月號）。

政治活動

政府官員對於教育資源的分配及教育政策的決定具關鍵性的角色，而民意代表也握有制定法案的權利，所以教師組

織透過各種政治活動方式以影響政府官員及民意代表的決定。Berube（1988）在論及教師組織的政治行動時，認為教師組織透過政治行動以影響教育政策是組織發展的自然結果。美日兩國教師組織的政治行動已行之多年，綜觀美日兩國教師組織的政治行動策略方式，主要包括有：成立政治行動基金會、政治結盟、遊說、投入選戰、政治獻金，以及訴諸傳播媒體，以下就前四項分別比較之。

成立政治行動基金會

美國在詹森總統主政期間（1963-1969），聯邦教育便成優先考慮的施政重點，因此引起教師組織對於政治活動的注意。之後，尼克森總統主政時期（1969-1974）卻要削減聯邦的教育援助，更刺激了教師組織投入政治活動（Shanker, 1992）。

首先，「全美教育協會」於1972年成立政治教育委員會（Committee on Political Education, NEA-PAC），而「美國教師聯盟」也緊接著於1974年成立政治行動委員會（Political Action Committee, PAC），後來為了不致和「全美教育協會」在名稱上產生混淆，改稱為政治教育委員會（Committee on Political Education）。這二個組織的經費來源，除由會員會費扣除外，也接受會員個人捐款，所以擁有龐大的經費有能力從事政治活動（Ibid.）。Berube（1988）曾指出美國教師組織是一個政治巨人，「全美教育協會」及「美國教師聯盟」透過這二個基金會積極的從事政治行動，在1987-1988年的全國政治捐獻上，其中「全美教育協會」排名第四位，而「美國教師聯盟」則排名第二十八位，同時在1990年的眾議員當選

人中，二五八中有二四七名，而參議員的當選人中，二十七名中有十九名是二大組織所支持，顯見其力量之強大（Bridgeman, 1991）。

和美國教師組織比較，「日教組」雖然也採取和美國教師組織相同的政治行動的運作方式，但「日教組」並未成立政治行動基金機構。

政治結盟

所謂政治結盟，是指教師組織以結盟的方式，與其他工會團體或政黨共同合作。

首先，就加盟工會來說，美國「全美教育協會」向來反對加盟工會團體，認為加盟工會團體有損教師專業團體的形象，而「美國教師聯盟」成立後，立即加盟美國勞工聯盟，按其自己的解釋有下列理由（Introducing the AFT, 1997）：

1. 和其他工會合作，對於彼此共同關心的問題比自己單獨行動產生較大的力量。
2. 美國勞工聯盟是美國第一個倡導免費的公共教育的組織，此外，也是第一個倡導使工人及其家庭獲利的組織。
3. 美國勞工聯盟支持1847年的「公共教育法案」（Public Education Act），從壓榨勞力的工廠將兒童救出並送他們進學校。
4. 要獲得集體談判權、社會安全保障、抵抗工作場所的性別歧視等問題，就得和美國勞工聯盟合作，因為美

國勞工聯盟在國會、州議會及地方社區都佔有極重要的影響力。

5.一般人誤以為加入美國勞工聯盟會使得「美國教師聯盟」喪失組織的獨立性,而較不能代表專業人員的利益。其實不然,「美國教師聯盟」仍保持自主性,可以訂定自己的政策、管理自己內部的事務,不論是否和美國勞工聯盟的立場衝突。近年來「美國教師聯盟」在代表教師專業人員的表現上,和其他加盟美國勞工聯盟的專業組織,例如,工程師、醫師、律師及新聞人員一樣,並未有損及專業人員的形象。

6.美國勞工聯盟為專業、公務人員的服務項目,包括:遊說、政治行動及各項訊息的提供等益處,所以即使加盟美國勞工聯盟需付加盟費,還是值得的。

就日本而言,由於「日教組」在其倫理綱領中認為教師是勞動者、教師應保衛生活權利及教師要團結,所以基本上「日教組」將自己定位是勞動工會的教職員團結體。「日教組」自1947年成立後,為達到團體間的結盟,旋即加入「日本勞動組合總評議會」(總評)。而且在總評內是僅次於「全日本自治團體勞動工會」(自治勞)第二大的團體,「日教組」委員長慎枝元文還被選為「總評議長」且連任三屆(劉焜輝,民71),可見其在民間工會的領導地位。另外,「日教組」也與其他公務員組織建立密切的關係,透過日本公務員勞動組合共鬥會議、地方公務員勞動組合共鬥會議,並肩作戰,爭取會員權益。

從上述分析比較可以發現,走工會運動路線模式的教師

組織，如「美國教師聯盟」，或認為教師是勞動者的教師組織，如「日教組」，傾向於加盟勞工團體，而加盟的最主要目的有二，一是和其他工會合作，對於彼此共同關心的問題比自己單獨行動產生較大的力量，因為工會團體在任何國家都是最大的團體組織；二是可以獲得工會團體在集體談判方面的經驗援助。

如再以1998年「全美教育協會」和「美國教師聯盟」總部的合併對談協議中，對於未來新組織已取得也要加盟美國勞工聯盟（AFL-CIO）的共識來看（NEA Internet, 01/28/1997），顯然「全美教育協會」的幹部也認定教師組織加盟工會團體利多於弊，因為以前合併對談速度緩慢及阻礙重重，最主要的原因是「全美教育協會」反對加盟美國勞工聯盟。「全美教育協會」至今還未加盟美國勞工聯盟，可能是歷史因素使然，因為「美國教師聯盟」成立之初，旋即加盟工會團體，「全美教育協會」認為此舉有害教育專業，所以曾給予嚴厲的譴責（Streshly, 1994）。不過從「全美教育協會」和「美國教師聯盟」總部的合併對談協議中可看出，加盟工會團體應是教師組織必然的發展趨勢。

其次，就教師組織與政黨關係來說，由於不同政黨的執政，其教育政策可能不同，所以和政黨保持良好的關係，有利於組織目標的實現。美國教師組織通常透過政治獻金來支持政黨，很巧合的是，美國兩大教師組織「全美教育協會」和「美國教師聯盟」都傾向於支持民主黨（Shanker, 1992）。「全美教育協會」在1993-1994年間，給民主黨參選人的捐款達三百五十萬美元，而捐給共和黨總金額卻不到四萬美元（US News & World Report, 1996）。

「日教組」成立之初，爲了保持政治上的中立，大會曾通過不支持任何黨派的決議。但「日教組」在教育民主化的運動中，強烈批評自民黨政府的中央集權的文教政策。爲了教育民主化之維持，1961年大會決定支持社會黨。可是該決定卻違背了成立之初不支持黨或黨派之決定。因此「日教組」內部起了內訌，形成了主流派與反主流派：

主流派主張：第一，支持社會黨，因爲社會黨的方針與本組合方針一致。第二，雖然支持特定的政黨，但不是拘束成員個人思想、信仰、支持政黨與政治活動的自由。

反主流派主張：第一，保障成員支持政黨的自由，而主張政治活動之自由，卻決定支持特定政黨，實在是矛盾。第二，日本教師組合雖然說是努力於「日本民主政治教育聯盟」，但事實上卻捐款給社會黨，如此便拘束了成員的自由（朴順子，民68）。

綜觀上述可知，美國教師組織爲了和政黨保持良好的關係，以政治獻金的方式捐款給政黨。雖然和民主黨保持較佳的關係，但也不排斥共和黨，同樣給予政治獻金。在日本，早期的「日教組」爲了反對自民黨的文教政策，也不惜內部的對立，捐款給予社會黨，之後好長的一段時間抱持著偏向一黨的政策。不過「日教組」自分裂以來，在政黨的合作上不再侷限於一黨，目前和民主黨、社民黨及民主改革連合保持良好的關係（日本教職員組合，1977）。

遊說

　　遊說是政治運作中一個相當普遍的現象，它是人民以各種不同的利益團體的組織，向政府公開傳達他們對問題的關切，並企圖影響運作過程的一種活動（王千美，民81）。「全美教育協會」遊說的方式主要包括：請會員寫信、打電話、登門拜訪、運用關係說服各級民意代表，或者以聽證會的方式來說服政黨或議員支持其立場，訂定有利於其組織的法案，或阻止不利其組織的法案的通過（Urban, 1989）。而「美國教師聯盟」的方式除了向國會遊說、出席國會委員會聽證會、監督聯邦政府教育部門或其他機構所主辦的活動，有時甚至為其會員福利向最高法院提出簡報（Introducing the AFT, 1997）。其最常遊說的項目是阻止民眾納稅的錢流入私立的或宗教學校。雖然兩教師組織遊說方式大同小異，但赫本（Urban, 1989）指出「全美教育協會」在遊說政府方面的經驗要高出「美國教師聯盟」許多。

　　美國是行政、立法、司法三權彼此制衡的國家，法院對於教育問題或教育法案的判例，行政機關或立法機關必須接受。向法院提出簡報當然有助於法官審理教育案件時，由於獲得較多的背景知識而做出有利於教師組織的判決。

　　和美國比較，日本的「日教組」在遊說活動方面，比不上美國教師組織的熱絡，通常其方式是發動縣教組寫信、打電話及簽名活動給各級民意代表或政府官員（「日教組」，1997）。

投入選戰

所謂投入選戰是指教師組織支持有利其組織發展之公職候選人或直接推出其會員參與公職選舉。

在投入選戰方面，美日兩國教師組織的作法也反映出政治傳統文化的差異點。美國教師組織並不能獨自推出會員參與選戰，其會員是經由各會員所屬的政黨黨內初選而獲提名，之後組織再動員其人力和物力協助其會員競選；「日教組」的模式則大不相同，為了防止執政的自民黨對教育高度的支配和中央集權化，並且為了提高教師地位和改善教師待遇，「日教組」成立「日本民主教育政治聯盟」，自己選定候選人，籌措選舉資金及進行拉票活動，全一手包辦，宛如一個政黨的選舉活動（Thurston, 1983，轉引自市川昭午，1988）。

司法活動

所謂司法活動，即教師組織對於引發爭端之教育問題或為了維護其會員之權益，將行政上不能解決之問題，向法院提出，請求法院裁決。

以美國來說，美國在政治制度是三權分立，但又是三權彼此制衡的國家，所以其行政權、立法權及司法權都能影響教育的相關問題。美國教師組織在1976年曾透過法律手段，使最高法院裁定聯邦不得干預州及地方公務雇員的勞資關係，而肯德基州及德州的法院，也裁定該州的行政機關必須平衡各地的資源，補助貧困地區，使教師及學校能享有較一

致的薪資和報酬（Shanker, 1992）。近年來，「全美教育協會」反對教育券（voucher）制度，所以當賓夕法尼亞州東南德拉瓦縣（Southeast Delaware County, Pennsylvania）的地方校董會給予就讀私立學校與宗教學校的學生教育券時，「全美教育協會」便主動的向當地法院控告校董會違反州法律（NEA Internet, 04/16/1998）；而「美國教師聯盟」也對密西西比州立法機關通過立法不給予退休教師支薪未使用的病假日，向州法院提出訴訟，結果法院判決「美國教師聯盟」勝訴（American Teacher, DEC/1996/JAN/1997）。

美國教師組織除了對教育行政機關不當的措施，主動向法院提起訴訟外，也協助會員因教學聘任等引起的各類法律訴訟案件。譬如「全美教育協會」為了給予會員有關法律問題的諮商及服務，於1976年成立Kate Frank/DuShane法律聯合服務方案。此方案在1976年時共支付了四百萬美元協助會員法律訴訟，至1996年時協助會員的訴訟費已攀升至三千四百萬美元（NEA Today, Vol6, No6, 1997），可見美國教師的法律訴訟是多麼的頻繁；另外，「美國教師聯盟」也成立法律訴訟基金會（Legal Defense Fund），從每位會員繳交的會費中提撥0.2美元當作法律訴訟費，協助或金錢援助地方或州分會的會員因工作關係而引起法律訴訟（Constitution of the American Federation of Teachers, AFL-CIO, 1997）。

就日本來說，其實「日教組」的司法活動並非主動的對教育行政機關違法的行政決定向法院提出訴訟，而是為了防止日本教育之國家主義化和中央集權化，對於文部省的教育政策，例如，教科書審訂制度、學力調查，以及勤務評定制

度等，展開大規模的抗爭活動，最後竟演變到法庭的爭執。日本教育學、司法界稱此為「教育裁判」。為了使教育爭執能夠得到法院合理的判決，引起日本教育法學的研究。教育學者本山政雄（1974）認為教育裁判運動不僅提高教育裁判的質，也加深了教育法的解釋。例如，教科書檢定制度的判決，就造成支持國民教育權的杉本判決（1970年7月17日，昭和45）與支持國家教育權的高津判決（1974年7月16日，昭和49）；另外，有關學力檢定的判決，旭川事件最高法院判決（1976年5月21日，昭和51）教師僅在國家制定的教育內容內，才有教育自由（伊津野朋弘，1988）。上述這些不同判決的結果，興起了日本的「教育裁判」研究，實在是意想不到的結果。

從上述比較可知，美國教師組織的司法活動之運作早已趨成熟，不僅主動對教育行政機關不當的行政措施或立法機關違憲之立法，向法院提出訴訟，也成立法律訴訟基金會，金錢援助會員進行法律訴訟。不過對於是否金援會員法律訴訟費用，是要通過組織的評判。例如，懷俄明（Wyoming）學區行政單位曾發布行政命令禁止學校聘雇人員批評領導人員，因此一名叫Westbrook的老師投書當地報紙批評學校行政單位有關學生行為的管理不當，被行政單位發現後，向該教師告誡一番。該教師不服，認為這違反憲法保障言論自由的規定，於是向法院提出告訴。而該員所屬的懷俄明教育協會（Wyoming Education Association）也討論該案是否適當，決議後同意該教師的觀點，所以NEA便支付其百分之五十的法律訴訟費用（NEA Today, Vo16, No7, 1997）。日本的「日教組」並不主動的對於教育行政措施向法院提出訴訟，而是藉

罷工抗爭策略阻止行政部門的政策實施，因此若干幹部及會員被行政部門告到法院，在法院和行政部門就國家教育權和國民教育權展開激辯。由於「日教組」經常實施罷工，所以法院對於問題的裁決必須多方斟酌，因而引起教育法學之研究，這實在是教育界另類的收穫。

教育研究活動

教師組織為了提高其會員專業知能及提昇教育專業品質，常辦理各式各樣和教育有關的研究活動。

以美國來說，「全美教育協會」創立「教學與學習中心」（Center for Teaching and Learning）統籌教育研究活動。此中心的設立反映出「全美教育協會」對重建及復興公共教育的努力，其所辦理的各項活動企劃，包括從師資養成到教師進修等。本中心分成三個部門，一是國家改革中心（National Center for Innovation），主要目的是確保提昇教師高品質的教學能力及促使學生是在高品質教育環境下學習，1997年「全美教育協會」會長Chase對全國新聞俱樂部演講指出，學校品質的提高應該是國家施政的最優先考量，而沒有人比老師更瞭解學校教育問題的癥結，所以提昇教師的教學品質非常重要。「全美教育協會」將投資五十萬美元在佛羅里達州興建精熟教師機構（Master Teacher Institute），此機構對教師來說就好比教學醫院對醫生一般，將提供全國教師到此接受磨練教學及實習新技巧。二是教育工學中心（Center for Education Technology），主要工作是提供教師日新月異的教育工學的發展訊息。三是全國改進教育基金會（National Foundation for the Improvement Education），此基金會共有四大目標：改進學生的學業成就；促進教師的專業能力；改善課程與教學效能及建立終身的工作基礎（NEA Handbook, 1997; NEA Internet, news release 02/15/1997）。而「美國教師聯盟」的做法是設立教育問題部門（Educational Issues Department），和各地方分會共同研究地方的教育改革及重建，並監督此等改革是否有助於學生的成就改變。該部門每兩年舉辦教學品質教育標準（Quality Educational Standards in Teaching）會議，研討各類重要的教育問題（Introducing the AFT, 1997）。

就「日教組」的教育研究活動來說，顯然有別於「全美教育協會」而自成風格。「日教組」每年辦理教育研究活動集會一次，而且每年都選在不同的地點辦理。「日教組」的教育研究活動是以基層教師的研究為主，先是在各地區的支部舉行，之後將論文提出於都道府縣集會，最後再提出於全國教研集會共同討論研究，所以有許多的研究議題是基層教師平常教學時所碰到的實際問題（細谷俊夫等編，1990）。而為了給予基層教師的實務研究能通過理論的檢驗，大會特別派出大學教授講師團提供學術理論的基礎，因此更是結合實務與理論的研究（河野重男等編，1978）。通常「日教組」的教研的研究題目分成教學科目及教育問題兩大類，共設立二十五個分科集會，分科討論（《1993年日本教育年鑑》）。另外最令「日教組」引以為傲的是，每年參加教研集會的人數多達一萬人，近年來更高達二萬人左右。「日教組」目前更計畫使全國教研能更具開放性，未來打算邀請學生及民眾參與（JTU, 1997）。

從上述比較分析可以發現，美國教師組織的教育研究活動偏向教師教學品質的改善。由此可推論美國教師組織認定教師的專業發展應協助教師解決教學上可能碰到的難題；而日本的教育研究則教學與教育問題探討並重，並特別重視基層教師的實務探討。

結論

美日兩國教師組織不但有悠久的歷史，且具一定的規模，所謂「他山之石，可以攻錯」，本文針對美日兩國教師組織運作方式加以分析及比較，希望從中得出結論並提出具體的建議，以作為我國教師組織面對未來之挑戰，能規劃出具體的因應策略。茲將本研究所得結論和建議，歸納如下：

宜發展訓練組織幹部及會員的集體談判能力

由於我國教師法規定教師會與各級教育行政機關進行聘約的擬定，因此蔡建仁（民84）及吳清山（民85）均認為，我國教師組織即使無法享有完整的勞動三權，但卻具備了集體談判的形式；而實際上地方教師會也和行政機關協議教師聘約的擬定。所以我國教師組織宜發展訓練組織幹部及成員的談判能力，尤有進者，更應將其範圍擴大至所有教育的相關問題及教師權益問題。

宜成立抗爭基金以補助會員因抗爭行動而遭受的損失

　　美日兩國教師組織在爲教師爭取權益的過程中，有時難免採取激烈的抗爭或罷教行動。爲彌補會員因抗爭或罷教行動而遭受的損失，成立抗爭基金制度，平時扣除一部分會費當做抗爭基金，如此會員才能熱烈的參與教師組織發起的各種抗爭活動。我國教師組織宜及早籌措抗爭基金，美日經驗顯示無罷教權並不一定就保障不發生罷教。

宜成立政治行動基金會統籌政治活動

　　民意代表有權議訂法案，而行政官員是眞正的教育決策者，同時也掌握教育資源的分配。所以成立政治行動基金會統籌政治活動，例如，遊說、政治獻金、政治結盟，以及訴諸傳播媒體，以影響民意代表或政府官員做出有利我國教師組織目標達成之決定，是我國教師組織不容忽視之課題。

宜重視教育研究活動

　　我國教師組織爲提昇會員的專業成長及維護教師之良好形象，勿讓人民覺的教師組織只顧爭取權益，宜重視教育研究活動。「日教組」帶動日本民間研究教育的風氣，值得我國教師組織省思。「日教組」每年都辦理教育研究集會活動，其模式是以基層教師的研究爲主，並輔以大學教授的學術理論指導，可以說是實務與理論的結合。另外，「全美教

育協會」的教育研究活動特別重視教師的教學技巧磨練，其計畫籌建的精熟教師機構（Master Teacher Institute），將提供全國教師到此接受磨練教學及實習新技巧。美日兩國教師組織不同的教育研究活動，值得我國教師組織參考。

對於行政機關的行政措施或立法機關所通過的法案，如有違法之嫌，宜主動向法院提出訴訟

在三權分立的國家，行政、立法，以及司法三權是彼此互相制衡的，我國教師組織運作方式也應考慮到司法層面，所以，對於行政機關的行政措施或立法機關所通過的法案，如有違法之嫌，宜主動向法院提出訴訟。

宜成立法律訴訟基金，協助會員因執教所引發的法律訴訟

美國教師組織每月從會員會費扣除一部分金額，成立法律訴訟基金，作為將來補助會員法律訴訟費用。目前我國家長至學校侮辱教師或打傷教師的消息時有所聞，再加上教師任用制度已改為聘任制，以致未來教師為維護自身之權益，難免將涉及法律訴訟問題，而訴訟費用所費不貲，所以我國教師會宜成立法律訴訟基金會，不僅提供會員法律諮詢服務，也以金錢協助會員法律訴訟。

參考書目

中文部分

王千美（民81），利益團體遊說活動對政策制定的影響，國立
　　政治大學公共行政研究所碩士論文（未出版）。

王家通（民84），教師的地位與權利，載於《中華民國師範教
　　育學會主編：教師的權力與責任》。台北：師大書苑。

朴順子（民68），日本教師組合之研究，國立台灣師範大學教
　　育研究所碩士論文（未出版）。

陳文燦（民86），我國國民小學教師對教師會組織之態度研
　　究，國立嘉義師範學院國民教育研究所碩士論文（未出
　　版）。

傅瑜雯（民82），我國教師組織之研究。國立台灣師範大學教
　　育研究所碩士論文（未出版）。

翁豐珍（民84），我國教師組織專業團體研究，國立政治大學
　　公共行政研究所碩士論文（未出版）。

張鈿富（民75），我國教師專業組織之研究，國立政治大學教
　　育研究所碩士論文（未出版）。

劉焜輝（民71），日本教師組織的現況及動向，收錄於中國教
　　育學會主編，《教育組織與專業精神》。台北：華欣。

蔡炯燉（民81），勞動集體爭議權之研究─中美日三國法制之
　　比較，國立政治大學法律研究所博士論文（未出版）。

謝文全（民73），美國教育行政制度，收錄於黃昆輝主編《中
　　外教育行政制度》。台北：中央文物。

日文部分

《一九九三年日本教育年鑑》。東京：きょうせい。

日本教職員組合（1997），《1997年度「日教組」の運動方針》。

市川昭午（1988），《教育システムの日本的特質》。東京：教育開發研究所。

本山政雄（1974），《日本の教育裁判》。東京：勁草書房。

伊津野朋弘等著（1988），《教師の權利と責任》。東京：教育開發研究所。

《教育委員會月報》（1996），平成八年2月號。東京：第一法規。

細谷俊夫等編（1990），《新教育學大事典》。東京：第一法規。

英文部分

AFT(1997).Constitution of the American Federation of Teachers, AFL-CIO. *Washington* ,D.C .:The Federation.

AFT(1997).Introducing the AFT.*Washington*,D.C :The Federation.

American Teacher (DEC/1996/JAN1997). Federation wins.

Berube, M. R.(1988).*Teacher politics-The influence of unions*. New York: Greenwood Press.

Bridgman, (1991). Union play politics. *The American school board journal*, 178(11), p43-47.court victory for Mississippi teachers.

Johnson,J.A,Dupuis,V.L,Musial,D.&Hall,G.E(1994).*Introductio n to the foundations of American education.* Boston: Allyn and Bacon.

Mcdonnell, L. M. & Pascal,A. (1988). *Teacher unions and educational reform.* (ERIC Document Reproduction Service NO. ED293387).

NEA Internet (01/28/1997). Teacher Unions Report Substantial Progress Toward Merger.

NEA Internet (04/16/1998). NEA Takes Lead in Voucher Lawsuit. NEA News Release .

NEA (1997). NEA at a Glance. *NEA Today.* V.16, No.6, p.2

NEA (1997). NEA at a Glance. *NEA Today.* V.16, No.7, p.2.

NEA (1997).NEA Handbook 1996-1997.*Washington*, D.C.: The Association.

Rich, J. M (1992). *Foundations of education-Perspectives on American education.* New York: Merrill.

U.S .News & World Report (1996).Why teacher don't teach. Feb.26, p61-71.

Shanker, A.(1992). United States of American. In Cooper (eds.), *Labor relations in education: An interational perspective.* Westport: Greenwood Press.

Streshly, W. A (1994). *Teacher unions and TQE: building quality labor relations.* Calif: Corwin Press.

Urban, W. J. (1989). Old and new problems in teacher unionism. *Education Studies.* V.20, p355-364.

英、美、澳三國中小學科技課程之比較

◇李隆盛◇

國立臺灣師範大學工業科技教育學系教授兼系主任

◇張玉山 蔡東鐘 魏炎順◇

國立臺灣師範大學工業科技教育學系博士班研究生

Abstract

In order to draw some implications for designing, implementing, and assessing the primary- and secondary-school curricula of technology in Taiwan, this paper compared the formal curricula of technology among the U.K., U.S.A., and Australia. The implications drawn from this comparison are as follows: (1) Technology education, equipping all pupils with technological literacy, is a necessary learning area. (2) Primary- and secondary-school curricula of technology should be planned in a well-articulated way. (3) Both designing and constructing should be strengthened in curricula of technology. (4) Pupils' problem-solving skills should be enhanced in curricula of technology. (5) Curricular content should be more systematic in technology education.

摘要

　　本文旨在比較英、美、澳三國中小學科技（technology）課程，供我國設計、實施與評鑑國教九年一貫「自然與科技」學習領域「科技」課程，以及未來發展高中科技課程之參考。經分析、解釋、併排，以及比較三國科技教育的書面課程（written/documented curriculum）目標、內容、方法與評鑑結果，發現對我國中小學科技課程的意涵如下：

1. 培養全民科技素養的中小學科技教育是必要的課程領域。
2. 中小學科技課程宜有一貫的規劃。
3. 科技課程應加強學生設計與實作能力的培養。
4. 科技課程應重視學生解決問題能力的提昇。
5. 科技課程應強化課程內容的系統性。

緣起與目的

中小學科技教育（technology education）的目的在循序提供所有學生科技覺知（technological awareness）、科技素養（technological literacy）和科技能力（technological capacity）教育，使人人成為擁有科技素養的人（technological literate），以便和科技社會作良好的互動。我國要發展成科技化現代國家，建設成科技島型的亞太營運中心，也需要中小學科技教育奠定人才培訓的基礎。這些利民和福國的理想均有賴適切的課程提供學生學習經驗，才有可能達成。

中小學課程更具銜接性、統整性和適切性是教改的訴求之一。教育部在民國八十七年九月三十日公布「國民教育階段九年一貫課程總綱綱要」，此一總綱綱要宣示跨世紀的九年一貫課程改革有促成國民中小學課程更具銜接性、統整性和適切性的理想。也明訂「自然與科技」是國民教育階段七大學習領域之一。

具銜接性、統整性和適切性的課程應就圖1所示的程序，妥善規劃。教育部委託的國教一貫課程研訂工作，宥於策劃與時間等諸多因素，現有綱要草案恐很難達成理想，需要大幅的修整。在新課程中，中小學科技教育主要在「自然與科技」學習領域提供。「自然與科技」領域主要在三至九年級提供，在一、二年級時則和「社會」及「藝術與人文」領域合為「生活」。

本文著眼於英、美、澳三國中小學科技教育常為國際科

圖1. 各學習領域應有的教育程序

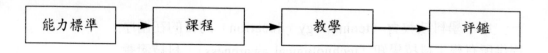

技教育人員稱許，其課程的比較結果，應可供我國國教九年一貫乃至高中科技課程借鑑。因此，文中比較了三國中小學科技課程目標、內容、方法與評鑑，並歸納出比較結果對我國的意涵。

英國科技課程

英國聯合王國（United Kingdom, UK）分為英格蘭、威爾斯、蘇格蘭和北愛爾蘭四區，各區教育制度差異極大，一般所稱英國教育，係指英格蘭和威爾斯兩區教育。英國教育制度主要分為：幼稚、初等、中等及高等四個階段（姜得勝，民87：Department for Education and Employment, 1998a）。

英國在1988年之後，中央制定全國中小學一致實施，適用於5-16歲學生的國定課程（National Curriculum）。國定課程有三大核心學科和七大基礎學科，科技是基礎學科之一，內含設計與科技（Design and Technology, D&T）及資訊科技（Information Technology, IT）科目，內容類似我國的「生活科技」課程加部分「家政」課程及「資訊」課程。其根據經

表1. 英國D&T課程大要

關鍵期 (學生歲數)	年級 (必/選修)	教學時間 (小時/週)	注重能力	活動重點	評鑑重點
一 （5~7）	國小低年級 （必修）	2	設計能力、 製作能力、 知識與理解	設計理念學 習、書面作 業報告、工 具操作與製 作	1-3級能力
二 （8~11）	國小中高年級 （必修）	2	同上	同上、內容 深化	2-5級能力
三 （12~14）	國中（必修）	2	同上	設計與製作 作業、實習 工作、評估 產品與應用	3-7級能力
四 （15~16）	＊高中一年級 （必修） ※高中二年級 （選修）	＊1 ※6	同上	同上、內容 深化	GCSE會考

濟、教育、社會等觀點，將科技列為中小學義務教育階段的
必備課程（Smith, 1998; Technology Education Index,
1998b）。

科技課程概要

　　英國國小、國中、高中三階段D&T課程的目標、實施對
象、時間分配、課程領域、教學活動與評鑑重點等如表1

（Department for Education and Employment, 1998a-i;
Technology Education Index, 1998a），並可分述如下：

第一、二關鍵期（相當於我國國小階段）

1.課程目標

◇設計與製作作品研究。
◇發展與實作技能與知識。
◇調查、重組與評估簡單的作品。

2.實施對象
第一、第二關鍵期的上課學童。

3.時間分配
每週上課2小時。

4.課程領域
分為設計能力、製作能力和知識與理解三大項目，授與
相關的產業科技知能，使學生具備設計與製作產品的基本能
力。

5.教學活動

◇設計理念的學習與書面作業紀錄。
◇手工具安全操作與製作作品。

6.評鑑方式

國定課程規定第一關鍵期結束時，學生能力需達到國定課程標準第二級的水準。第二關鍵期結束時，學生能力需達到國定課程標準第四級的水準。重視學生書面與口頭發表及檢討，作品設計、製作過程及完成成品的形成性評量。教師對每名學生之任何科目的表現需翔實的記錄，以提供學生及家長參考，並做為學生升級學習的重要參考，所以教師的評鑑報告被視為教學上的重要文件。

第三關鍵期（相當於我國國中部分）

1.課程目標（Technology Education Index, 1998b）

◇介紹人造器物、系統、環境的發展、運用與批判。
◇培養學習使用科技工具。
◇發展設計與製作的基本能力。

2.實施對象
第三關鍵期的全體學生。

3.時間分配
每週教學的時數為2小時。

4.課程內涵
主要培養下列三大項能力：

◇設計能力：強調考慮使用者的美感、需求、安全、功能，以及價格等因素設計產品，重視利用材料特性，

發展持續改進產品的能力。

◇製作能力：選擇適當的材料和機具，規劃生產流程以製作所需產品，並能發現錯誤而加以改進，以確保產品符合設計的理念和需求。

◇知識與理解部分：包括材料及成分、系統與控制、結構、產品與應用、品質、健康和安全。

5.教學活動

包括：設計和製作作業、實習工作、探索、分解，以及評價相類似的產品和應用。

6.評鑑方式

第三關鍵期結束時，學生能力需達到國定課程標準第六級的水準。強調設計成品之展示與研究過程報告撰寫的形成性評量。

第四關鍵期（相當於我國高中階段）

1.課程目標

◇教導學生透過設計和製作技術的學習，發展設計和科技能力。

◇增進產業知識、控制系統，使學生能分機、研究、評鑑生活上所用到的工業產品優劣，並能應用於實際工作中。

2.實施對象

高一全體學生必修，高二選修。

3.時間分配

高一每週上課1小時，高二選修，每週上課6小時。

4.課程內容

主要係培養下列三大類項能力：設計能力、製作能力，以及知識與理解（材料元件、系統和控制、產品和應用、品質及健康和安全）。

5.教學活動

同第三關鍵期，內容深化。

6.評鑑方式

國定課程所制定的八個層級能力，並無應用在高中學習評鑑範疇，但必須參加全國性中學考試委員會所執行的校外考試，會試除紙筆測驗外，還包括書面文件資料報告及作品審查。合格者以可取得普通中等教育證書（GCSE），學生取得GCSE證書才有機會接受免試入學的高等教育。

科技課程特色

從以上敘述，可歸納出英國科技課程具有以下四點特色：

課程標準化且具連貫性

英國的D&T課程，由中央制定課程標準，供作全國各地及教師教學的依據，且5-16歲的學生均需修習此科目，並訂定八個學習能力層級做為評鑑學生學習的效標，因而從中小

學的D&T課程形成連貫的獨立體系且標準化。

重視設計或解決問題的能力

英國的國定課程獨列「設計」於科技教育課程之內有其久遠的歷史背景，因為講求設計一直是英國產品傲世的特點，設計的歷程與科技「解決問題」的歷程是極為相似，所以D&T課程重視設計的地位和設計與科技的連結。此一概念即強調手腦並用，加強學生解決問題的能力和設計能力的培養（李隆盛，民87；Technology Education Index, 1998a）。

有結構化學習指標與分能力層級的檢試制度

英國的科技教育學習活動不論是行為目標抑是學習活動的設計都相當連貫，課程組織具順序性、繼續性和統整性，使學生學習後對需求評估、規劃以至製作的能力有相當的成效指標，並有全國GCSE檢定制度的評鑑，不僅可以促成學生均衡重視各種學科的學習，亦可透過檢定結果供學生瞭解專長方向，做為選擇生涯進路的參考。

美國科技課程

美國初等教育和中等教育加起來共十二年，義務教育為十或十二年，公立幼稚園（一年制）至十二年級為免費教育（K-12；K是幼稚園，12是12年級）。K-6或K-5是小學階段，6-12或7-12則是中學階段。美國採取地方分權制度，教育的

主權屬於各州，而各州又常將教育的實際運作權限委任給地方的學區，因此，各地學制頗為分歧，目前，以五三四制較為普遍。

「美國全民科技教育專案」（Technology for All Americans Project, TAA）是由美國國科會（National Science Foundation, NSF）及航太總署（National Aeronautics and Space Administration, NASA）提供資金贊助，並由國際科技教育學會（International Technology Education Association, ITEA）執行發展。

該專案指出，科技是人類有行動的創新（human innovation in action）（李隆盛，民87），同時，科技包含了發展行動系統所需的知識與程序，以解決問題或擴展人類的潛能（Custer, 1997）。其內涵更由「科技寰宇」（universal of technology）所構成，該寰宇模式包括：科技程序、科技知識、及科技系絡（contexts）三領域。科技的程序領域包括：設計及發展科技系統、決定及控制科技系統的作為（behavior of technological systems）、使用科技系統，以及評鑑科技系統所帶來的影響與結果。科技的知識領域包括：科技的特性與演進、關聯（linkage）、科技的概念與原則。上述七個要素分別交織在下列三個系絡中：資訊系統、生化系統，以及實體系統。TAA科技課程的理想如表2所示。

表2. TAA科技課程的理想

	小學K-2及3-5	初中6-8	高中9-12
課程目標	科技介紹 （introduction）	科技探索 （exploration）	科技專精 （concentration）
修習學年	每一年	每一年	至少兩年

科技課程概要

　　如前所述，美國各州學制有別，科技課程因而有所差異。因此，本文舉維吉尼亞州科技課程爲例，藉以說明美國科技課程現況。維吉尼亞州教育廳指出，該州科技教育旨在發展學習者的科技素養，其目標包括：

1. 能瞭解科技的動態性質，包括：其發展、影響，以及各種可能性。
2. 利用問題解決、創造、與設計等科技程序。
3. 能分析工具、材料、程序、能源、資訊，以及人力等科技系統要素。
4. 在科技程序當中，能應用科學原則、工程概念，以及科技系統。
5. 在廣泛科技導向的生涯領域中，能發現與發展個人的興趣與能力。

小學的科技課程—重科技覺知

　　維吉尼亞州小學（K-5年級）科技教育旨在發展學生對科

技的覺知，使其對科技社會具備應有的知識、能力、與態度。以科技爲導向的活動，整合各科學習成果，使學生在獲致科技覺知的同時，也提高其對他科的學習動機。其具體目標包括：

1. 探索人們如何創造、使用，以及控制科技。
2. 在解決科技相關問題時，應用數學、語文、社會科、科學、健康、美術等知識。
3. 利用工具與材料，探索自身對科技的興趣。
4. 透過科技的使用，展現自信心。

例如，維吉尼亞州在1995年「Christa McAuliffe Project」，完成名爲UNITES （利用故事來整合科學與科技教育）（Using Novels for Interdisciplinary Technology Education and Science） 計畫，針對K-5學生設計各學年的活動，其主題依K-5年級序爲：營建、傳播、連結、社區、探索，以及生存等六種，供州內各小學參酌使用。

初中的科技課程－重科技探索

維吉尼亞州初中（6-8年級）科技課程強調應在主動學習情境中，透過實務性的問題解決經驗，發展學生較高層次的思考能力。其課程內涵以科技的資源、程序、系統，以及影響等四個要素爲主。初中科技課程共分三段，可以符應六、七、八年級學生需要，每一段又可設計成9、12、18、或36週的教學設計，完全視地區需要而定。各年級課程內容如次：

六年級：強調資源與解決問題。課程主題爲「科技介

紹」，除了程序、能源、資訊、人力等基本科技要素之外，更要學習傳播、營建、製造、運輸等四個科技系統：以及科技對社會、環境、文化等影響，作爲未來作決定的參考。

七年級：強調解決問題中的創造力。課程主題爲「發明與創新」，學生根據既有的發明，建立一套模式，並探索未來發明與創新的可能性。之後，再探索當前面臨的各種科技問題；最後，學生利用模式與系統程序，發明新產品或革新。

八年級：強調科技系統。課程主題爲「科技系統」，學生必須試著將資源、技術等要素加以整合，使成爲一個系統。藉著模擬科技系統的運作、評鑑其影響，並將這些內容與前兩個年級所學的內容，加以關聯，學生將可獲得科技的全球性觀點。最後，再探討學生未來將面臨的科技導向之進修學程與職業領域。

高中的科技課程——重生活與工作的應用

維吉尼亞州高中（9-12年級）科技課程旨在提供具挑戰性的經驗，並促進學生的自我實現。內容取自多種科技內涵，激發學生應用科學原則、工程概念，以及科技系統的能力。其目的在促進學生利用科技的能力，對科技相關問題，並能作明智判斷。具體而言，高中科技課程目標包括：

1. 評估科技的效用，以及其對個人、環境、社會所產生的影響。
2. 應用設計概念，來解決問題，並擴展人類潛能。
3. 利用科技資源來瞭解科技系統的運作。

4.在解決問題、創新、與設計的過程中，應用科學原則
　、工程概念，以及科技系統。
5.發展個人對科技與工程相關領域的生涯興趣與能力。

　　其下分爲設計與科技（內容包括：科技基礎、科技變
遷、科技評鑑）、工程（內容包括：工程介紹、工程研究與發
展）、技術設計與插圖（內容包括：技術繪圖與設計、工程製
圖與設計、建築製圖與設計）、電腦控制與自動化、科技原理
等五種學程，唯後兩者尚在建構中。

科技課程特色

　　從上述美國全國性科技教育標準的取向，以及維吉尼亞
州科技課程規劃的探討，發現其特色如下：

重視科技課程的整體規劃
　　美國TAA科技標準的規劃範圍，係從幼稚園到高中，注
意內涵的系統性、縱向的連貫性、與橫向的統整性。

小學科技教育課程以科技覺知爲核心
　　美國小學階段的科技課程，多半以科技覺知爲核心，並
以整合型或綜合活動方式呈現，類似國內「聯課活動」的型
態。其課程內涵更有系統性的規劃，利用MST、S&T、STS
等課程整合模式，設計有單元式的探索活動，供師生參考採
用。

初中科技教育課程以科技探索為核心

美國初中階段科技課程多以科技探索為核心，強調學生科技素養的培養與科技系統概念的養成，使其對科技社會具有消極適應與積極創新的知能。此外，「科技生涯探索」已經成為其重要的課程目標之一，科技生涯發展的理念，不應只是在觀念宣導的層次，更應該明文規範在課程綱要中。

高中科技課程以科技專精為核心

美國高中階段科技課程多以「科技專精」或「科技進階」為核心，較為強調科技生涯的定向與準備，其間亦含有工程預備的意味。國內科技教育課程宜納入考量，並且把握生涯導向、增加選修，以及多元設計等三項重要原則。

在解決問題中學習技術操作

美國小學階段的科技課程屬於融合課程，著重設計與手工操作以成器物，而中學階段則視師資與學校設施，細分類別。但無論中、小學科技課程，皆重視使用電腦當工具蒐集資訊以解決問題。

澳洲科技課程

澳大利亞聯邦正式成立以後，政府成立公立的中等學校，開始在學校提供諸如木工、金工等職業預備教育訓練的工藝課程。1980年代為因應全球經濟與教育趨勢，聯邦加速

傳統技術教育課程的改革，進而促使科技教育成為中小學八個關鍵學習領域之一。1989年澳洲教育委員會（AEC）就八個課程領域（科技、數學、科學、英語、社會與環境、藝術、健康與體育、外語）八大關鍵學習領域，提出課程敘述（statement）與課程描述（curriculum profile）。1992年AEC通過七項「關鍵能力」的定義，強調教育的重點不應只以「知識」為導向，也要為年輕人培養日後在生活和工作過程中所需具備的各項「能力」。這七項關鍵能力是：第一，蒐集、分析及組織資訊的能力；第二，溝通觀念及資訊的能力；第三，規劃及組織活動的能力；第四，與他人合作及在團隊中工作的能力；第五，運用數學概念及技巧的能力；第六，解決問題的能力；第七，運用科技的能力。「運用科技」為七項關鍵能力之一。昆士蘭省則要求增加「理解不同文化的能力」。

為因應社會與環境的變遷，澳洲要使國民能有更豐富的創新性、知識、技能、適應和進取心的基本素養。因此認為國民必須具備以下的基本能力：

1.能夠批判地與機智地去面對挑戰。
2.能夠具有多元的創意管道與應用創意的能力。
3.能夠將創意轉變有價值的實務行動。
4.能夠因應社會需要，以發現有創意的解決方案。
5.能夠致力於技術的設計與創作。
6.能夠靈敏地應變不時之需。
7.能夠參與不同團隊的合作。
8.能夠領會文化的差異。

9.學習打理個人的生活。

10.能夠使用地方、國家、區域與國際網路。

科技課程概要

澳洲科技課程由四個相互關聯的領域組成：第一，設計、製作與評價（Designing, Making and Appraising, DMA）──貫穿所有科技課程的教學，當學生進行設計、製作與評價的學習時，應能探索情境和人的需求、想出變通方案、執行及反映結果與過程。第二，資訊──焦點在於應用DMA支援資訊蒐集、排序、存取和傳遞等技術。第三，材料──焦點在於應用DMA支援眾多材料的使用，這些材料包括：食品、織品、玻璃、塑膠、金屬、木材和資料（data）。第四，系統──焦點在於應用DMA支援系統的整合，系統元件包括完成特定工作的所有要素。系統可以是機械系統、傳動裝置等。其中DMA領域由探究（investigating）、籌措（devising）、生產（producing）、評鑑（evaluating）組成；資訊、材料、系統三領域由本質及技術組成。每個領域再細分為八個教學層級，層級的劃分著眼於各領域的複雜程度，而非按照學生年級來安排。

課程的規劃，依教學內涵學習層次的深淺劃分成A、B、C、D四個學習群組，各學習群組對應的學生年級為：A（K-4年級）、B（4-7年級）、C（7-10年級）、D（11-12年級），課程期望能有近80%的學生在10年級前（C群組），達到第六級的水準。每名學生的學習進程可不一致，在學習過程學生可配合個別差異學習不同層級與領域的課程。課程可單

獨實施，或配合其它主要課程領域、學生學習狀況及學習資源調整教學順序。

　　小學階段科技課程並無明顯分科，而是與其他學科融合來實施，教學主要由教師教導，有時亦由其他相關的專家或資源人士擔任，上課時間有彈性，允許實施不同的教學活動。初中階段科技課程則列為核心課程之一，且為必修課程。課程則較專業化，且涵蓋農業、計算機／資訊科技、家政、媒體、工藝、手工藝、設計與科技等學習範疇，及其他學習領域概念與原理的應用與發展，例如，應用科學、工程原理、商業知識等，這些領域知識皆與科技課程形成緊密的關聯。高中階段的科技課程則改成選修，且涵蓋更廣的科技領域。

科技課程特色

　　澳洲科技課程旨在培養學生具備完整的關鍵能力，其課程具以下特色。

著重規劃創意實作能力的培養

　　澳洲科技教育以四個相互關聯的領域組成其課程內涵，並強調整合規劃能力的訓練，目的在培養學生能在遇到問題時，能夠思考解決的方法，進而使用適當的工具以實際完成工作，透過實作過程以充分運用蒐集、分析、組織資訊的能力，並表達構想與分享資訊。

重視學習層級的銜接性

　　澳洲科技課程分A、B、C、D四群組，學習內涵與學生年級之關係的規劃，是基於學生之間的個別差異、個別學習特性與學習速率。在課程標準中，並不硬性規定各學習群組與學生年級或年齡間的關係，而以學生在行為目標上達成的程度作為評量標準。由於學生接受基本的共同課程，減少校間的差異，較符合教育機會均等的原則；且各校所學大致相同，因此師生轉校不致產生課程銜接的困擾。社會普遍認同「關鍵能力」，並以具體的評鑑描述來鑑別學生的能力，對學生學習有鼓勵的作用。

強調融入式教學

　　澳洲小學階段的科技教育是跨課程的，並不包含特定的領域或課程，學生可以在各學科中獲得科技素養必要的知識與技能。且澳洲的群組劃分互有重疊，學生在中小學學習歷程，可能重疊地學習相同層級的課程與領域知識，以提高學習能力較弱學生之學習信心。澳洲的融入教學作法，可以確保學生真正獲得所學，但不太在意其習得知能的數量。

三國科技課程綜合比較與對我國意涵

　　科技課程在英美兩國大抵經歷了手工藝、工藝、設計與科技等名稱的演變，科技課程在澳洲則是新興領域。三國科技課程開設跨幅從小學到高中，尤其英澳兩國就中小學科技課程要求有明顯一貫的宣示，美國也正做相同的努力。高中

階段的科技課程，英國將高中前段定為必修，以後為選修；美國和澳洲的高中科技課程幾乎皆為選修。

　　三國中小學科技教育課程目標大致以培養全民科技素養為焦點。課程內容方面，英國的科技課程內容主要著重在三方面：一是設計能力，二是製作的能力，三是知識與理解，包含：材料及成分認識，系統與控制，結構，產品與應用，品質－即製作的品質及其所帶來的影響，及健康和安全。美國的科技課程走向以近年來所發展的「美國全民科技教育專案」（Technology for All Americans Project, TAA）為規準，該專案之科技內涵由「科技寰宇」（universals of technology）所構成，該寰宇包括：科技程序、科技知識，以及科技系絡三構面。澳洲科技課程由四個相互關聯的領域組成：第一，設計、製作與評價（DMA），第二，資訊，第三，材料，第四，系統。三國科技課程內容雖不盡相同，但科技的知識理解、科技程序（例如，設計與製作）、科技對生活層面的影響三方面是各國共同關切的課題。且英澳兩國定課程均已定有科技教育的能力層級，供做評鑑的重要指標。

　　課程的改革必須兼採外國所長、體察國內環境、再加上獨特創見。本文從吸取外國所長的觀點出發，比較英、美、澳三國中小學科技課程，發現對我國九年一貫及高中科技課程的設計、實施與評鑑至少有下列意涵：

培養全民科技素養的中小學科技教育是必要的課程領域

不論是英國的七大學習領域，還是澳洲的八大學習領域，科技課程總是位居其中之一，即使是課程主導權下放各州各郡的美國，科技課程依然佔有相當大的份量與重要性。因此，我國要發展成科技化現代國家，除了要重視科技專業教育，也該在中小學階段有全民的科技素養教育。

中小學科技課程宜有一貫的規劃

英國國定課程中，科技課程是從5到16歲；美國「美國全民科技教育專案」（TAA）則由幼稚園到高中三年級（K-12）皆納入規劃範疇；澳洲教育委員會也將科技教育從幼稚園規劃到高中三年級。因此，這種一貫性的科技課程規劃，不但是英美澳三國的科技課程特色，也是我國該加以借鏡之處。

科技課程應加強學生設計與實作能力的培養

英國的科技課程素以設計為重點，在各「關鍵期」的能力指標與課程目標方面，也具體地規範設計能力；美國的「美國全民科技教育專案」中，也將「設計與製作」列為課程架構之一；至於澳洲更以「設計、製作與評價」為其科技課程領域。因此，在三國的科技課程中，設計能力的培養始終是其重要的課程目標之一。值得我國借鑑，以加強學生創新和實作能力的培養。

科技課程應重視學生解決問題能力的提昇

解決問題是科技的核心，也是科技教育的重點。在英美澳三國的科技教育規劃中，都強調解決問題能力的培養。例如，英國的設計與科技，即在教導學生解決實務性的問題。美國強調「設計及發展、決定及控制、使用、評鑑」等過程，澳洲以「設計、製作與評價」將「解決問題」具體化在課程目標與內涵上面。我國目前的國、高中生活科技課程已強調在解決問題的脈絡中教學，未來需持續重視。

科技課程應強化課程內容的系統性

英國以「材料及元件、系統與控制、結構、產品與應用、品質、健康和安全」、美國以「設計及發展科技系統、決定及控制科技系統、使用科技系統、評鑑科技系統」及「資訊系統、生化系統、實體系統」、澳州則以「設計製作與評價、資訊、材料、系統」等建構各該國的科技課程內涵，顯見系統化受到重視。我國目前的國、高中生活科技課程也強調系統化，未來需持續重視。

參考書目

中文部分

李隆盛（民87），美國的科技教育標準，《中學工藝教育》，31(2)，37-38。

李隆盛（民87），設計與科技，《中學工藝教育月刊》，31(3)，32。

姜得勝（民87），英國小學教育實況之研究及其對我國教改之借鏡，《嘉義國民教育研究學報》，4，頁165-194。

Smith, J.（1998），英國「設計與科技」的一貫課程與師資培育，載於《八十七年中小學一貫科技課程及師資培育研討會論文集》，頁68-69。

英文部分

Custer, R. L. (1997). *Standards for technology education- Technology for all Americans- A rationale and structure for the study of technology.* Paper presented at the1997 International Conference on Technology Education, Taipei, Taiwan, R.O.C.

Department for Education and Employment (1998a). *The National Curriculum.* Available on http://www.dfee.gov.uk/nc/.

Department for Education and Employment (1998b). *Results of*

1997 National Curriculum assessment of 11 year olds in England. Available on http://www.open.gov.uk /dfee/ncr/ ncr97/k2.html/.

Department for Education and Employment.(1998b).*The National Curriculum-Design and Technology Foreword.* Available on http://www.dfee.gov.uk/nc/datfore.html/.

Department for Education and Employment.(1998c). *Results of 1997 National Curriculum assessment of 14 year olds in England.* Available on http://www.open.gov.uk /dfee/ncr /ncr97/k3.html/.

Department for Education and Employment. (1998c). *The National Curriculum-Design and Technology Key Stage 1.* Available on http://www.dfee.gov.uk/nc/datks1.html/

Department for Education and Employment.(1998d).*The National Curriculum-Design and Technology Key Stage 2.* Available on http://www.dfee.gov.uk/nc/datks2.html/

Department for Education and Employment.(1998e).*The National Curriculum-Design and Technology Key Stage 3.* Available on http://www.dfee.gov.uk/nc/datks3.html/

Department for Education and Employment. (1998f)*The National Curriculum-Design and Technology Key Stage 4 .* Available on http://www.dfee.gov.uk/nc/datks4.html/

Department for Education and Employment.(1998g).*The National Curriculum-Design and Technology Attainment Targets.* Available on http://www.dfee.gov.uk/nc/datindex. html/

ITEA. (1997). *Standards for technology education-content*

standards grades K-12 (2nd draft). Blacksburg, VA: International Technology Education Association.

ITEA. (1998a). *Technology for all Americans :A rationale and structure for the study of technology.* Available on http://scholar.lib.vt.edu/TAA/TAA.html.

ITEA. (1998b). *Technology for all Americans Project--Phase I.* Available on http://scholar.lib.vt.edu/TAA/Phasei.html.

ITEA. (1998c). *Technology for all Americans Project--Phase II.* Available on http://scholar.lib.vt.edu/TAA/Phaseii.html.

ITEA. (1998d). *Technology for all Americans Project--Future plans.*
Available on http://scholar.lib.vt.edu/TAA/Future.html.

Kimbell, R.(1997), *Assessing Technology-International trends in curriculum and assessment* London: Open University Press.

Melissa, S. (1998). Refining the standards for technology education. *The Technology Teacher*, 57(8), 24-27.

Ney, C. (1998). *Using literature to unite the curriculum.* Available on http://www.bev.net/education/schools/ces.

Technology Education Federation of Australia. (1994), *A statement on technology for Australian schools and technology- A curriculum profile for Australian schools.* Australia: Curriculum Corporation.

Technology Education Index.(1998a).*Short history of technology in UK school.*Available on http:// www. technologyindex.com/ education/ philos/ ph_hist.html/.

Technology Education Index.(1998b). *Aim and objectives of a*

technology Curriculum. Available on http:// www.
technologyindex.com/education/ philos/ aims.html/.

Technology Education Index.(1998c).*The rationale for
technology in schools.* Available on http://www.
technologyindex. com/education/cur-phil/rational.html/.

Virginia Department of Education. (1998a). *Technology
education in Virginia.* Available on http://www.pen.k12.
va.us/go/Voc_Ed/te/mission.html.

Virginia Department of Education. (1998b). *Technology
education goals.* Available on http://www.pen.k12.va.us/
go/Voc_Ed/te/goals.html.

Virginia Department of Education. (1998c). *Elementary school
technology education--K-5.* Available on http://www.pen.
k12.va.us/go/Voc_Ed/te/este.html.

Virginia Department of Education. (1998d). *Exploration in
technology* . Available on http://www.pen.k12.va.us/go/
Voc_Ed/te/ms.html.

Virginia Department of Education. (1998e). *High school design
and technology.* Available on http://www.pen.k12.va.us/go/
Voc_Ed/te/hs.html.

法國中小學教師之聘用與調動

◇林貴美◇

國立臺北師範學院特殊教育學系教授

Abstract

This paper mainly deals with the qualifications of recruitment and assignment of a new teacher and the movement (transfer) of teachers in middle and primary school.

The article is divided into five parts:

The introduction briefly discusses the historical background and the actual situation concerning French future teacher' education and training, their recruitment as well as their movement. The author also presents her opinions on the motivation of educational reform on Taiwan.

The second part discusses the titles and categories, the obtainment of teachers' licenses or/and certificates along with the regulations of recruitment.

The third part discusses the assignment and movement (transfer) systems. The Regulations of the year 1999 has been used to explain the principles of assignment, its priority and its types.

The fourth part resumes the peculiarities of recruitment and assignment systems .

The last part sums up the present situation of educational reform in Taiwan. The new system of teacher's recruitment by "the consultative Committee of teacher." in the schools after the promulgation of Teacher Law has been compared with the same system in France. The conclusion and suggestions are thus elaborated.

摘要

　　本文主要在介紹與探討法國中小學初任教師的任用資格與聘用及在職教師的調動辦法。

　　全文共分成四節，前言部分簡介法國有關中小學教師的培育、聘用與調動制度的背景與目前狀況，及作者擬以本文作爲檢討我國目前有關教育改革的動機。

　　第一節，介紹各階段教育的教師職稱與類別以及教師證照的取得與聘用辦法。

　　第二節，介紹其教師分發與調動制度，並以1999年教師調動辦法爲例，介紹目前其教師的調動原則、優先條件與方式。

　　第三節，根據其教師的聘用與調動制度歸納出此制度的特色。

　　第四節，爲結論部分，以目前國內有關的教育改革情形，討論教師法公布後，各級學校自行組成教評會自聘教師的情況並將其與法國目前中小學教師之聘用與調動制度做一比較與檢討，最後並做出結論。

前言

　　法國的教育制度在世界各先進國家係屬較偏於中央集權的國家。對於中小學教師之培育、聘用與調動制度更是如此。近年來由於地方分權的要求，已將部分權力與責任下放到地方，但需要全國一致以維持國家利益的地方仍然有其原則與堅持，並不像我們目前的教育改革，未仔細分清楚何以要改革，如何改革，只要美國改，日本也改，我們就曳甲棄兵，毫不保留與堅持地跟著改但改革以後又很少徹底反省，或設法解決弄亂的頭緒。本文鑑於教師法的公布，有許多新的措施頗有爭議，尤其是對於目前中小學教師之聘任與調動制度的實施，幾乎可說弊端四起。基於「他山之石，可以攻錯」的理念，本文將以法國目前仍堅守一百多年來的制度：教師由國家培育與聘用，以及為因應時代的腳步與社會變遷之需要最近對中小學教師之調動所做的改革提出討論，並藉此提供有關單位與專家之參考。

中小學教師的聘用

　　法國各級教師身份的取得，首先必須通過國家證照考試，獲得教師證者才有資格實習與任教。

證照的取得

　　有關中小學教師證照考試的準備與取得，一般都是取得學士學位後再進大學師資培育學院（Institut Universitaire de Formation des Maitres, IUFM）接受二年教育專業之理論與實務訓練。在此階段，第一年先修專業理論課程，並於學年結束後，參加教師證照考試，考取後，第二年要一邊帶班實習（惟課程僅分擔原班教師的一半），一邊在大學師資培育學院繼續接受與教學有關之問題研討及教育專題研究等課程。順利通過教學實習者即可申請分派到學校，正式擔任教職（例如，過去我們師範公費生的全省分發任教之方式）。不同類別及科別之證照的發給每年人數不定，係以每年教師需求量的多寡來決定錄取人數，因此，是以擇優錄取方式，授予證照。

教師聘用與分發

　　各級教師之聘用權在教育部，但教師分發權自今年起則分屬教育部與大學區共同享有。

　　由於法國各級師資之培育目前仍由國家負責，薪水亦由中央支付，因此，教師之聘任權仍在中央，新任教師之派任與在職教師的調動主權仍在教育部。與教育部訂有合約之私立學校教師的聘用與派任亦同。目前正式立案之私立學校約百分之九十五均與教育部訂有合約書，在此合約下，其師資係由教育部培育與聘用，其教師之薪資亦由國家支付。

由於人事管理權屬於國家，教師為國家公務員，故其聘任屬於永久職，除非某位教師犯有非常嚴重之過失，或嚴重殘疾不能適任其教職，否則學校或任何組織無法解聘教師或令其停職。

實習教師之實習成績及格者，由教育部造冊列入適任教師名單（la liste d'aptitude）。大學區總長（recteur de l'academique），以及服務主任（chef de service），根據學區需要在該名單上提出建議人選，再交由國家行政對等委員會（la commission administrative paritaire nationale）[1]核定。

申請分發主要仍以實習教師之成績及居住地區做為優先考量的條件。任教志願之填寫，原則上約有二、三十個選擇機會。中學教師的分派範圍廣及全國，小學教師的分發大都只限於其就讀的大學區。一般而言，每位申請分發者均可獲得棲身之所，惟若因成績不理想被分發到偏遠地區，不滿意者也只好勉強接受，等到第二年再申請調動。若堅持不接受分派者只好棄權，或到所居住之大學區登記當代課教師。中小學代課教師分派之職權係屬於大學區，故接受大學區總長之分派後，第二年仍可再提出分發申請到希望任教的地區，惟申請分發原則上只有二次機會，如果第二年再放棄機會，所持教師證書即告無效，只好準備重考或另謀高就。

中小學教師的調動

　　法國近幾年在中央分權的原則下，其教育有關措施已有很多改革，尤其頗值得吾人注意的是今年（1999）年初所公布的一項有關中小學教師調動的嶄新改革措施，故在此擬將有關重點做一介紹與討論。

中小學教師調動之一般原則

　　目前全國中小學教師之調動在中央分權下，教師申請分發與調動的權責分中央與地方兩個等級：中學教師之調動屬於中央管轄，故其調動範圍係在大學區之間，小學教師調動屬於地方管轄故範圍係在大學區之內。無論初任教師申請分發，或在職教師的申請調動均如此。

　　大學區之間的調動係由教育部長根據國家行政對等委員會之意見決定之。原則上大學區的決定以初任教師與首席教師之調動為優先。

　　大學區之內的調動係由大學區總長根據大學區行政對等委員會之意見決定其大學區內初任教師之分發與在職教師之調動申請。

　　臨時調動只有中央級的單位（即教育部）才有權同意其申請。申請過臨時調動者，當事人以前所有的積分條件將被取消，短期內不可再申請調動。申請調動原則上以同級學校

調動爲主，但也有越級調動者，如中學教師申請調至高等教育機構，但此種情況也只有國家教師考試及格者（agrege）才有資格。另外經大學區總長同意取得進修假者，則不得再申請調動。

調動之申請程序

1.提出申請

有意申請調動之中小學教師，首先要透過學校，向大學區總長室要一份《1999年調動指引》（*guide pour les mutation 1999*）。

2.申請方式

申請方式有多種管道，茲簡介如下：

◇大學區設有調動協助輔導與資訊系統（systeme d'information et d'aide pour les mutation, SIAM）類似我們目前的聯合介聘委員會，它是一個常設的工作小組，不同於我們的委員會（屬於臨時編組性質）只要學校有人有需要，此工作小組即會派員至中、小學與大學師資培育學院或師資訓練中心協助辦理分發與調動申請。

◇申請調動亦可透過網際網路（www.edueation.gour.fr /siam ）直接申請，該網路除了提供調動有關資訊外亦直接接受申請、確認積分及公布調動結果。

◇使用電話語音系統（minitel）直接提出調動申請，語音電話亦可直接受理積分資料並能回答調動結果。

◇以信函郵寄方式提出申請。

申請調動者，於提出申請時，必須取得註冊碼，註冊碼可自網際網路或語音電話中獲得，或到大學區總長室查詢。

教師聘任與調動流程

1. 缺額普查：每年於十二月間開始普查，並於一月二十日由大學區總長將轄區內之缺額報給中央行政部門，以便計算並提供全國或大學區新聘教師或接受調動之參考。
2. 二月三日至八日公布各校空缺。
3. 二月三日至十日接受有關分發與調動之申請。
4. 二月三日至二十八日處理有關事宜。
5. 二月二十日至三月十二日大學區將資料送回
6. 三月十九至二十六日公告評分結果，如果申請人發現評分有誤，可在此期間內向大學區總長室提出並要求更正。
7. 截止日期後，承辦人寄發分發或調動確認單給申請者與學校，該單附有申請人之文件及簽名，並由學校主管確認各項文件確實無誤。一旦調動確認書簽名確定後，申請人就必須接受調動。

大學區間之調動

對象

　　指中學一般教師、特殊崗位之人員、學校專業教師與輔導人員。

1.中學教師與輔導人員之調動申請條件

◇實習教師與在職教師及教育輔導人員須先獲得任職令才有資格申請分發或調動。

◇原則上，正式教師與教育輔導人員需要調動至其他大學區工作者。

◇正式公務員欲調到中等學校謀職者。

一般處理原則

1.根據志願

　　一般調動原則上係根據申請者之志願，調動以第一志願的大學區學校外，最多可選30個其他的大學區。但依特殊情況，另有優先順序之規範：如當同一職位同時有兩人申請，則一般調動與申請特別職務調動兩者間，以後者爲優先。

2.積分調動

　　另外，根據1998年12月10日第14號政府公報及1998年7月12日教育法令第五條規定，凡屬下列狀況而欲及時申請調動者，可享有優先權：

◇配偶或子女死亡。

◇配偶有未預期之調動或失業。

◇配偶與他人對調而需跟著調動。

◇離婚或進行離婚中。

◇重大傷病。

◇回復原職。

有關調動申請案係由國家對等機構會議（Reunion de L'instance paritaire nationale）審核，會期爲十天，申請撤銷調動者亦在此期間審核。

因回復原職而申請大學區間調動者，將依其志願審核。公務員欲申請到中學謀職者，須依優先順序塡滿志願，以避免條件不符而遭淘汰。因此政府特別建議首次調職者或在法國海外領土任職而欲申請回國復職者應每一學區至少塡一個志願以防漏失機會。

3.調動之加分

◇個人條件
調動之優先順序考量首先考慮當事人情況：例如，年資、在職期間擔任特殊職務（例如，代理職務、曾服務教育優先地區等）。
個別狀況（以前爲助理教師或非教育、非輔導之正式公務人員改變身份爲實習教師者，接受臨時調動後欲回復原職者）。
自海外領土回國者，或自歐洲學校回國復職者，享有優先權，如生長於海外屬地之一等運動員、醫療人員

，及於1998-1999年或之前完成轉業的職業高中專業實習教師或有特殊之家庭因素者（例如，需與配偶會合，或需同時調動，或單親家庭）均享有優先權。

◇健康狀況
　因重大醫療原因欲調動者，且於二月十日前已向大學區顧問醫師提出醫療證明，經審核確實者，可獲優先待遇。
◇首度任職
　對首度任職者要求分發或調至實習的大學區任職者。
◇曾在教育優先地區任職者。
◇擁有高等運動員資格之教師。

凡是以上類別者均可獲加分。

4.評分審核
　積分之計算與複核由申請人向所在地的大學區總長辦公室辦理，大學區總長將根據大學區對等委員會（instance paritaires academiques）之審核結果與申請者之志願做成調動決議。

5.職位安排之優先順序
◇一般情況
　確定申請者之志願與積分評定後，中央就不再對結果加以修正。有關調動計畫之消息，將以書面寄給申請人。如果評分相同，國家對等委員會委員則按以下方式決定優先者：

◆傷病者、復職者、實習者、以前為正式公務員而欲申請教職者。

◆家庭因素加分者。

◆子女數目眾多者。

◇特殊情況

指因為配偶的升遷而需調動者。有關配偶的工作將包含下列各項：升為大學區督學、中央在府區之教育部門主管、大學區助理督學、大學區主任祕書、大學或學校行政的主任祕書、地區或省府單位主管、學校或訓練機構之主管。凡具以上條件者可以享有調動優先權。

6.志願延伸程序

當事人如必須等開學時才到職，但調動學區未能接受，則可依志願延伸程序辦理（依其志願順序安排）調動。

7.更改調動之規定

根據1998年12月7日法令第5條之規定，當事人因不可抗力事件，無法接受原先之調動安排者，需於限期內（調動通知公布後八日內）附上原因，自動向有關單位提出更改調動之申請，再由有關之工作小組審核並作出裁決。

8.職位與志願

下列職位之調動處理屬教育部職權：

◇高等專業學院先修班（classes preparatoires aux grandes ecoles）教職（附設在高中的高中後課程）。

◇國際部門教職。

◇特定專門領域的高等技師證書（BTS）班教職（附設在高中的二專課程）。

◇職業高中與技術高中的行政主管。

◇造型藝術系列－藝術：如應用藝術、高等應用藝術。

◇音樂教育系列－藝術。

◇戲劇表達或視聽劇坊等有服務經驗者。

◇職業高中應用藝術設計專業者。

◇職業高中特定專業資格者。

◇教育部所屬資訊與輔導中心主管、各種輔導及特殊專業人員。

◇醫療與療後照顧機構有關人員

　　一般正式教師或實習的教育輔導人員，資格相符者皆可申請上述職位。惟對上述職位之申請，最多只能填十五項志願：調動輔助與資訊系統與電話語音答錄系統自二月三日至二十八日接受處理申請案。

調動結果之公布

　　調動結果由調動協助輔導與資訊系統和電話語音答錄系統發布消息，調動人員將收到教育部確定的大學區及特定職位的通知。

大學區內之調動

　　指一般小學教師，中學教育輔導及教學人員在大學區內的調動。

對象

小學教師、中學教育輔導及教學人員。

◇申請人為通過大學區間調動之教師或教育實習人員。
◇本學年度為學區重劃造成超額之教師或教育人員。
◇目前為學區內現有教師—法定編制員額。
◇1998年開學時，暫時被調到大學區之教育人員。
◇大學區現有編制人員志願調至學區內者。
◇大學區法定編制人員至高職後欲回到原職者或因休
假、職務調整欲復職者。

一般處理原則

1.根據志願

志願申請數目可塡二十個，志願須確實填寫所欲調動之
學校，一個或數個縣的學校，或某一縣的一個或數個學校，
省協調的機構以及所有大學區的機構，申請人可詳細填寫每
個機構的區域、地址、類別，以及特別職位，志願亦可填寫
代替地區，府的代替區域或者督導大學區的代替區。

大學區總長諮詢過大學區行政對等委員會的意見後，於2
月15日前可確定縣與代替區協調之結果。

填寫志願之代碼可自調動協助輔導與資訊系統與電話語
音答錄系統獲取，申請者在提出志願後，以同樣方法，亦可
獲取空缺名單（職位、科別、所需資格），這項名單是依調動
前的實際出缺狀況而定。

依據1998年12月7日法令第五條規定，逾期申請調動，更

正或撤銷調動，將由大學區行政對等委員會在開會前10天內列入考慮。

2.特殊需要之職位（postes a exigence particuliere）
係為配合大學區整體教育公務服務之需求而列出之特別需要之職位，此項職位係由大學區總長所確定。

這張職位表亦將由該總長交給大學區行政對等委員會審核，並請其按照實際狀況，所需資格、能力與方式做考量再提供意見。自1999年起，大學區內將經由調動協助輔導與資訊系統，電話語音答錄系統的方式提供有關特殊需要職位之資訊：例如，出缺職位之特性，所需之資格，申請人教學之方式，以及相關措施等。

對於與執行方式及條件有關的特殊需要之職位得由大學區以優待加分方式處理，故為使任職者能安於其位，任職時間長短亦列入加分考慮。此外，職位有關之責任亦在考慮之內：例如，受訓及個別輔導等。惟特殊需要之職位所需要之資格並無加分優待，大學區分配這些職位時必須考慮申請人的能力，故大學區總長常需徵詢督學團對這方面的看法或意見。

3.申請調動之積分項目
積分分類包含下列各項：

◇採用大學區間調動相同之積分分類要素。
◇各大學區為反映國家政策與強調某種教學意願（教育
　優先區或敏感地區之機構）及某些情勢（回到原來的

大學區或重新調整學區，大學區正式編制人員調至偏遠地區者），正式教師、教育或輔導身份之人員採用相同的積分計算標準。

◇各大學區按本身需要決定特殊需要之職位。前二項要素為全國一致，第三項要素，對申請人請調至欲實習地區任教之要求係屬大學區總長的權責，大學區之責任。通常大學區總長會聽取大學區行政對等委員會工作小組之意見再做裁決。

職位分派之優先順序

1.一般情況

以前由中央機構處理的特殊職位之分派，現在改由大學區機構負責。

所有的申請人，不論是何種職位，皆按調動之科別，所有寄來的有關調動資訊，包括申請人的積分分類要素，評定積分。再以書面方式將有關調動之結果寄給當事人及調動（介聘）學校。

2.根據學區法定編定員額而調動之人員

依據1985年9月30日第85-/059號法令之修正條款，有關中學代理職務之規定，所有學區內法定編制內人員必須參加1999年大學區內之調動，其目的在安排機構內，或在代替地區內有確定職稱的新職位。

在二十個可能的志願中，最好是填寫在1998/1999學年度中與府有關的代替區，這種志願有加分優待。如果申請人不

滿意其在學區內的調動，則會建議調至代替區。這種分派職
位方式，可安排離志願學區最近的代替區，自願接受此種分
派的教師其原校的年資將被保留而且另有加分優待。

3.教育優先區的教師與教育人員
此類人員適用大學區間調動之相關規定。

4.學區調整措施影響之人員
受到學區調整影響之人員（類似超額教師）若欲重回自
己的職位（或學校），以後只要他想參加大學區內之調動，將
享有不受時間限制的優先權。

為了享有這種優先權，申請人不可以選擇任何學校，任
何單位的調動，但持有國家教師證書之教師可以選擇高中調
動。符合此條件者將有兩種情況：

◇在1999年以前就受到學區調整措施影響者，如因受到
學校或班級被合併或減班之影響而被迫調動，則享有
優先權（加分待遇）。如為學區調整關係被調到代理
職位者，除比照上述方式處理外，尚可為其安排鄰近
的代替區。
◇於1999學年，若受學校或部門裁減或合併而被迫調動
者，如在府（departement）裡無缺，則先在鄰近府找
缺，若仍找不到，再去其他大學區找缺。

5.擔任繼續教育（formation continue）之顧問人員
如欲獲得或保留與原先同樣的職位，則享有與學區調整
措施相關人員一樣的優先權。

6.申請人若為了要調到某一大學區內的某個府

則需要很高的積分，這是指其年資積分至少需達175分，並且至少填一項志願，表明願意至某一縣或某一地區，而且指明某一機構。如果他對其調動不滿意，則可每年申請一次調動。目前至少有三年可按其所得之積分安排儘量符合其志願的學校。

7.改善地理區域之調動

經過初步分發的程序「出任」教師，為了改善就職狀況，可以再度提出新的調動申請。

8.更正到職之規定

當事人獲知調動結果後如因1998年12月7日法令第五條規定之「不可抗力」因素而需要改變職位者，則應於八日內向大學區總長說明理由及欲調動之新職位。

9.大學區行政對等委員會

設立之工作小組則最遲於六月底前完成所有的申請審核工作，然後由調動協助輔導與資訊系統及電話語音答錄系統通知更正結果。

10.大學內調動之結果

調動結果將經由調動協助輔導與資訊系統和電話語音答錄系統公布，所有參加大學區內調動之人員亦將收到到職通知。

特色

根據以上所述，吾人對法國中小學教師之聘用與調動制度可歸納出以下幾點特色：

1. 師資培育爲公費，但需通過教師證照考試且實習成績及格者才能獲得國家聘用。
2. 公私立中小學的師資培育與聘用權責在中央，其優點是國家統一辦理，較能控制全國一致的教育品質。
3. 各級公私立教師的薪資係由中央支付，中央負擔雖重，但相對的亦掌控較大的人事權，各級教師均屬公務員，其待遇一律平等其工作權亦可受到較多的保障。
4. 中小學教師的調動，在地方分權的原則下，其權責分屬於中央與地方，小學數量多且集中，由地方管轄，故不失爲權責分明的做法。
5. 法國各級學校教師之派任與調動作業全國統一，可節省較多的人力、物力及精神，且較具有公平性、公正性與公開性。
6. 教師個人之任職與調動係依志願與積分之多寡即加分條件申請與審核決定，故其個人情況與權益可受到相當程度的尊重與保障。
7. 教師之派任與調動權屬於中央與大學區教育行政主管，事實上地方可提出建議人選，再由國家行政對等委員會核定，而各層級之行政對等委員會之成員均有各類教師代表參加審議，教師權益可獲適當保障。
8. 中學教師的調動除申請同級學校的調動外，優秀教師

（例如，取得國家教師及格證書之「agrege」）也有申
請越級調動，晉升至高等教育機構任教之機會。
9.因應時代要求，教師調動申請與公告方式採用便捷的
　科技系統及多重管道處理：不僅有郵件函寄方式；必
　要時尚有專人到校講解協助辦理調動；亦有網際網路
　及電話語音系統可直接查詢並辦理有關積分計算與調
　動作業。
10.承辦教師分發與調動業務為常設單位、明訂作業程序
　與時間及依據條件，工作程序分明，時間固定除較省
　時省力外，亦較具行政效率。

結論

　　教育改革不只是要往多元化邁進，更要使教育往高的品
質方向求精進，故對師資品質的把關，我們有必要對有關措
施之施行與成效加以檢討並改進。以目前的師資培育由單一
的公費制走向多元培育的趨勢；教師聘用及調動制度，則由
國家（省、縣）負責聘用與派任改為由學校直接甄選聘用。

　　針對以上措施，筆者擬提出加以檢討並參照法國的有關
制度，提出數點建議：

中小學師資培育與教師資格審核

　　社會在變遷，我國在精省以後與地方分權之理由下，師

資培育以走入多元化。從此國家若不負責師資培育，則教師之聘用權，自然無法掌控，教師之任用將隨市場需要來決定，如此，教師素質亦將無法掌控，國家教育發展將可能出現隱憂。尤其根據八月十八日報上所載：「基於教學多元化趨勢，教育部未來將不會研定統一的檢定考試，而把教師資格審核權交給各級學校，由用人學校藉甄選或考試辦法選用適合其學校教學所需的教師」。果然如此，則將來的教育品質將如何控制？城鄉差距將如何維持平衡？持有某校教師證者是否能獲得其他縣市或他校承認？實在值得關切。

尤其是中小學教師的主要職責是要把書教好，好好教育下一代國家幼苗，評定教師資格並非他們的專業，且此項任務相當艱鉅，需要有相當的專業背景與專門學科素養者才能勝任，並非每一個學校都能辦到。更不宜令各校教師每年都要投注大批的人力與精神去辦理如此繁重而艱鉅的工作。

此外，若由各校辦理教師資格認證將無法適用於各地，則教師每有異動必須重新鑑定，必將勞民而傷財。筆者認為教師資格的認定應像法國一樣由教育部主辦，教師證書亦應由教育部頒發，才能維持全國一致的水準，故建議教育部可委託師範院校或設有學成的大學輪流辦理」，或直接由考試院辦理。如此才能適用於全國，使持有教師證書者容易轉調學校。

中小學教師的聘用與調動

以前公費生之出路係由國家（省）依成績及志願統一分

發至各地任教，在職教師之調動亦由教育廳或各縣市教育局統一辦理。這點與法國目前的教師聘用與調動制度非常相似。

目前只有公費生可直接接受分發，其他教師之聘用已改由學校自行組成教師評審委員會自行聘任。

至於教師的調動，雖然教育局對轄區內之中小學教師的調動仍有介聘的權力。但事實上作用並不大，不論是縣內或縣外介聘，介聘學校仍可找其他理由不予接受，再自辦教師甄試，選取自認為理想的人員。故教育局本身對學校之用人實際上已無法掌控，學校反而掌控了較大的人事權。這點若學校之教師評審委員會組織不夠健全，處理不當，恐會弊端叢生。目前已經漸漸浮現的問題：諸如內定人選、引發派系紛爭、甄選考試洩題、評審不公、面對不適任教師不敢處理、學校行政增加許多負擔、辦理甄試人員忙得人仰馬翻；初任或調任教師則需四處打聽，多處報名應考，傷財且勞民；教育局介聘困難、殘障病弱者應聘不易等都是亟待解決的問題。

個人認為在教育改革與權力下放的前提下，若是「毫無規範」，那麼將來的教育品質與教育發展堪憂。尤其，我們的社會不像法國，目前尚缺乏教師工會的保障，因此部分教師（含病弱、身心障礙等弱勢者）之工作權將無法保障。就以目前各校自辦教師甄試為例，辦法中就鮮少見到有如原來調動制度中所列，對教師個人因素的考量及對教師自我成長進步有激勵作用的積分制度加以重視。按目前各校甄選教師的情況，對應聘與調動教師個人而言，常須經過數次教師甄試的

折騰與競爭，機會雖多，但甄選過程的公平性與公正性以及結果都難以掌握，不僅勞民傷財，更傷自尊。對每個學校每年均需為教師甄聘與調動投注不貲的人力、物力與精神，亦是一種行政資源的浪費。尤其有些學校還要為部分調職成功的老師所空出的職缺，再多辦一次教師召聘手續，更是困擾。因此建議：

1.中小學教師的聘用與調動作業應回到地方層級。由縣市教育行政單位成立一個類似法國大學區之行政對等委員會，或以地區、鄉鎮為主，聯合同一地區數所小學、國中或高中，聘請專家學者及各類教師代表組成聯合甄試委員會，統籌辦理教師聘任與調動工作。

2.有關教師調動作業的處理，原來積分與加分部分仍須列入考量，才能適當地維護教師的權益與尊嚴。

3.在有關資訊的公告與申請作業上亦應考慮快捷與便民，採用現代科技及多元化處理資料方式，除通訊報名與電子公告外，尚須設置電腦資訊系統和語音處理系統，以節省人力、物力與精神。如此，則原先欲改善師資及教學品質之教育改革的初衷與理想才易達成。

註釋

1.國家行政對等委員會為中央級最高組織。其設置之目的係為提供主管機關有關人事管理之諮詢。其成員含各類教師

團體代表：國家會試及格教師（agrege）、一般證照教師（certifie）：技術教師、助理教師、一般課程教師等。國家行政對等委員會為教育部所設，另外大學區與府區（departement）亦設置屬其層級之行政對等委員會，以負責教師之培訓、升遷、調動、停職、辭職等事宜的審議。

參考書目

中文部分

台北縣教育局（民88-5），《台北縣八十八學年度國民中小學教師甄選聘任輔導手冊》。

林貴美與劉賢俊（民85-5），法國中小學師資培育制度，發表於國小師資培育與教育實習學術研討會。國立台北師範學院。

馬信行（民83），《高級中等職業教育及特殊教育教師資格檢定可行方案之研究》。教育部中等教育司，國立政治大學。

法文部分

Ministere de l'education nationale de la recherche et de la technologie (1997) *reperes & references statistiques.: Sur* *les enseignments et la formation.*Paris, France.

Ministere de l'education nationale de la recherche et de la technologie (1999) *Changer avec la formaion*. Paris, France.

B.O. N7, 1998, *Concours*, Paris, CRDP.

B.O. N14, 1998, *Mutation 99*, Paris, CRDP.

Centre Regional de documentation pedagogique (1992) *Le guide du professeur de second degre*. Paris, France.

教育行政知識基礎與教育行政人員培育

◇王麗雲◇

國立中正大學教育學研究所助理教授

Abstract

This paper discusses the knowledge base of educational administration and it influences on the preparation of educational administrators. Perceptions about the knowledge base of educational administration and the curriculum, pedagogy, and evaluation of educational administrators are interrelated. The preparation of educational administrators used to be guided by technical rationality in which rigorous research and systematic knowledge were deemed as the solely bases for educational administration. The best way to prepare educational administrators is through the teaching of theories and research methods. Recent reflection on the preparation of educational administrators questions the knowledge base of educational administrators and challenges the relevance and usage of traditional preparation program of educational administrators. I first review the debate then discuss its implications. Further research and practical agendas for the preparation of educational administrators are also presented.

Key words: knowledge base of educational administration, the preparation of educational administrators, educational practitioners, professional development

摘要

　　本文旨在由美國最近對教育行政知識基礎的探討反省教育行政人員的培育方案。對教育行政知識基礎不同的看法，會導致不同的行政人員培育課程內容，進而影響到教育行政的教學的方式與實務人員的評鑑遴選方式。尊崇科技理性與理論知識者，以理論與研究方法的教學為主，尊崇實踐者知識者，以教育實務與教育問題的研討為主，兩者的走向截然不同。過去美國對教育行政人員的培育課程，多受到前者的影響，不過最近一波的反省中指出，以往對教育行政知識基礎的看法是不足的，教育行政學科的本質與其他自然科學不同，在培育的方式上自然也必須有所不同，另外一個與此相關的質疑是現有教育行政人員的培育課程對與其實務工作的相關性有多大？幫助又有多大？本文經由文獻分析，整理對教育行政知識基礎的討論。由這些分析中可以發現，教育行政的知識基礎是多元的，而決定何者構成教育行政的知識基礎應該考慮多種標準，包括了相關性與嚴謹性，而最重要的檢核點是學校教育的改進。本文之探討以美國文獻為主，第一部分整理教育行政人員培育課程的歷史與背後所反映的教育行政知識基礎假設，焦點則著重於最近對教育行政知識基礎的論辯，第二部分則簡要說明現今教育行政人員培育課程改進的難處以及改進的建議，在文末則提出未來我國教育行

政人員培育與遴選上有待研究的問題與努力的方向。

....

關鍵字：教育行政知識基礎、教育行政人員培育、實踐知
識、教育專業

前言

　　本文的主旨在經由對教育行政知識基礎的探討反省教育行政人員的培育，並兼論及教育行政人員培育課程中的教學與評鑑與遴選。設立教育行政人員培育課程的基本假設是這個領域的確有其獨特的知識體系（課程），不但可以傳授給學生（教學），而且對於其工作表現有關鍵性的影響（成效評估）。 不過這個假設最近受到不少的挑戰，或根本否定教育行政知識基礎的存在，或承認這項知識基礎的存在，可是批評現行的課程設計、教學與評鑑方式並不能夠反映這項知識基礎，造成理論與實務之間的鴻溝（Imber, 1995），使得教育行政人員缺乏執行其工作所需要的核心知識與技能，也造成教育行政專業知識合法性的危機。上述這兩種評論對教育行政人員培育課程的存廢與設計至關重大，這些爭議後面所反映出更核心的問題是我們對教育行政認識論的看法，對現行培育管道可否培育出優秀教育行政人員的看法；如果教育行政人員的培育是可能的，我們應該如何培育？如果不能，是否有其他替代的方案（Murphy, 1998）？

　　實證研究的發現（Haller, Brent & McNamara, 1997）指出，投入教育行政人員培育的經費很多，可是未必能夠培養出好的行政領導人員或是更有效能的學校，教育行政人員的證書發放越來越多，可是教育卻未改善，受過越多研究所教育的行政人員，也越不能夠成為有效的領導者，有一些教授出去當校長之後，也指出他們所學的理論並無多大的幫助（Donmoyer, 1995），諸如此類的實徵研究發現，都指出了教

育行政人員的培育課程，必須重新檢討定位。

　　本文主要以美國對教育行政人員培育課程的檢討為分析
焦點，必須一提的是本文雖然強調教育行政培育課程的重要
性，但並不代表教育行政人員培育課程上的改進就必然能改
善教育，因為教育的問題往往錯綜複雜，不是單一面向的改
進就能奏功的。再者，教育行政上所面臨的有時並非問題，
而是兩難，所謂改善，也要看我們的評鑑標準是什麼。儘管
如此，並不代表我們可以不關心教育行政人員的培育課程
（Murphy, 1992），這也是作者探討這項問題的動機。

　　本文在結構上共分成三部分，首先回顧英文文獻中對教
育行政知識基礎的爭議，並由這些爭議中歸納出對教育行政
人員培育課程的看法，接著提出改進教育行政培育課程的建
議，並指出未來我國教育行政人員培育課程有待研究與努力
的方向。

教育行政知識基礎的爭議

知識基礎的功能

　　知識基礎所指的是一組核心的知識與技能，為從事某項
工作的專業人員所必備與精熟。知識基礎的功能有二，在內
部功能上，確保其專業實施的標準化，達成合乎水準的專業

表現。例如，醫學院的教育中有某些課程是所有學生都必須學習的，這些知識與技能對於其將來執業十分重要，不論是那一個醫學院所培育出來的醫生，都應具備這些基本的知識與技能，以達成醫療專業水準，並提供專業人員對話的基礎。在外部功能上，可以讓外界知道該專業具有一套獨特的知識基礎，是非專業人員所不具有的，這項獨特的知識基礎賦予其從業者特殊的地位（以及高薪）。可是如果這項知識基礎不存在或不明顯的話，就無法獲得較高的專業地位（Scheurich, 1995）。

教育行政的知識基礎與培育課程的演進

教育行政人員的培育課程歷經多次的變化，不同時期的教育行政人員培育課程也反映出對教育行政知識基礎不同的看法，根據Murphy（1992; 1998）的分類，美國教育行政人員的培育，歷經了四個時期，分別是意識型態時代（the era of ideology, 1900年以前）、處方時代（the prescriptive era, 1900-1945）、專業／行為科學時代（the era of professionalism/ behavioral science, 1946-1985）、辯證時代（dialectic era, 1985年後），茲歸納各時期教育行政人員培育課程的精神與對知識基礎的假設如下：[1]

意識型態時代

在這個時期教育行政人員的培育與教師的培育無異，並無獨特的課程，行政人員是教師也是哲學家，教育行政幾乎等同於應用哲學，強調的是偉人論、特質論，重視的是行政

人員的道德與智慧。教育行政等同於視導，所扮演的角色是老師的老師，而教育行政人員所受的教育也以課程與教學爲主（Murphy, 1992: 21-23）。

處方時代

　　在此時期教育行政人員的培育課程開始設立，並且在課程的內容上不斷的擴充，1950年前，美國已經有38州要求學校領導者必須修研究所課程。在教育行政人員的培育上，顯然受到商業／工業模式的影響很大，教育行政人員被看成是技術專家，其角色如商業總裁、商業管理人員、或是資本家，其功能在增進組織效率，對問題的解決充滿信心。在課程的內容上，強調技術與事實的層面，注重特殊立即的工作與實用的部分，所以重視如何而非爲何的問題。此時教育行政的專業地位仍未建立，教育行政仍多是由經驗中獲得教訓，沒有什麼實證研究，課程的內容也與學術無關。在認識論部分，一共有兩個基礎，一個是由從前的行政人員的個人經驗中獲得的，這些經驗往往是反省性或批判性不足的；另一個基礎是以科學管理之名，所進行的與理論無關的研究，尤其是在這個階段的後期，描述性的研究成爲主流，學生應用各種客觀的工具，蒐集學校的各種事實資料，因而被稱爲粗糙的經驗主義（raw empiricism）或與理論無關（atheoretical）的研究，對於教育行政問題的社會與經濟面向，以及解決問題所需要的方法與技術的討論也從缺。至於培育課程中所追求的價值，與受科學管理運動所影響的主流價值無異，強調競爭、時效、個人主義，以及成功（Murphy, 1992: 23-35）。

專業／行為科學時期

在專業／行為科學時代，行政人員為社會科學家與專業人員，教育行政人員的培育課程，致力於建立該學科的專業化與科學化形貌，以建立教育行政人員的專業地位。這種趨勢對教育行政人員培育課程的影響是對理論教學與學生研究能力的重視，以學科為基礎的內容也取代了以實務為基礎的內容。這段時期的後期行政人員培育課程則強調實用性，關心評估與績效責任、關心表現與能力。

在教學方法上，專業／行為科學時期初期的教學仍以教科書為主，不過由UCEA（University Council for Educational Administrators）所主導的教學方法改革也陸續的提了很多建議，包括了個案教學、情境模擬、田野研究、實習等，目的是希望增加理論與實務之間的連結，增加解決問題的能力，並且使教學更活潑，不過根據教科書進行講述仍是教學的主流（Murphy, 1992: 36-67）。

在知識內容上，這個時期強調由不同學科的理論建構中抽取材料，應用於教育行政中，在認識論上，則強調科學知識的建立，理論與研究是知識的唯一來源，研究方法上也以社會行為科學為榜樣，有關倫理的、道德的討論不是從缺或是僅居邊陲位置（Murphy, 1992: 36-67）。

辯證時期

辯證時期強調價值與意義的多元化，前一時期的教育行政研究與培育課程，並沒有為教育行政帶來長足的進步，教育行政的知識基礎與主導價值都受到批評，學者認為理論知

識只是教育行政知識中的一部分，其他如技藝知識（craft knowledge）的地位也未必低於理論知識，此外對教育行政人員的教學與評鑑上，學者也提出新的主張。

　　最近對教育行政知識基礎的論辯，主要的導火線是美國最近所出版的兩本報告書（Murphy, 1998, 1992），一本是 National Policy Board for Educational Administration 所出版的 *Improving the Preparation of School Administrators: An Agenda for Reform*。這份報告書的誕生是因為大眾對教育改革的不滿，教育行政人員被認為是問題的一部分，而非問題的解答者，因而主張對教育行政人員的培育提出改革，目的之一是希望能夠釐清教育行政人員應該具備的知識內容，找出一個核心的知識和技能，以作為培養教育行政人員，改善其專業實施的準繩（Scheurich, 1995），書中一共列出了七個知識類別，作為教育行政人員培育課程的架構，希望能確認教育行政人員解決重要實務問題要素（Donmoyer, Imber & Scheurich, 1995）：

1. 社會與文化歷程對學校教育的影響。
2. 教與學的歷程與學校改進（後學校改進刪除）。
3. 組織理論（後改成組織研究）。
4. 組織研究與政策分析的方法（後改成學校教育的經濟與財務面向）。
5. 領導與管理的歷程與功能。
6. 政策研究和教育政治學。
7. 學校教育的道德與倫理面向（後改成學校教育的法律與倫理面向）。

之後UCEA又進行了另一項十年計畫，以修飾、澄清、拓展這些知識領域（見上列七項括弧部分）。UCEA這項工作的基本假設是教育行政的知識基礎的確存在，並且可以被傳授，構成教育行政人員專業的重要部分，可以使其與非專業人員明顯區隔。這些意見也結集出版成一本書，稱之為 *Essential Knowledge for School Leaders: A Proposal to Map the Knowledge Base for Educational Administration*。另外全國中等與小學校長協會（National Association of Secondary School Principals & National Association of Elementary School Principals）也認為當時校長的培育課程不符合要求重新將校長的培育內容規劃成四大領域分別是功能的（functional）、計畫性的（programmatic）、人際的（interpersonal）、脈絡的（contextual），這些建議也出版成一本書，稱為 *Principals for our Changing Schools: the Knowledge Base*。不過，UCEA與校長協會對教育行政知識基礎的討論，受到學者的反駁。有些學者認為教育行政的知識基礎並不存在，或者認為知識基礎是動態的，並不是能事先規劃好的，也有些學者認為對教育行政知識基礎的討論並無多大的意義，就算是能夠完成，理論與實務之間的鴻溝依然存在，教育行政人員也會依然故我，繼續做他們以往做的事。茲將這些討論的重點歸納如下。

教育行政知識基礎認識論上的爭議

　　教育行政研究中的實證主義典範以因果關係來描述世界，追求價值中立的客觀研究，希望以法則來描述教育行政現象（例如，高倡導與高關懷可以導至較佳的學校效能表

現），追求教育行政現象的可預測性。當教育學院被納入一般的研究型大學中時，基本上的期望是教育雖然是個應用學門，但仍可以以系統知識為工具解決實務的問題，對於實踐知識，則是抱著質疑的態度，認為學校與教師只是研究結果的實施者與消費者，而非知識的生產者，這些假設與期望，以及根據這些假設與期望所設計出來的教育行政人員培育課程最近受到學者的質疑，他們主張教育行政的知識基礎並不存在，這些理由包括：教育行政的現象缺乏可預測性、知識基礎的社會建構與政治建構面向，以及教育行政領域屬結構不全（ill-structured domain）的領域。

可預測性的問題

管理或行政的研究，是否能像自然科學預測水在100度時會沸騰一樣預測人類的行為呢？Littrell 及Forster （1995）認為如自然科學般的預測性在教育行政中不可能存在，人與自然現象最大的差別是人會思想，人會選擇，而且人人不同，管理原則固然可以闡明某些現象，但並不能夠保證這些現象發生的必然性。教育行政缺乏如科學般的可預測性，動搖了知識基礎存在的合法性。

知識建構的社會與政治面向

後現代主義的觀點認為知識是存在於特定的社會脈絡之中，我們所知道的東西事實上受到了歷史文化的限制，因此在某個時空下為真的事物，在另外一個時空下未必為真。知識的建構也有其政治面向，什麼是真實的知識往往與當時的權力分配有關，有權力者支持某一種特定知識，進而強化其

在社會中的地位（Littrell & Forster, 1995），根據後結構主義的看法，所謂的理論不過是一套巨大的敘述（grand narratives），用來維持特權或是權力系統。對於後結構主義而言，理論不過是自我合法化的代表型式而已，一個立論能否成立，要看立論的強度、權力菁英對此論述接受的程度，以及文字的合宜性。這種對知識的看法並不是要指責或為難教育行政界中的人，而是要指出他們可能是在假意識中工作。所有的知識都反映了價值、利益，以及認知者的偏差，而我們將這部分的知識認定為官方的知識基礎時，我們是在服務某一些人的利益，而把他人的興趣與關心的部分丟在一邊，這類看法認為UCEA知識基礎建構的努力並無多大的意義。

教育行政為結構不全的領域

　　所謂結構不全領域指的是該領域有效實務工作所需要的知識結構無法在各種應用的情況下事先決定的領域（Prestine, 1995: 271）。學者認為教育行政屬於結構不全的領域，知識的劃分在結構完全的領域中有其必要，可是在結構不全的領域中可能會有害有效的學習。教育行政這個專業充滿了複雜與界定不清的情境，如果在教育行政的培育課程中只注重靜態與規範性的知識（例如，理論知識），在實務變動複雜的情境中就不會有多大的幫助。Perstine（1995: 273）進一步引用Berliner的觀點指出，在結構不全的領域應該關心的是知識的彈性而不是知識的嚴謹性，所以首先就不能夠將知識視為終結，而應當是一個不斷變動的過程，如果我們同意以上論點的話，那麼對於教育行政人員培育課程內容的規劃可能需採取不同的途徑，因為以傳統的培育方式，不論我們傳遞什麼知識給準教育行政人員，都未必能保證能對其實務工作有幫

助。培育課程的重點，應該是學生思考、分析、判斷能力的培養，而非知識的累積。一個教育行政學習成績優良的學生，應該是一個能夠洞悉所處的環境，培養批判的能力，彈性的運用知識以處理問題的學生，而不是紙筆測驗成績優良的學生。要教育出這樣的學生，在課程的設計與傳遞上，就不能僵化，更不能把教科書中的知識當作事實來教，而且要提供學生機會，在真實複雜的情境中，運用分析、反省、批判技巧解決問題的能力。

理論與實務的關聯

對教育行政人員培育課程批評頗力的一項主張是專業教育的內容與實務工作中的內容並無多大的關聯，這種專業教育與專業實施之間的隔閡造成專業的危機（Schon, 1983, 1987; Murphy, 1992）。造成這種隔閡的一項原因可能是專業教育內容的問題（專業實施中所需要的知識基礎與行政人員培育課程傳授的知識搭不上邊）（Donmoyer, Imber & Scheurich, 1995: 6; Prestine, 1995），使得專業教育無法符合專業實施的需求，造成理論知識與實踐者知識兩者之間的隔閡（Anderson & Herr, 1999）。比方說在學校行政中，強調的可能是能夠快速作決定與回應的技巧，可是在研究所的課程中強調的可能是研究方法的技巧，而傳統教育行政人員培育課程對臨床的經驗、對實務工作所需的技能（例如，如何調節相衝突的目標），以及多元化的觀點的忽視，必然導至其在實務工作上的障礙，而實務人員所關心的問題，又未必是培育課程教學的重心。如果教育科學與學校每日事務隔離，則這種教育科學往往是無意義的（Bredeson, 1995），再者，對

教育行政人員真正使用的知識有那些不清楚時，我們對教育
行政知識基礎的歸類也就有問題，建立教育行政知識基礎的
努力也會白費（Prestine, 1995）。

　　究竟教育行政人員在實務工作中會運用那一些知識呢？
學者由不同的角度提出看法，其中有部分重疊，茲綜述如
下：

理論的知識

　　也就是所謂的knowing that或是theoretical knowledge，這
些知識構成了目前教育行政人員培育課程的主要部分，不過
這些理論專業的知識，在實務工作中應用的機會並不是很
多，教育行政人員常應用的理論知識，往往是育與常識判斷
無異的知識（例如，學生學習的速度不同），根據研究發現，
即使教育行政人員能夠說的出理論的名稱，也未必能夠將其
應用到教育實務上（Donmoyer, 1995; Imber, 1995）。

技術的知識

　　指進行特定行動所需要的技巧與能力，可稱為knowing
how或是technical knowledge。這類知識包括了：學校的維
持、書本的購買、法律的規定等，在Imber（1995）的研究
中，這一部分的知識是教育行政人員提及最多的部分。

領域知識與策略知識

　　Prestine（1995）稱的領域知識（domain-specific
knowledge）似乎是理論知識與技術知識的總和，而策略知識

（strategic knowledge）則是達成目標所使用的技巧與方法，包括：對問題解決過程的反省、評估需要進一步瞭解那一些概念或策略等。領域知識被認為是區分專業與生手的重要基礎，一個專業人士，是能夠立即尋找並應用領域知識的人。不過如果教育行政人員的培育只注重領域知識會產生三個問題，首先，在結構不全領域中的知識建構往往是廣泛的、動態的，不是嚴格或公式化的，也不是領域知識能夠單獨代表的；其次知識必須要在不同的實務脈絡中彈性運用，只重視領域知識的傳授將會影響到知識事後的可接近程度，也就是說學生學會了某些知識，卻未必能夠應用以達成目的；最後一項問題是領域知識與策略知識兩者的關係密切，只注重領域知識的結果是教育行政的知識基礎被窄化了，實務世界的複雜性被忽略了。策略知識的重要處在提供我們機會，使我們能夠不斷的重新建構領域知識，以解決問題。

時宜知識

Donmoyer（1995）稱此為 knowing what，也就是知道在什麼時候要應用那一種特定知識的能力，這應是Prestine所稱策略知識的一部分。

內部的知識

內部的知識（visceral knowledge）這部分的知識指得是行政人員與政治人物在與人相處時所需具備的知識，包含情意，也包含認知，要能夠進入別人的世界，分享別人的問題，讀別人的感覺，內部知識對教育行政實務十分重要，如果我們希望教育行政人員具備這方面的能力，就應當將這一

部分也納入教育行政人員的知識基礎範圍內，如果要傳授這部分的知識，在教育行政人員培育課程上，也應當包括如小說這類往往不被視為知識的課程，以傳遞這方面的知識。這應該也是Prestine所稱策略知識的一部分。

生涯知識

生涯知識（career knowledge），所有的教育行政人員都有生涯知識，生涯知識是教育行政人員存活的必備知識，理想上生涯知識應該與理論與技術知識不相衝突，可是事實上未必然，一個立意良善、符合理論與技術知識的措施可能為個人的行政生涯劃上句點，在這種情況下生涯知識對教育行政人員而言是最重要的知識（Imber, 1995），可以抵消他所接受的任何理論教學或專業要求的影響。

地區知識

所謂的地區知識（local knowledge）指得是對某一學區或社區的瞭解，例如，當地的文化與社會規範、地方政治等。

個人知識

個人知識（personal knowledge）指個人的背景與生活史，例如，個人從前單親家庭的經驗影響學校教育行政的實施（Anderson, 1995）。

隱匿知識

隱匿的知識（tacit knowledge）可能是一種直覺，或是一

種習慣性的知識，個人未必察覺，也無法清楚的說出（Anderson, 1995），例如，學校燃料使用太陽能而不使用瓦斯背後的理由，或是改稱學生為顧客背後的原因等。

批判知識

所謂的批判知識（critical knowledge）是理解教育措施的後設敘述（metanarrative），是使隱匿知識浮出的知識（Anderson, 1995），例如，探討與反省在教育界的對話中，學生的角色一夕之間變成顧客，探討這些轉變背後所代表的後設敘述，以及其對教育的影響，就屬於判知識的實例。

另類的知識

部分學者認為目前的知識基礎忽略的弱勢團體，例如，女性、少數民族的知識，缺乏了這部分的知識往往掩飾了權力乃是核心的問題，在UCEA所列出的七大知識領域，就明顯忽略了教育行政中弱勢團體知識觀的討論（Capper, 1995）。

上述各項知識都是教育行政人員在實務工作中經常使用的知識，可是在教育行政人員培育課程中所暫的比例卻難與理論知識相提並論，如果教育行政人員培育課程的目的是要協助教育行政人員處理其工作，並改善教育實施，就應該將這些知識納入討論之中。對於培育教育行政人員的教育學院、系、所而言，目前最大的挑戰應該是如何平衡各種知識在培育課程中的份量，以及如何兼顧嚴謹性與相關性的要求，以培育出能改進教育的教育行政人員。光討論領域知

識，對於教育改進幫助有限，也無法促進領域知識的更新與反省，有害專業地位。獨獨探討策略知識、隱匿知識、或個人知識等的重視，又容易流於以實然領導應然，喪失教育理想。至於嚴謹性與相關性之爭，更是五十步笑百步，也可能為教育帶來危機而非轉機，如何平衡嚴謹性與相關性，也是教育行政人員培育機構有待解決的課題。

教育行政人員培育方式的改進難處與改進建議

今日教育行政人員培育課程的形成，有其結構層面的因素，茲根據學者（Muth, 1995; Imber, 1995）的看法，將這些因素整理如下：

1. 課程學分：大學希望用簡單一致的方式來界定專業時間及生產力，現行的學分制，使得學生只關心所修的是學分是否修完了，而不是學到了多少東西。
2. 經費：目前的經費對於學生的實習或見習，並無補助，學生在沒有錢的情況下，很難持續，即使有實習或見習的課程，品質也很難維持。
3. 教學惰性：傳統以教科書為主演講的教學方法無疑是較方便的，現有的評鑑制度也不鼓勵教學方法的改變，問題是這種教學方法限制了我們對教育行政人員的培育與上課所能討論的問題。
4. 聘用升遷：在學術機構中，實務上的討論無助於大學

教師的升遷聘用，瞭解實務，將實務與理論結合，研究教學方法以培養出更具反省性的實務人員都對升等幫助不大，對於關心有多少文章產出的大學教師而言，教學的改進不是關心的首務。

5.工具主義：學生學習的心態也是很大的問題，許多學生把研究所當作是取得證書的工具，並不關心學到什麼或對實務有何改進，只要能拿到學分或學位，對於學到什麼並不太在意，這些都使得師生相安無事。

6.學科地位維持的壓力：對理論的強調可以提昇教育行政在大學之中的學科地位，所以理論知識就成了大學學科教學的必要成分。

　　這些因素都影響了美國教育行政人員培育課程目前的形貌以及改革上的障礙，也是亟待改進的課題。

　　如果我們要革新教育行政人員的培育課程，那一個部分應該是我們的切入點呢？完全摒棄理論的探討並不可取，因為實然並不代表應然，教育行政的實務現況並不就代表教育行政工作的準繩或應關心的焦點，而且不具批判性的尊崇實務可能只會維持現狀，而不是改變現狀（Anderson & Page, 1995），不過如果昧於實務，以理論的教學為自足，唯一的受益者，大概只有大學教授，而非學校組織。Murphy（1995, 147）認為教育行政人員的培育課程的革新在原則上應該掌握下列幾項原則：

1.知識是工具，不是產品。
2.知識是植基於行動而非認知上。
3.摒棄理論與實務的二分，強化理論與實務之間的連

結。

　　把知識當成是工具，可以使得知識不斷的受到檢核，以評估其對行政實務的價值，這與將知識當作是終結的產品來教學，意義上大有不同。第二項原則與建構主義的知識觀也有密切的關係，強調學習是意義主動創造的過程，不同於被動的吸收與理解，所以強調學習者的主動參與；第三點是希望將實務納入課程之中，不過不是單純的理論課與實務課的分別設立，因為這樣又走上回頭路，而是希望課程的各個面向都能兼顧理論與實務。

　　茲根據Murphy的建議與前面的討論，提出教育行政培育課程改革幾項值得努力的方向：

對於教育行政知識基礎應該採更開放的態度，容許各種不同典範之間的競爭

　　最近女性主義（例如，Shakeshaft, 1995）等都對教育行政的知識基礎提出不同的看法，這些觀點都應該被允許納入教育行政的課程之中（Griffiths, 1995），再以學校教育的成功與否作為檢核知識的標準。Scheurich（1995）提醒我們專業地位的建立應當是工作的成果，而不是目標。最重要的一項心態上的改變是不要將教育行政知識看成是規範性的，因為這種看法會使得教育行政實務人員所擁有的知識受到忽略。

在課程設計的重點上，不應當只強調知識的吸收，而應當協助行政人員發展學習的能力

　　前面所提建構主義的知識觀與學習觀已指出，知識的基礎是基於行動而非認知，學習的重點應是掌握意義而非掌握知識技能，學習也是一個不斷建構的過程，所以在教學上不應只強調理論的介紹，而應增加行政人員主動學習與反省的機會。對於知識的態度也應當有所改變，不應當將知識視爲靜態的、終結的，而是變動的、不斷修正的。

　　這方面具體可行的措施包括增加學生實務性學習與臨床性學習的機會，例如，利用個案教學將教育實際帶入教室之中（王麗雲，1999；Kowalski, 1991; Immegart, 1971），加強理論與實務的連結，或是加強田野實習（field program），利用師徒制，以啓迪未來的教育行政人員（Daresh, 1995），這些措施可以使學生在問題情境中主動的應用、評估與建構知識。

在課程內容上，應拓展並整合知識內容的來源

　　科學知識固然是教育行政人員知識基礎的一部分，可是根據前面的討論，教育行政人員在實際工作時還運用許多其他知識（例如，人文的、哲學的知識、生涯的知識），這些知識都與其專業表現有關。應該提供學生探索、討論的機會。此外，現在的教育行政人員培育課程雖然納入了多種學科內容（教育心理學、教育社會學），可是都是以單一科目來教學（single-course, multidisciplinary approach）這與以問題爲中

心，應用多種知識來源的教學有所不同（multisource, interrelated content），前者是零碎知識的累積，後者是因應問題情境的需要，反映出問題情境的複雜性，應用不同來源的知識以分析或解決問題，如此才能眞正拓展與整合教育行政知識基礎（Murphy, 1995）。

重視實務經驗，強調由行動中學習

由實務經驗中學習的好處是多方面的，首先它減少了轉換的困難，學生有機會將所學應用於實務上，其次是這類學習符合情境認知的原則（situated cognition），學生可以在實際情境中察覺問題的複雜性。爲了達成這項目標，在教學上應當減少教科書的使用，增加原始文件的使用（例如，有關某學校所面臨特殊問題的一手文件資料）。

在教學上應以學生為中心

強調學生主動的學習，教授的角色應該是一個共同學習者，而不是知識的唯一來源（Murphy, 1992; Scheurich, 1995）。學生的實踐知識或是地區知識，也可以成爲教學的一部分。

在評鑑方面

應該測量的是學生問題解決與改進教育的能力，而非記憶、背誦或研究的能力。應用這種標準所評出的學生成績，

才更能夠反應出教育改進的潛力，並作為教育行政人員聘用與升遷的標準。在研究所的部分，是否有必要以學術論文作為授予教育行政人員學位的條件也值得重新評估，更務實的作法可能是以學生學校所面臨的問題與改進的方式的報告書作為學位授與的條件（Scheurich, 1995）。

在結構上對於大學的獎賞制度、課程的規劃，以及與教育行政系所與學校間的關係應當重新規劃

如果大學之中教授的升遷仍以研究論文發表的成果做為審核的主要依據，就很難期望大學教授注重實務的問題與教學上的改進，教育行政人員的培育課程，仍將以教授所知道的，所關心的問題為主，而非教育實務人員所關心或所想知道的問題為內容。在課程的規劃上，也不應該用培養大學教授或研究人員的課程去培養教育行政人員，而應當將兩種課程區分，使行政人員更像行政人員，而非大學教授。另外也要加強教育行政系所與學校之間的合作關係，方便為學生安排田野課程或實習課程，並且經由交流，瞭解行政實務上所面臨的問題，思索如何利用學術研究的成果協助解決這些問題，並將這些經驗納入教學之中（Murphy, 1992; Scheurich, 1995）。

結語

　　誠如Anderson 與Herr（1999）所指出，實踐者知識與學術傳統的技術理性知識之間的對立已劍拔駑張，教育學院的教育也面臨了重大的挑戰，徘徊在大學文化重視理論與基礎知識與學校專業文化重視應用研究和敘述知識之中，目前的情況看來，雖然美國許多教育學院已經為教育實務人員（包括：教育行政人員）開設特別課程，以尊崇其專業知識，促進其專業發展，問題是在教育方法、內容與要求上，仍很難與傳統的教育有別，嚴謹性與相關性的爭議仍在，而五十步與百步之間的批評嘲笑對教育改進並無多大幫助，教育行政人員培育課程的重點應該是協助其思考反省其實務工作，並提出具體的改進之道，而不只是知識與學分的累積，唯有認眞的看待教育行政人員的敘述知識，讓實務人員在所擁有的知識基礎上作討論，才可以有對話，也才能有批判反省。

　　我國教育行政人員的培育課程向來是以大學教育系所為主，教育行政人員培育的課程並不明顯，到最近才成立專以教育行政與政策為主的研究所，另外則利用正式的考試管道（例如，高普考），遴選非教育系所畢業者擔任教育行政工作，對於特定的職務（例如，校長、主任）則經由考試與短期的培訓課程培育遴選，在職進修方面，則機動式的舉辦各種研習會，最近更反映時代趨勢，開設在職進修碩士專班，供實務人員修習以取得碩士學位。部分的行政工作，則是由聘用方式選才（例如，組長），隨著民主化趨勢，選舉也將成為教育行政人員遴用的方式。問題是這些培育遴選的方式，

是否能造就出專業的教育行政人員，成為教育改革的動力而非阻力呢？

這些培育課程對教育行政實務人員的幫助有多大？或者只是一項證書授予的過程，符號意義大於實質意義（Collins, 1979）？教育行政人員的選拔過程是否真正能選出適合擔任教育行政工作，落實教育改進者？或者只是臣服於公平性的壓力（考試取材，以紙筆測驗測量行政專業能力）、私人網路（關係）的影響、或是多數決的專斷，未能顧及到專業能力與專業發展的考量？對於在職的教育行政人員，現有的進修管道又是否能符合其實務的需要？修習的課程內容，對於其教育實務的改進是否有幫助？教學的方法，是否能提昇教育行政人員思考、反省、批判與行動的能力？這些問題背後更根本的問題是如何調合研究知識與實踐者知識兩者之間的鴻溝，儘量滿足相關性與嚴謹性兩項要求，使教育行政的知識基礎以及由此所發展出來的教育行政人員培育課程能夠符合教育行政實務人員的需要，有助於教育改進。教育行政如果要提高其專業地位，這些專業知識、專業培育，以及專業發展的問題，都是亟待瞭解與分析的面向。

註釋

1.Murphy每一個時期下還分了幾個階段，因本文的主旨不在分析教育行政人員培育課程的歷史，故僅就閱讀結果，說明各時期培育的精神。

參考書目

中文部分

王麗雲（民88），個案教學法的理論與實施，《課程與教學季刊》。

英文部分

Anerson, G. L. & B. Page, (1995), Narrative Knowledge and Educaitonal Administration: The Stories that Guide our Practice, in Donmoyer, R, M.Imber, and J. J. Scheurich, (eds), *The Knowledge Base in Educational Administration*, 124-138, The State University of New York Press.

Anderson, G. L. & Herr, K., (1999), The New Paradigm Wars: Is there Room for Rigorous Practitioner Knowledge in Schools and Universities? *Educational Researcher*, 28:5, 12-21.

Bredeson, P. V.(1995), Building a Professional Knowledge Base in Educational Administration: Opportunities and Obstacles, in Donmoyer, R, M.Imber, and J. J. Scheurich, (eds), *The Knowledge Base in Educational Administration*, 47-61, The State University of New York Press.

Carper, C. A.,1995, An Otherist Poststructural Perspective of theKnowledge Base in Educational Administration, in

Donmoyer R., M. Imber, J. J. Scheurich,(eds.), *The Knowledge Base in Educational Administration*, 285-299, The State University of New York Press.

Donmoyer, R.,(1995), A Knowledge Base for Educational Administration: Notes from the Field, in Donmoyer, R, M. Imber, and J. J. Scheurich,(eds), *The Knowledge Base in Educational Administration*, 74-95, The State University of New York Press.

Donmoyer, R., M. Imber, J. J.Scheurich (eds.), (1995), The Knowledge Base in *Educational Administration: Multiple Perspectives*. The State University of New York Press.

Griffiths, D. E., (1995), Theoretical Pluralism in Educational Administration, in Donmoyer, R, M. Imber, and J. J. Scheurich, (eds), *The Knowledge Base in Educational Administration*, 300-309, The State University of New York Press.

Haller, E. J., Brent, B. O., McNamara, J. H.,(1997), Does Graduate Training in Educational Administration Improve America's Schools, Phi Delta Kappan, 222-227.

Imber, M.,(1995), Organizational Counterproductivism in Educational Administration, Immegart, 1971, The Use of Cases, in Donmoyer, R, M. Imber, and J. J.Scheurich,(eds), *The Knowledge Base in Educational Administration*, 113-123, The State University of New York Press.

Immegart, (1971), The Use of Cases, in Bolton, D. L.(ed.), The Use of Simulation in Educational Administration, 30-64, Charles E.Merrill Publishing Co.

Kowalski, (1991), Case Studies on Educational Administration, Longman Publishing Co.

Littrell, J. & W. Forster, (1995), The Myth of a Knowledge Base in Educational Administration, 32-46, in Donmoyer, R, M.Imber, and J.J.Scheurich,(eds), *The Knowledge Base in Educational Administration*, 124-138, The State University of New York Press.

Murphy, J., (1992), *The Landscape of Leadership Preparation-Reforming the Education of School Administrators*, Corwin Press.

Murphy, M.,(1995), The Knowledge Base in School Administration: Historical Footings and Emerging Trends, in Donmoyer, R, M.Imber, and J. J. Scheurich,(eds), *The Knowledge Base in Educational Administration*, 62-73, The State University of New York Press.

Murphy, J. (1998), Preparation for the School Principalship: the United State's Story, *School Leadership and Management*, 18:3, 359-372.

Muth, R., (1995), Craft Knowledge and Institutional Constraints, in Donmoyer, R, M.Imber, and J. J. Scheurich, (eds), *The Knowledge Base in Educational Administration*, 96-112, The State University of New York Press.

Prestine, N. A.,(1995), A Constructivist View of the Knowledge Base in Educational Administration, in Donmoyer, R, M. Imber, and J. J. Scheurich,(eds), *The Knowledge Base in Educational Administration*, 267-284, The State University of New York Press.

Scheurich, J. J.(1995), They Knowledge Base in Educational Administration: Postpostivist Reflections, in in Donmoyer R., M. Imber, J. J. Scheurich,(eds.), *The Knowledge Base in Educational Administration*, 17-31, The State University of New York Press.

Schon, D. A.,(1983), The Reflective Practitioner: How Professionals Think in Action, Basic Books

Schon, D. A.,(1986), Educating the Reflective Practitioner, San Francisco: Jossey-Bass Inc.

新世紀的教育挑戰與各國因應策略　　比較教育叢書11

主　　　編／中華民國比較教育學會

出 版 者／揚智文化事業股份有限公司

發 行 人／葉忠賢

總 編 輯／孟樊

責任編輯／賴筱彌

登 記 證／局版北市業字第1117號

地　　　址／台北市新生南路三段88號5樓之6

電　　　話／886-2-23660309

傳　　　眞／886-2-23660310

印　　　刷／偉勵彩色印刷股份有限公司

法律顧問／北辰著作權事務所　蕭雄淋律師

初版一刷／2000年2月

定　　　價／新台幣NT.480元

ISBN ／ 957-818-081-0

E-mail ／ tn605547@ms6.tisnet.net.tw

網址／ http://www.ycrc.com.tw

國家圖書館出版品預行編目資料

新世紀的教育挑戰與各國因應策略 / 中華民國
比較教育學會主編. -- 初版. -- 臺北市 ：
揚智文化，　2000〔民89〕
　　面 ；　　公分. -- （比較教育叢書；11）

ISBN 957-818-081-0 （平裝）

1. 比較教育學 - 論文, 講詞等

520.9　　　　　　　　　　　　　　　88016647

揚智文化事業股份有限公司

中國人生叢書

比較教育叢書

購書辦法說明

一、信用卡付款訂購請於網站（www.ycrc.com.tw）列印出訂購單表格。

二、加入網站會員者（不論地區）隨時可得到本網站所提供最新書訊，台、澎、金、馬會員並可享8.5折優待（限信用卡付款），非會員9折優待（限信用卡付款）。

三、台灣（含台、澎、金、馬）

　信用卡付款訂購（有上網者適用）

　　依書定價會員8.5折優待，非會員9折優待，每次訂購（不論本數）加掛號郵資NT60元整。

　郵政劃撥（一般讀者適用）

　　・依書的定價銷售，每次訂購（不論本數）另加掛號郵資NT60元整。

　　・請在劃撥單背面將書名、作者、數量及郵購者姓名、住址，詳細正楷書寫，以免誤寄。

　　・請將書款交由當地郵局，免費劃撥14534976號【揚智文化事業股份有限公司】帳戶或用郵局、銀行匯票掛號郵寄台北市新生南路三段88號5樓之6【揚智文化事業股份有限公司收】。

　　・同業批發、學校機關團體及圖書館大批採購者，另有優待，請聯絡本公司業務部。

四、中國大陸（含港、澳地區）

　信用卡付款訂購（有上網者適用）

　　・無論會員或非會員，皆依書的定價銷售。

　　・匯率依下訂單當日台北外匯匯率折算。

　　・購書寄送郵資計算如下：

　　　a.每次購書NT1000元以上，寄水陸掛號郵資為書款×0.3，寄航空掛號郵資為書款×0.7。

　　　b.每次購書NT1000元（含）以下，寄水陸掛號郵資為NT300元，寄航空掛號郵資為NT700元。

五、海外批發辦法

　　・海外同業批銷本公司出版圖書，按本公司批發折扣優待，代理之圖書按原出版社規定批發折扣。

　　・批購圖書請詳列書名、作者、出版社、數量及包裝寄運方式（郵寄或裝箱貨運、平郵或空郵、掛號、保險與否等）。郵寄包裝費用由客戶承擔。

　　・貨運費以新台幣或美金（按當時台北外匯匯率折算成新台幣）、劃線支票或信匯寄交本公司。

　　・書籍除裝幀錯誤、缺頁或誤配等情形外，恕不退換。

六、何時可以收到書

　　・台、澎、金、馬地區約1-2星期內可收到書。中國大陸（含港、澳地區）寄水陸掛號約2個月可收到書，寄航空掛號約2個星期可收到書。

信用卡專用訂購單

（本表格可重複影印使用）

- 請將本單影印出來，以黑色筆正楷填妥訂購單後，並親筆簽名，利用傳真02-23660310或利用郵寄方式，我們會儘速將書寄達，若有任何問題，歡迎來電02-2366-0309洽詢。
- 歡迎上網http://www.ycrc.com.tw免費加入會員，可享購書優惠折扣。
- 台、澎、金、馬地區訂購9本（含）以下，請另加掛號郵資NT60元。

訂購內容

書　號	書　　名	數　量	定　價	小　計	金額NT(元)

訂購人：

寄書地址：

（A）書款總金額NT（元）：

（B）郵資NT（元）：

（A+B）應付總金額NT（元）：

TEL：

FAX：

E-mail：

發票抬頭：　　　　　　　　　　□二聯式　□三聯式

統一編號：

信用卡別：□VISA □ MASTER CARD □JCB CARD □聯合信用卡

卡號：

有效期限（西元年/月）：

持卡人簽名（同信用卡上）：

今天日期（西元年/月/日）：

商店代號：01-016-3800-5　　　授權碼：（訂書人勿填）

版權所有　揚智文化事業股份有限公司

地址：106台北市新生南路三段88號5樓之6

TEL：886-2-23660309 FAX：886-2-23660310

E-mail：tn605547@ms6.tisnet.net.tw